金融科技的底层逻辑、机制与风险预警问题研究

熊诗忠 著

中国原子能出版社
China Atomic Energy Press

图书在版编目（CIP）数据

金融科技的底层逻辑、机制与风险预警问题研究 / 熊诗忠著 . -- 北京 : 中国原子能出版社 , 2022.12

ISBN 978-7-5221-2424-7

Ⅰ . ①金… Ⅱ . ①熊… Ⅲ . ①金融—科学技术—研究 Ⅳ . ① F830

中国版本图书馆 CIP 数据核字 (2022) 第 228671 号

金融科技的底层逻辑、机制与风险预警问题研究

出版发行 中国原子能出版社（北京市海淀区阜成路 43 号 100048）

责任编辑 潘玉玲

责任印制 赵 明

印　　刷 北京天恒嘉业印刷有限公司

经　　销 全国新华书店

开　　本 787mm × 1092mm 1/16

印　　张 15.625

字　　数 310 千字

版　　次 2022 年 12 月第 1 版 2022 年 12 月第 1 次印刷

书　　号 ISBN 978-7-5221-2424-7 定　　价 76.00 元

前　言

金融稳定理事会（Financial Stability Board，FSB）指出，金融科技是技术驱动的金融创新，目的是运用现代科技成果改造或创新金融产品、经营模式、业务流程等，推动金融发展提质增效。在新一轮科技革命和产业变革的背景下，金融科技蓬勃发展，人工智能、大数据、云计算、物联网等信息技术与金融业务深度融合，为金融发展提供持续不断的创新活力。金融科技不仅成为推动金融转型升级的新引擎，拓展金融服务实体经济的新途径，也为促进金融科技的发展提供新机遇，甚至为防范化解金融风险增添新的利器。

近年来金融科技的迅猛发展，为世界金融生态的重塑奠定了坚实的基础，构建了全新的金融秩序，催生了新的金融业态，革新了传统金融业务模式，提升了金融服务效率，对中国的金融机构和金融市场体系都产生了深远影响。金融科技与传统金融体系最大的区别在于其“技术化”特征，将大数据、云计算、区块链等新技术应用于业务中，使金融服务缓解了交易成本过高、时空有所限制、信息不对称等难题，提升风险管控能力，同时为实体经济腾飞和高质量发展赋予新的动能。金融科技凭借其丰富的业态、金融生态价值链、成本低、辐射面广和传播速度快的显著优势，为经济社会创造了无法估计的巨大价值。

作为一部介绍金融科技的专著，应该不断追踪和把握金融科技市场的前沿，反映最新的时事金融动态，以利于读者掌握更为实用的金融科技知识和风险防范技能。本书主要包括三部分内容：第一部分为第 1 ~ 5 章，介绍金融科技的底层逻辑，包括金融科技理论和技术逻辑。第二部分为第 6 ~ 9 章，介绍金融科技的运行机制，包括数字金融普惠机制、金融科技促进农村金融发展机制、金融科技赋能实体经济发展机制。第三部分为第 10 ~ 12 章，介绍金融科技持续发展的风险预警，包括金融科技持续发展面临的风险、金融科技模式的应用场景及差异风险分析和数字技术下的金融科技业风险监测预警路径和方法。

本书在编写时注重系统性与逻辑性相结合，理论与实际相结合，关注国内外金融领域的新问题、新情况，充分体现实用性原则，冲破数字金融局部研究桎梏，树立从整体上探究金融科技发展逻辑脉络的理念。本书力求用通俗易懂的语言和丰富生动的实际例子，系统介绍金融科技架构理论、技术逻辑与机制、金融科技的风险预警的管理路径和方法，在此基础上分析风险差异的动因，构建风险预警体系，规避风险，从而进一步促进金融科技的持续发展。

在写作本书的过程中，虽然作者查阅了大量资料，请教了相关的学者和专家，力图反映金融科技的实际应用价值，但是疏漏与不足仍在所难免，热切期望各界读者提出宝贵意见，以便于今后更好地完善。

熊诗忠
2022 年 10 月

目录

第1章　金融科技：窥一斑见全豹

金融科技（Financial Technology，FinTech）近几年来成为世界投资人和创业者聚焦的热点产业。信息技术和金融的深层融合不断打破现有金融的边界，深刻改变着金融服务的运作方式，回归至金融所要解决的本质问题。随着新一轮科技革命和产业变革不断加速，金融科技面临新的机遇，催生金融新产品、新模式、新业态，推动金融数字转型向纵深发展，形成了金融科技“如火如荼”的动态发展趋势。人工智能、区块链、云计算、大数据等已经成为金融行业中不可缺少的基础技术，且科技的赋能融入对金融行业业务环节的变革和影响也在继续深化中。金融科技的快速发展和渗透，是金融业适应信息时代所发生的一次深刻变革，能够有效提高金融服务效率，赋予实体经济动能转换，从而促进经济高质量发展。

1.1　金融科技概况

1.1.1　金融科技的发展历程及其动因

1. 金融科技的发展历程

金融科技是金融与科技紧密结合的产物，处于金融行业投融资、货币支付、咨询等范围技术创新的新兴领域，其内涵、商业模式和运行机制在不断地动态演绎和发展变化。

金融科技技术给金融行业带来的变革和发展才刚开始，金融行业本身还在不断发展。金融科技经历了“萌芽时期”的金融科技 1.0 时代进入“起步时期”金融科技 2.0 时代，再到进入“快速成长时期”金融科技 3.0 时代。具体描述为：

1980—1989 年金融科技 1.0 时代（金融信息化）：20 世纪 80 年代经济全球化、金融自由化催生了大量复杂金融服务需求，金融机构设立 IT 部门，银行卡、ATM、证券交易无纸化等快速普及，金融服务与电子信息技术初步融合。1993 年，国务院作出《关于金融体制改革的决定》，提出“加快金融电子化建设”，中国金融信息化被提上日程。

1990—2010 年金融科技 2.0 时代（互联网金融）：2000—2010 年全球信息爆炸、互联网红利快速上升，金融机构围绕互联网拓展营销，金融服务从线下转移到线上，极大地丰富了触及范围和应用场景，信息不对称的情况大大减少，销售渠道和业务模式也发生了很大的变化。在中国，2013—2015 年互联网金融达到高峰，P2P、移动支付、网上开户遍地开花，互联网银行、证券机构、保险机构等纷纷设立。

2011 年至今金融科技 3.0 时代（金融科技深度融合）：2011 年以来，人工智能、大数据、云计算、区块链技术渗透于投资决策、风险定价、资产配置等环节，深刻改变了金融服务方式和逻辑，向传统金融机构和监管发起挑战。中国由于人口基数过于庞大、移动通信和物流基建发达，在全球金融科技竞争格局中处于第一梯队。

金融科技深刻改变了金融服务市场格局，向传统商业模式和监管规则提出新挑战。金融科技在推动金融创新、重塑金融市场格局、改善金融服务的同时，也带来了严重的金融风险和社会问题。尤其从 2015 年以来，监管逐步正规化，过去 P2P“爆雷”的情况不会再现。在不久的将来，智能投顾、二代支付、央行数字货币等可能会成为新的热门领域，但同时也要注意防范出乎意料的新风险。比如，如果十几亿人都在使用的支付系统被黑客攻击，在过去也许没那么严重，而现在则会变成大问题。数字技术不会改变金融的本质，但有可能改变传统金融的运行方式和风险特征。比如，数字金融的风险一旦爆发，传播速度快、传播范围广，而且有很多风险纠合在一起。

由此可知，金融科技的发展既给人们的移动支付带来便利机遇，同样也会带来新的风险挑战。金融科技的发展不仅强化了一些固有风险，新业态和新模式的出现也暴露了新的风险，金融科技的持续发展需要全覆盖的监管势在必行。

2. 金融科技发展的动因

任何新生事物的产生、发展都离不开有利的外部条件，并可得到理论解释。2008 年金融危机为金融科技诞生创造了有利的外部环境条件，这不是一种巧合，而是一种必然。

（1）金融科技的生机

金融科技的生机来自银行业的危机，高度繁荣的银行业在 2008 年受到了沉重的打击，首当其冲的就是国际大型商业银行。巴塞尔银行监管委员会大幅提升监管资本要求，银行业面临日益加大的监管资本压力和金融危机的“罪魁祸首”的双重压力。政府向银行体系注入公共资金，避免金融机构倒闭，导致民众尤其是年轻人对传统金融业失去了信心。“天时”给互联网科技公司以金融科技的方式提供银行服务的绝好生存机会。

（2）FinTech 的“用户”

银行业的客户即 FinTech 的客户结构正在发生深刻的变化，以年轻客户为代表的长尾客群彰显出相当不同于成熟客群的消费偏好：一是个性意识重于集体习惯。他们是“用户”，会主动获取多样化的金融产品及服务。以构建自己期待的个性化金融需求解决方案。二是付费习惯发生逆转。愿意支付更高的费用去购买能够满足他们个性化金融需求的产品与服务。FinTech 锁定银行业金融机构的客户，将其转化成自己的用户。

（3）FinTech 的“触媒”

20 世纪 90 年代，经济学家莫顿提出了“金融功能”及“金融创新螺旋”观，核心内容是：金融体系基本功能稳定，但金融机构的构成及形式却是不断变化的，并认为，金融产品与服务的提供者是金融中介——金融市场的循环：当金融市场还不是很发达并且其他非银行金融中介还不够壮大的时候，银行是金融体系中履行资金融通效率最高的组织形式；而一旦非银行金融中介资金融通的效率超过银行时，则会出现银行层面的金融脱媒。但金融中介与全融市场的关系不是简单的替代性竞争关系，而是相互补充和促进的，是动态的“金融创新爆旋”。因此，传统金融中介必须借鉴互联网模式改革自己的组织形式，提升运作效率，否则，就会被新的金融中介组织所取代。即传统金融被“脱媒”的同时，FinTech“触媒”。

1.1.2 金融科技的概念、内涵界定及特征

1. 金融科技的概念

金融科技是金融与科技紧密结合的产物，处于金融行业投融资、货币支付、咨询等范围技术创新的新兴领域。目前，金融科技这一概念尚且没有达成一个统一共识，也没有统一界定标准。

在不同的文献和政府文件中使用最多的表达词语为：“数字金融”“金融科技”“互联网金融”。金融科技 FinTech 一词最早是由花旗银行于 1993 年提出的，由 Finance（金融）+Technology（科技）合成而来。

《数字金融蓝皮书：中国数字金融创新发展报告（2021）》对金融科技概念的界定为：持牌金融机构运用数字技术，通过数据协作和融合打造智慧金融生态系统，精准地为客户提供个性化、定制化和智能化的金融服务。包括数字货币、数字支付、互联网贷款、数字信贷、数字证券、数字保险、数字理财等金融业态。

国际证监会组织（International Organization of Secarities Commissions，IOSCO）的定义：金融科技是指有潜力改变金融服务行业的各种创新的商业模式和新兴技术。

美国国家经济委员会（National Economic Council，NEC）的定义：以金融科技涵盖不同种类的技术创新，这些技术创新影响各种各样的金融活动，包括支付、投资管理、资本筹集、存款和贷款、保险、监管合规以及金融服务领域里的其他金融活动。

英国金融行为监管局（Financial Conduct Authority，FCA）的定义：金融科技主要是指创新公司利用新技术对现有金融服务公司进行去中介化。

新加坡金融管理局（Monetary Authority of singapore，MAS）的定义：金融科技是指通过使用科技来设计新的金融服务和产品。

舒菲尔（Schueffel，2016）总结了已有文献中关于“金融科技”定义的共性，认为金融科技是一种运用技术手段改善金融活动的新兴金融产业。刚贝（Gomber，2017）比较了金融科技（FinTech）、数字金融（Digital Finance）与较早期使用的电子金融（E-Finance）之间的异同。

黄益平、黄卓（2018）认为“金融科技”主要突出了其技术特性，是传统金融机构与

互联网公司利用数字技术实现融资、支付、投资的新型金融业务模式。

根据金融稳定理事会（Financial Stability Board，FSB）2017 年《金融科技对金融稳定的影响》，金融科技是指技术带来的金融创新，能够产生新的商业模式、应用、流程或产品，从而对金融服务的提供方式产生巨大影响。

中国人民银行印发的《金融科技（FinTech）发展规划（2019—2021 年）》指出："金融科技是技术驱动的金融创新，旨在运用现代科技成果改造或创新金融产品、经营模式、业务流程等，推动金融发展提质增效。"

综合上述情况，借鉴学者和其他机构、部门的提法，将金融科技的概念综合界定为：金融科技是技术驱动的金融创新，目的是运用现代科技成果改造或创新金融产品、经营模式、业务流程等，赋能金融服务提质增效。其本质就是金融服务与底层技术的结合，应用人工智能、大数据、云计算以及区块链等，打造金融支付、融资、投资、保险以及基础设施等领域的新服务模式。

2. 金融科技的内涵界定

通过对金融科技概念的介绍，不妨对金融科技的内涵和外延做出如下界定：

（1）技术是金融科技的本质。这种观点认为，创造或强化金融服务供给的技术都可以界定为金融科技，该技术包括网络安全技术、移动支付技术、数据分析技术、区块链技术、P2P 网贷技术、智能投顾技术和物联网技术。在金融中的应用技术，主要指人工智能、区块链、云计算、大数据等现代信息技术。

（2）金融科技是由技术驱动的金融创新或新型商业模式。金融科技是一种技术驱动的金融创新。这种观点认为金融科技描述了与互联网相关的现代技术和金融服务行业（如贷款、支付、货币价值转移和多样化的银行业务等）的连接。认为金融科技的核心是使用技术去提供新的产品和改善金融服务，是金融创新进化过程的一部分。新型商业模式认为金融科技具有边际利润低、轻资产、可扩展性、创新性和可塑性高五大特征，并将其总结为 LASIC 法则，同时指出这一法则可用于指导创造具有改善收入和财富不平等社会目标的可持续商业模式，且每一种成功的金融科技商业模式都符合这一法则。

（3）金融科技可以界定为金融科技公司或企业。FinTech 指的是那些使用传统商业模式之外的技术运营金融服务的公司，这些公司致力于使用通信、互联网和自动信息处理等技术寻求改变提供这些服务的方式，提升服务质量。

（4）金融科技指能够推动金融创新，形成对金融市场、机构及金融服务具有重大影响的商业模式、技术应用、业务流程和创新产品的技术手段。

3. 金融科技的特征

通过对金融科技内涵的理解以及与传统金融的对比可知，金融科技具有以下特征：

（1）经济视角上，金融科技具有普惠性、市场化、长尾性和规模性。金融科技利用互联网技术和智能化技术为小微企业和用户提供融资、借贷方面的均等金融服务，让企业和用户在数字金融的发展过程中受益；金融科技通过大数据、区块链和人工智能等技术解决市场上信息不对称问题，利用信息化手段提升信息的流动效率和质量；金融科技背景下，金融机构依靠数字化技术，瞄准具有大额和小额的金融需求者，作为获客的目标；规模经济下，金融科技通过信息网络的载体，突破时间和空间的约束和限制，在既定的资源条件下，最大化地覆盖用户和地区，从而产生边际成本递减和规模经济的效应。

（2）技术视角上，金融科技具有数字化和智能化特征。金融科技为客户进行金融交易提供了极大的便利，提高了金融机构的竞争力，提高了客户的服务体验和满意度，满足了监管机构的期望。金融科技借助数字化技术将金融要素转变成数字要素，通过大数据、人工智能等技术形成金融生产力，实现金融服务行为智能化。

（3）本质上，金融科技依然是“金融”，回归本源，科技监管。回归本源、服务实体经济、满足金融消费者需求，这是金融科技的普惠本质。而金融数字化转型的过程中，数字化隐私、安全无法避免遭遇来自各个方面的威胁，引起人们和不同政府部门的高度关注，数字化的科技监管体系应运而生。利用监管科技来填补监管“空缺”、提升金融监管能效、促进金融科技健康发展，已经成为世界各国金融机构和金融监管层防范金融风险、保障金融安全的重要手段和途径。

（4）行业上，金融科技凸显低利率、轻资产、高创新和增长快的特性。金融科技行业普遍采用互联网平台商业模式改造、提升传统金融服务与产品，以获得强大的网络效应。在平台商业模式下，平台必经历一个高投入、低增长的阶段，平台的用户规模必须达到一个特定的门槛（即“临界数量”），才能引发足够强度的网络效应，以吸引新的用户加入。只有平台持续创新，持续“投资”，推出新的所谓“热点”产品，才能形成有效的、持续的用户锁定，因此，平台更重视资源投入的效率，而不是将考核重点放在企业的收入或利润水平上，整体上维持相当低的利率。FinTech 低利率决定“轻资产”的规模增长路径，充分利用技术优势，一方面，在其展业初期，普遍使用现成的基础设施，使得运营成本最小化；另一方面，在战略选择、组织架构、业务发展方面都更加灵活，易于创新。FinTech 在“基因“上传承了互联网公司的创新精神，将各种前沿技术和理念带入金融领域以快速迭代产品，并加快推出其有破坏性的创新产品。FinTech 一般起步门槛比较低，需要毫无保留地发挥网络效应，以获得快速增长的能力。由于其边际成本在递减，其采用的创新技术使业务规模呈爆炸性增长但是不用付出对应的成本。

（5）金融科技的独有特征：融合性、精准性、网络外部性和开放性。从产业融合理论来看，金融科技产业是金融产业与科技产业高度融合并逐步形成新产业的动态发展过程，智能投顾、智能客服、大数据风控得到质的提升，金融科技打破传统金融与产业的链接瓶颈，借助资金流和信息流重构金融产业的格局。从双边市场理论来看，金融科技企业可以提供平台型的金融服务，通过打通金融企业、科技企业与金融需求客户的连接，实现精准高效的匹配；同时吸纳丰富的业态，撮合更多潜在交易，不但扩大了金融的服务半径，还延长了金融的服务时间。网络外部性是指平台一边的用户规模会显著影响另一边用户使用该平台的效用，详细解释了为什么平台对一边用户免费甚至补贴，而对另一边收取较高价格。金融科技具备互联网平台的网络效应特征，消费者是带来网络效应更高的一边，其规模的扩大能吸引金融科技企业合作方的加入，乃至吸引新用户的加入。因此，金融科技平台往往通过红包补贴等方式吸引消费者加入，以获取消费者即将带来的价值。从生态系统理论来看，金融科技的发展具有生态化的趋势，能推动产业合作共赢、利益共享。金融科技生态系统的本质是开放和共享，通过整合多方资源实现价值共创，从而达到多边的合作共赢。

1.1.3 金融科技的发展前景与挑战

1. 金融科技的发展态势

2020 年是中国金融科技发展的转折点，出现百年不遇的新冠肺炎疫情，新型基础设施加快建设，监管层重建规则，鼓励创新与风险防范并重。2021 年是“十四五”规划的开局之年，未来两年，金融科技加速渗透金融行业，金融科技巨头将重塑商业模式和生态，监管科技将迎头赶上金融科技发展，重构金融监管与金融业务之间的逻辑。金融科技行业或将重新洗牌，呈现新发展态势。

（1）普惠功能延伸，金融服务提质升效。数字金融通过互联网方式，把数字产品和服务推送到贫困、偏远的农村地区，同时还借助区块链、云计算和大数据等技术，颠覆传统金融固有的征信方式，从而将金融服务惠及被传统金融所遗忘的长尾客户。数字金融利用云计算和大数据等技术建立金融数据，消除金融信息的失真现象，重塑金融移动支付渠道，有效地提升各个金融环节的效率和降低金融机构的内部成本。

（2）金融科技发展趋向“积厚成势”的共赢阶段。我国正处于技术与金融高度融合的金融科技发展 4.0 时代，这个时代会经历三个发展阶段，分别是双稳阶段、集聚阶段和共赢阶段。目前我国金融科技的发展正朝着共赢阶段迈进，这一时期前沿技术融合创新加速，大量金融科技应用不断涌现，金融服务的“质、效”得到大幅度提升。科技与金融的融合将创造出更多的新模式、新场景，合作共赢、开放共享将成为金融科技发展的主要特征，金融科技“积厚成势”集聚经济高质量发展强大动能。

（3）金融科技助力乡村振兴成为数字普惠金融服务的“蓝海”。在金融科技的应用下，普惠金融服务在数字技术的加持下，服务更加下沉、覆盖群体更加宽泛。一是涉农金融科技应用的政策支持力度不断加大，二是涉农金融科技产品和服务逐渐丰富，三是农村数字金融基础设施不断完善。与此同时，银行相继开展成立乡村振兴金融部，设立乡村振兴办公室，制定金融支持乡村振兴行动方案等举措，完善农村产业链金融服务体系，构建立体协同的乡村振兴触达体系。

（4）金融信创带动金融机构数字化转型更加深入。在数字技术的驱动下，金融机构加大金融科技布局，将发展金融科技提高到总体战略层面，数字化转型更加深入。金融机构抓住“金融信创”发展机遇，开启从底层架构、管理系统、业务系统到核心系统的全面数字化重构，带动业务、人才、组织的全方面转型。精准金融信创投入方向，创造未来的增长极。

（5）金融科技赋能可持续金融效应凸显。在碳减排的大背景下，金融科技赋能可持续金融效应凸显。可持续金融包含 ESG（环境、社会和公司治理）投资、绿色金融等理念，金融科技以不断创新的核心技术为驱动，可助力搭建更客观、全面的 ESG 评价体系，进行更高质量、长期跟进的 ESG 评分。随着 ABCD（分别指人工智能 artificial intelligence、云计算 cloud Computing、大数据 bigdata）技术更加广泛地应用于可持续项目投融资、可持续项目贷款等方面，金融科技和可持续金融场景融合探索进一步扩大。

（6）金融科技监管走向法治化、规范化和数智化，大型金融科技企业拥抱监管、稳步推进上市，重塑服务实体经济的商业模式，数字技术加速金融数字化转型[1]。具体表现如下：

①在金融数字化转型趋势下，金融监管层将进一步加强顶层设计，完善风险全覆盖的监管框架，完善相应的法律法规和标准规范体系。运用数字技术增强监管的穿透性，监管沙盒试点持续推进，促进数字金融进入合规稳健、更加有序、创新发展的新时代。

②大型金融科技企业拥抱监管、稳步推进上市。强化反垄断和防止资本无序扩张、反对滥用市场支配地位，金融科技头部平台或将面临审查，有可能会面临被拆分，非金融企业投资形成的金融控股公司将依法准入并被纳入统一监管。我国金融科技企业上市步伐不会停滞，达到上市要求的金融科技企业积极拥抱监管，金融科技细分领域龙头企业有望成功 IPO（首次公开募股），上市金融科技企业将获得更好的发展机会。蚂蚁集团、京东数科、马上消费金融等标杆企业，有可能迅速上市。

③重塑服务实体经济的商业模式。在国内国际双循环发展格局下，数字金融模式创新将由消费金融向产业金融迁移，小微金融、供应链金融及“三农”金融等领域，将成为数字金融商业模式创新的主阵地。蚂蚁集团、百度、京东、美团、小米、众安等旗下的网络小贷公司或需大幅增加注册资本，一半以上的网络小贷公司将面临转型、转让、引进战略股东甚至退出，服务实体经济成为网络小额贷款发展的重要方向。否则，网络小额贷款业务经营许可证有可能会得不到银保监会续展。异地网络贷款将被严格规范，联合贷款业务模式将被重塑，不得帮助合作机构规避异地经营等监管规定将出台。具有金融科技基因的创新型金融机构将持续得到监管层的支持，消费金融获政策支持将增强可持续发展能力，盘活信贷存量，扩充融资渠道，进而拓展业务。

④金融科技加速金融数字化转型。金融科技是技术驱动的金融创新，随着 5G、区块

[1]　欧阳日辉. 数字金融蓝皮书：中国数字金融创新发展报告（2021）[M]. 北京：社会科学文献出版社 ,2021：37-40.

链等新技术加速金融科技深化发展，大数据、人工智能、区块链、云计算等底层技术的相互融合更加明显，5G 时代有希望为区块链的应用提供更多的创新场景。基于区块链技术的“自金融”将对监管提出新挑战，根据客户的数字身份划定数字司法辖区，以智能合约为重点实行去中心化金融业务监管，是应对金融科技风险的正道。在线化、数字化、智能化的非接触式金融服务，倒逼银行业等金融机构加大金融科技投入，在强大的数字技术支撑的场景中构建金融服务。

金融科技将支持银行积极探索线上预约与线下服务的无感式对接，银行业务的贷款决策更加智能，更多的个人和小企业贷款将通过人工智能支持的自动化流程发放，银行将更多地通过智能化贷后管理解决方案来优化不良率。金融科技将加速从信贷向保险、证券、资管等领域渗透，逐渐从线上向线下场景渗透，提升金融科技的应用广度和深度，推动更多传统业务场景和传统金融机构数字化转型。

2. 金融科技的发展优势

中国金融科技的发展主要有 3 方面的优势。

（1）金融创新

经历每一年的“双十一”海量交易大考，不断适应日趋复杂多样的产品体系，蚂蚁金服初步具备了符合金融 IT 系统安全标准的技术能力，而金融科技正是这些技术深度淬炼的成果。通过金融科技，金融机构可天然拥有金融安全、可靠、一致的服务能力，同时还可以获得快速交付、零停机维护的高效云计算运维能力，以及符合新金融要求的高并发、移动化服务能力，并借助先进的大数据分析能力把握金融市场脉搏，开创新一代金融服务模式。

（2）业务融合

金融科技作为一个互联网金融创新业务的技术推进器，已经成功助力网商银行、余额宝、芝麻信用、蚂蚁财富等众多创新业务。通过内置接口即可快速与蚂蚁金服各项开放业务进行融合，同时降低金融机构尤其是广大中小金融机构的创新成本，助力金融机构更快速地向新金融转型升级，共同探索全新的生态。

（3）技术开放

金融科技开放了技术接入标准，为软件提供商、服务提供商、数据提供商等合作伙伴提供了一个自由创新的空间。只要符合金融科技安全准入标准，即可通过 API（应用程序界面）将自研软件或服务快速对接至金融科技，共同为金融机构提供更丰富的产品、服务和价值。金融科技不仅给予合作伙伴强大的技术支持，同时借助蚂蚁金服的客户群优势及良好的品牌和口碑效应，促进金融服务以最快的速度、最高的效率进行传播，真正实现以技术引领金融快速发展、安全创新，促进行业繁荣，助力普惠金融。

3. 金融科技的发展面临挑战

（1）金融科技研发的资金投入不足。中小企业的科技研发经费融资困难，导致企业普遍存在短视行为，不重视科学研究所带来的长期效益，急于在短期内见到明显效果获得利益。未来，我们需要跳出当期经济效益的短期思维，着重考虑技术在远端的社会影响。

（2）金融科技的服务体系亟须完善。金融科技是一个系统工程，目前其配套服务的技术、信息、内容、品质、效率等发展不均衡，导致金融风险更大，而形成风险后的补偿机制和转移机制尚不健全，企业参与金融科技的积极性被降低。

（3）金融科技市场的建立不太完善。完善的市场使得大量的互联网科技公司，可以在很短的时间通过提供某些金融的替代服务而获取很大的市场份额，不利于金融科技市场长期、健康的发展。

（4）金融科技的关键技术人才缺乏。虽然国家日益强大、经济高速发展，使得我国在人才引进方面具备一定的优势，但综合各种因素考量，因科研基础、团队力量相对较弱，内外文化、思维方式、竞争环境的差异，以论文为导向的人才评价方式等机制问题没有得到根本解决，导致人才的市场意识薄弱，新思维缺乏活力，技术转化应用的积极性不高。

总之，挑战是一把双刃剑，让我们看到不足的同时，又给了我们弥补不足努力发展的机会。从金融科技发展的 FinTech1.0、FinTech2.0 到 FinTech3.0 初级阶段，15 年的时间，金融科技有了长足的进步，为 FinTech3.0 的全面到来，积累了包括另类数据的海量数据源和丰富的场景图。未来，金融科技仍然拥有十分广阔的发展空间。

1.2　金融科技的架构

数字金融在金融数据和数字技术双轮驱动下，金融业要素资源实现了网络化共享、集约化整合、精准化匹配，进入了英国演化经济学家卡萝塔·佩蕾丝提出的“技术—经济范式”的金融与经济协同发展阶段，旨在实现金融业高质量发展，推动数字经济和实体经济深度融合。

1.2.1　基于技术和金融融合的金融科技架构

金融科技泛指金融机构或者金融机构与金融科技公司合作，利用科学技术，深挖金融数据，创新金融产品和业务模式，完成支付、融资、投资、理财等金融业务的新型形态。金融科技已经渗透到我们的日常生产和生活中，数字银行、电子货币、数字支付、数字供应链金融、数字金融、线上保险、证券发行等是我国金融机构实现金融科技创新的主要切入点。

金融科技业务模式和业态在不断进化之中，目前主要包括电子货币、数字支付、互联网贷款、智能投顾、线上理财、风险管理等金融业态（如图 1-1）所示。

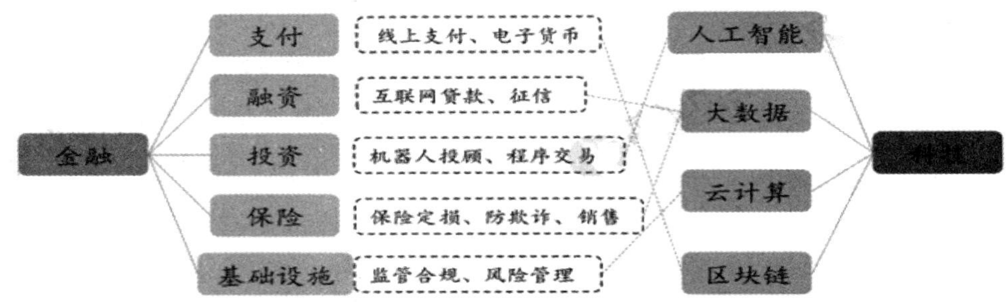

图1–1　基于金融和技术融合的金融科技架构

资料来源：前瞻产业研究院整理。

1.2.2　金融科技业务系统基础架构

金融科技业务系统由基础环境、网络系统、前后台应用、运行代码和固定操作等环节构成。提升对于业务系统运行异常情况的发现、定位、处置能力，迅速解决生产问题，并为业务差错处理提供精确的判断，是提升银行数字化金融服务竞争能力的关键手段之一（如图 1-2）所示。

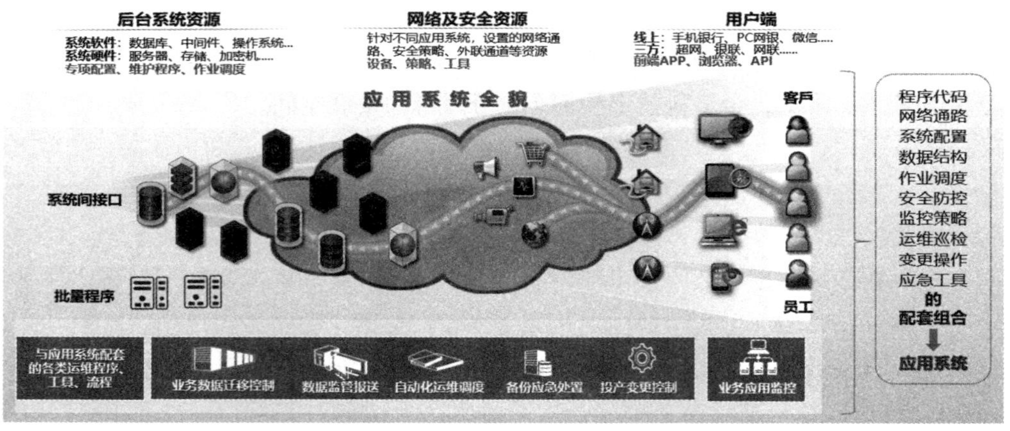

图1–2　金融科技业务系统基础构架

资料来源：姜岩 . 深度解析数字金融业务发展与配套技术基础建设 [EB/OL].[2020-06-23].www.sohu.com/a/403711102_411876?_trans...

1.2.3　金融科技生态产业链架构

金融科技产业链自下而上可分为三大层级：技术服务层、解决方案层和业务应用层（如图 1-3）所示。

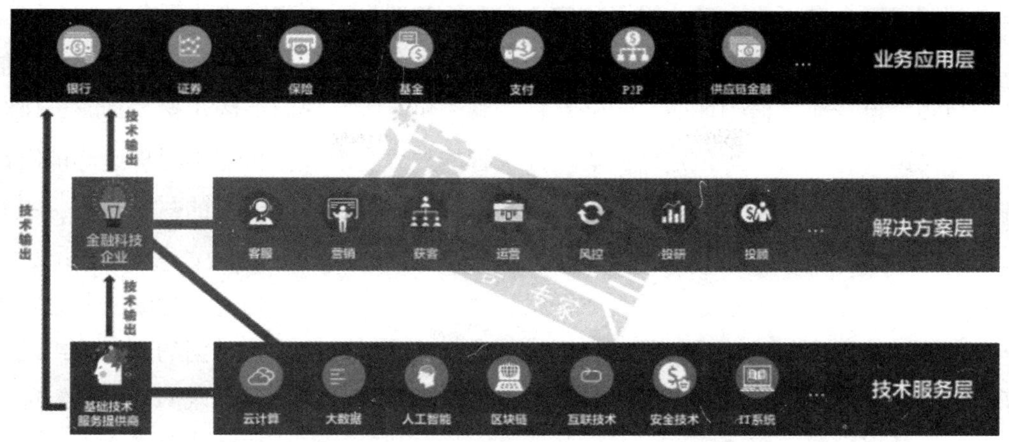

图1-3　金融科技生态产业链架构

资料来源：赛迪顾问。

1.2.4　金融科技的核心技术架构

以大数据、云计算、人工智能、区块链以及移动互联为引领的新的工业革命与科技革命，会导致金融学科的边界、研究范式不断被打破和被重构。

金融科技涉及的技术具有更新迭代快、跨界、混业等特点，是大数据、人工智能、区块链技术等前沿颠覆性科技与传统金融业务与场景的叠加融合。金融科技主要包括大数据技术、人工智能技术、区块链技术和量化安全技术四个核心部分（如图 1-4）所示。

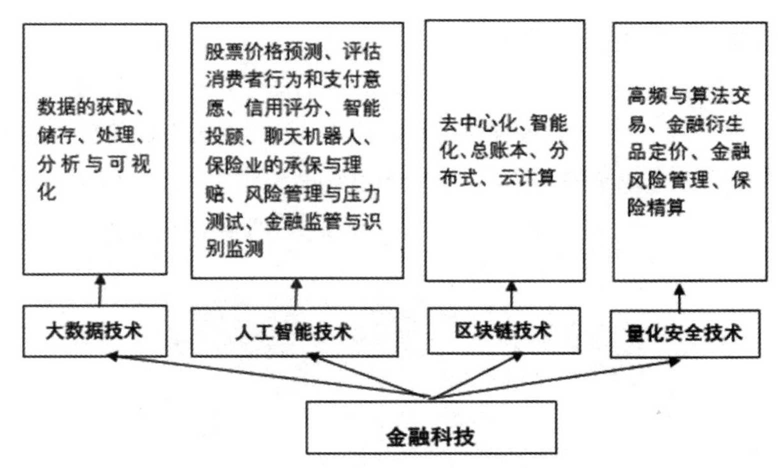

图1-4　金融科技的核心技术架构

大数据技术重点关注大数据的获取、储存、处理分析与可视化。一般情况下而言，大数据的核心技术包括基础底层、数据存储与管理层、计算处理层、数据分析与可视化层。

数据分析与可视化层主要负责简单数据分析、高级数据分析（与人工智能有若干重合）以及对相应的分析结果的可视化展示。大数据金融通常还致力于利用互联网技术和信息通信技术，探索资金融通、支付、投资和信息中介的新型金融业务模式的研发。

人工智能主要是借用人工智能技术处理金融领域的问题，包括股票价格预测、评估消费者行为和支付意愿、信用评分、智能投顾、聊天机器人、保险业的承保与理赔、风险管理与压力测试、金融监管与识别监测等。人工智能技术主要包括机器学习理论等前沿计算机科学知识，主要是基于算法。机器学习理论是人工智能概念范畴下的一个子集，主要覆盖三大理论：监督学习、无监督学习和强化学习。

区块链技术是一种去中心化的大数据系统，是数字世界里一切有价物的公共总账本，是分布式云计算网络的一种具体应用。一旦区块链技术成为未来互联网的底层组织结构，将直接改变互联网的治理机制，最终彻底颠覆现有底层协议，导致互联网金融的智能化、去中心化，并产生基于算法驱动的金融新业态，一旦成熟的区块链技术落地金融业，形成生态业务闭环，则金融交易可能会出现接近零成本的金融交易环境。

量化安全技术以金融工程、金融数学、金融计量和金融统计为抓手开展金融业务，它和传统金融最大的区别在于其始终强调利用数理手段和计量统计知识，定量而非定性地开展工作，其主要金融场景有高频交易、算法交易、金融衍生品定价以及基于数理视角下的金融风险管理等。量化金融一直被视为金融业高端资本与智力密集型领域，科技含量极高，但近几年来，高频与算法交易、金融风险管理、保险精算越来越依赖于工业级大数据（比如实时、海量、高维和非结构化数据）、人工智能前沿技术以及区块链技术来解决问题或重构原有金融业务逻辑、产品设计流程、监管监测控制环节。

1.2.5 金融科技的平台架构

基于阿里云的基础设施服务（infrastructure as a service，IaaS），金融科技提供符合金融级安全的平台以及软件产品，包括大规模分布式计算、跨平台云资源管理、集中式云环境监控、EB 级大数据处理、金融级安全防护、移动互联网金融应用开发等服务（如图 1-5）所示。

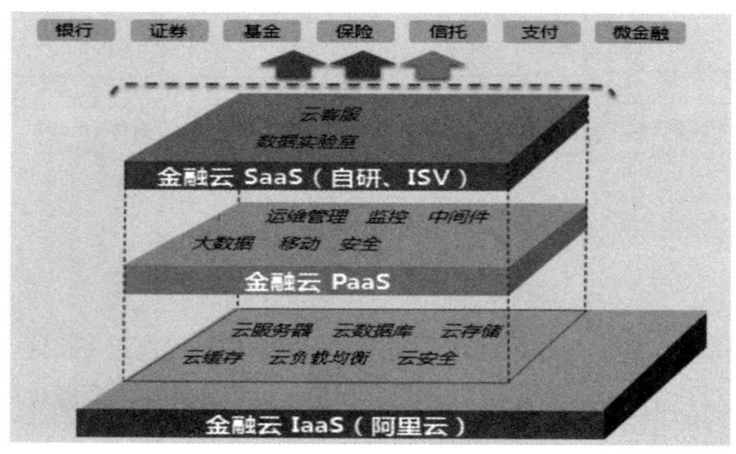

图1–5 数字金融的平台架构

资料来源：蚂蚁金服。

IaaS 层：为底层基础资源层，主要包括了计算和网络、数据库和存储。

PaaS 层：运维管理、监控、中间件、大数据、移动和安全。

SaaS 层：云客服、数据实验室。

金融科技平台有以下产品：

运维管理：云资源集中编排、弹性伸缩、持续发布和部署，高可用及容灾，多租户权限管控。

监控：分布式云环境集中化监控，统一资源以及应用状态视图，智能分析及故障定位。

中间件：金融级联机交易处理中间件，支持大规模分布式计算，具备数万笔 / 秒并发能力，严格保证交易数据保持一致性。

大数据：一体化大数据解决方案，全面集成数据开发、管理、分析、挖掘、共享工具，具备 EB 级数据处理、实时分析及快速需求响应能力。

移动：一站式移动金融 App 开发及全面监控，提供丰富可复用组件，支持动态发布和故障热修复。

安全：符合金融级系统安全要求的完整云上安全体系，全方位保障金融业务及数据安全。

1.3　金融科技的应用场景

金融科技作为依托科技创新推动金融高质量发展的新业态，通过以金融科技发展为契机，借助大数据、云计算、人工智能、区块链等信息技术为行业转型升级赋能，简化交易流程，降低金融成本，开辟触达客户的全新的三维时空途径，拓展数字金融服务群体空间，并在实践中逐步渗透智能投顾、5G 网点、物联网金融等不同的领域。

1.3.1　金融科技的应用全景架构

金融科技的应用全景架构（如图 1-6）所示。

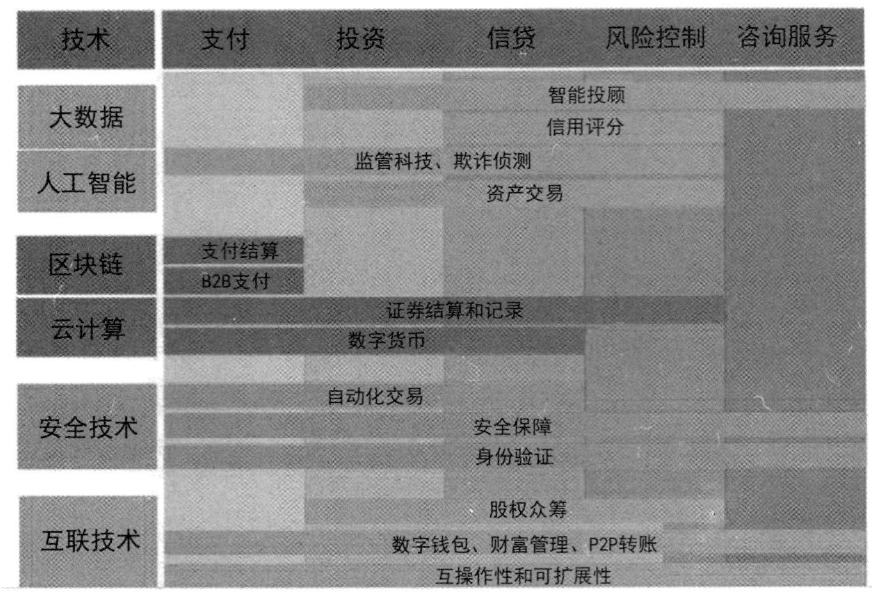

图1–6　金融科技应用全景架构

资料来源：赛迪顾问。

大数据：大数据在金融领域的应用主要是以业务数据集为核心，提供面向银行业、证券业、保险业和互联网金融等细分行业，覆盖从数据采集、存储、分析挖掘到可视化展示全流程的解决方案，主要用于提升资源配置效率、强化风险管控能力和创新业务能力等。

金融大数据主要在客户服务、客户营销、风险管控、信贷管理、交易监控、运营管理、客户画像、精准营销、供应链金融、监管报送、智能投顾等场景应用，典型应用包括反欺诈识别、风险传导预测、风险信息服务、反洗钱、客户画像、可视化数据分析、智能营销、风险监控及预警、网点效能管理、普惠金融、决策分析、流程优化、商户选址预测、境外客户需求洞察、营销欺诈商户侦测等。

云计算：云计算以其快速部署、高可拓展的特性，而逐渐成为金融机构实现业务创新的首选架构。云计算在金融领域的应用，主要是面向银行、证券、保险、信托、基金、金融租赁、互联网金融等金融机构的业务，量身定制集互联网、行业解决方案、弹性 IT 资源为一体的云计算服务。

人工智能：在大数据、云计算的背景下，通过人工智能技术为主要动力，为金融行业的各参与主体、业务环节赋能，进行服务升级是 AI 的重要作用。人工智能的基础是大数据，而金融领域是唯一的纯数字领域，与数据紧密相联让人工智能能够轻而易举地应用其中。

区块链：区块链技术作为一项颠覆性技术，在我国金融改革和经济发展过程中逐渐显现其技术优势。区块链技术在数字货币、支付清算、数字票据、银行征信管理、权益证明和交易所证券交易、保险管理、金融审计、客户征信与反欺诈、跨境支付与结算等多方面得到应用。

大数据（Big Data）、云计算（Cloud Computing）、人工智能（artificial intelligence）、

区块链（Block Chain）等新兴技术逐渐成为金融行业发展的核心驱动因素，正在形成融合生态，推动金融科技发展进入新阶段。

互联网是连接网络的网络，可以是任何分离的实体网络之集合，这些网络以一组通用的协议相连，形成逻辑上的单一网络。这种将计算机网络互相连接在一起的方法被称为“网络互联”。移动互联网相对于互联网而言是新鲜的事物，移动互联网的定义有广义和狭义之分。广义的移动互联网是指用户可以使用手机、笔记本等移动终端通过协议接入互联网。狭义的移动互联网则是指用户使用手机终端通过无线通信的方式访问采用 WAP 无线应用协议的网站。互联网金融包括互联网支付、网络借贷、股权众筹融资、互联网基金销售、互联网保险、互联网信托和互联网消费金融等七个具体业态。

1.3.2 金融科技的应用领域

金融与科技经过数十年的发展、渗透、融合，尤其是 2000 年之后，VR（虚拟现实）、生物验证、智能机器人、大数据、区块链等更多元的先进科技因素融入金融体系，科技在赋能传统金融业的同时，自身也超越了“工具”的范畴。金融科技不仅仅是一个前瞻的概念，更是可以应用到各个细分应用场景的大趋势，是金融与科技融合发展的必然结果。

金融科技的典型应用主要包括融资信贷、消费金融、数字支付、风险控制和金融监管等方面[1]。

1. 融资信贷

金融科技赋能传统信贷，创新融资方式，本质上是一场有关金融信息的传输、接收、分析、处理技术的革命。以互联网和平台的思维方式、金融科技的赋能手段来推进信贷经营转型、金融服务创新是大势所趋。信贷可以分为贷前、贷中、贷后，通过金融科技在信贷全流程释放能量，可以有效缓解信息不对称的问题，区块链、生物识别等技术可以保证信息的可靠性和透明性，大数据能够极大地降低信息获取成本，人工智能可以减少人力成本，金融科技的应用能够从技术手段上解决中小企业风险评估问题，降低金融服务风险，提高金融服务可得性。

2. 消费金融

消费金融是一种以场景为依托为消费者提供小额、短期融资的金融供给模式。消费金融市场日益成为中国最具有活力的市场之一，是扩大内需的重要抓手，是消费升级的助推力。在中国，个人消费能力不断提升，信用卡、信用消费成为商业银行利润来源的重要组成部分。消费金融往往借助科技手段，提供优质高效便捷的金融供给。

消费金融具有普惠性，满足了不同区域、不同人群、不同年龄段的不同消费群体的需

[1] 赛迪工业和信息化研究院 . 2020 金融科技发展白皮书 [R/OL][2020-07-09].https：//www.ccidgroup.com/info/1096/21453.htm.

求，帮助缓解流动性的约束，优化跨期储蓄和消费活动，有效提高了消费者的消费水平，能够扩大社会消费需求总量。消费金融对拉动经济增长、优化产业结构具有重要作用，短期消费信贷的发展速度有望超过以房贷为主的长期消费信贷，弥补传统消费金融类场景较为单一的问题，房地产后市场、汽车后市场、教育和耐用品消费品等产业将产生直接的需求，得到更快发展。

风控评估存在于消费金融的不同场景中，通过超高维的机器学习建模技术，全面精细的刻画用户信用交易行为，为每笔交易评估风险分值，将用户当笔交易行为与海量历史数据相融合，构建特征空间，全面覆盖交易的各种分析领域。风控评估能大幅度提升交易风险行为识别率，实时阻断交易风险，为消费行为保驾护航，让欺诈行为无处遁身，为消费金融服务方构筑风险管理的铜墙铁壁。

3. 数字支付

纵观世界支付体系，前前后后经历了实物支付、信用支付、数字支付三个发展阶段，支付介质经历了从物理到数字化的演变过程。数字支付领域在金融科技里增长最快。

随着 5G、人工智能、大数据、区块链的发展，生物特征开始用于标识用户身份，生物识别进入支付领域，并逐渐成为数字支付的整体趋势。

4. 风险控制

智能风控体系的建设需要结合线上、线下的业务场景全面应用智能模型，提升风险的全流程管理能力。需要整合客户的交易行为、个人资产、身份特征画像、履约历史、行为偏好、关系网络等多个维度的数据，在业务的事前、事中、事后进行综合分析和判断，开展全方位的风险预测和管控。

风险识别是智能风控的核心，数据的维度和密度是智能风控的基础，数据分析与建模能力是智能风控的关键。

5. 金融监管

金融科技代表企业第四范式通过人工智能机器学习系统，为银行反洗钱部门提供由人工智能机器学习算法驱动的反洗钱决策支持，并结合该银行现有的基于规则的反洗钱系统，为反洗钱业务部门提供案宗可疑率精准打分。再通过机器学习模型可解释分析对可疑率打分模型进行一定的特征解释输出，从而支撑反洗钱案件的报告流程，以达到解决案件增加和人力有限的矛盾的效果。

通过金融科技的融合使用，节省 30% 以上的审核工作量，同时提高案件识别精准度，优化调查人员工作人力，提高效率，优化审核流程，优化现有经验规则库，及时侦测新型洗钱方式，提高反洗钱监测规则的及时性和有效性。

1.4　金融科技公司综述

随着人工智能、区块链、云计算、大数据等新兴技术的蓬勃发展，金融科技行业发展迅速，我国已成长出一批具有雄厚实力的金融科技公司。金融科技公司是指以数据和技术为核心驱动力，以更高的工作效率、更低的成本，为客户提供与金融相关服务的机构，主要服务对象为未被传统金融体系覆盖到的客户群体。为了尽量满足客户享受普惠金融服务的需求，金融科技巨头正在积极搭建全方位的金融服务平台，通过多种方式完善对客户生活场景的布局。

1.4.1　金融科技公司的类型

根据我国金融科技产业主体的发展特点，可以从“新金融”和“新技术”两个角度将金融科技企业划分为：科技金融类企业和金融科技类企业两大类。这里主要探讨金融科技类企业。

金融科技类企业主要在客服、风控、营销、投顾和征信等服务领域，为金融机构提供云计算、大数据、人工智能和区块链等新兴技术支撑服务，其可以从技术领域和服务领域进一步划分。技术领域是指支撑服务能力聚焦在云计算、大数据等不同技术领域，服务领域是指支撑服务领域分布在客服、风控等不同服务环节。按照不同技术、服务领域划分金融科技公司如表 1-1 和表 1-2 所示。

表1-1　按技术领域划分的金融科技企业

技术领域		典型企业
云计算	公有云	阿里云、腾讯云、天翼云、金山云、七牛云存储
	私有云	华为、海云捷讯、Ensystack，浪潮、华云
大数据	数据	明略数据、因果树、TalkingData，聚合数据、Daiatang
	平台	华为，东华软件、中软国际、拓尔思
	分析	百分点、东方国信、友盟十、海量数据
区块链	技术平台	ViewFin、网录科技、云象、Asch，北斗链
	应用	物链、布比、唯链
人工智能	平台	百度云、腾讯云、阿里云、华为、科大讯飞、中科曙光
	应用	依图、云从科技、旷视、同盾科技、商汤、量化派

表1-2　按服务领域划分的金融科技企业

服务领域	典型企业
客服	网易七鱼、科大讯飞、Live800、易米云通、智齿客服、云问科技、小i机器人、捷通华声
风控	明略数据、杉树科技、普林科技、极光、百分点、邦盛科技、誉存科技、极融
营销	个推、芝麻科技、宏原科技、时趣、城外圈
投顾	因果树、理财魔方、阿尔妮塔、鼎复数据、蓝海智投、璇玑智投、文因互联、飞蝉智投
支付	旷视、云从科技、商汤、依图、贝尔赛克、中科奥森

1.4.2 金融科技公司的现状

金融科技公司在金融领域提供信息化服务经历了不同发展阶段，从售卖金融 IT 软硬件服务阶段到提供基于云的整套业务解决方案阶段，再到如今的以金融科技为依托提供跨界金融服务阶段。过去的传统金融 IT 企业帮助金融机构建设 IT 基础设施并提供外包服务，而现在金融科技企业在金融服务领域中表现得更加积极。在科技浪潮下，金融科技公司正处于高速增长态势，具体情况有如下 6 个：①金融科技公司上市热度持续，且融资金额增加；②零售企业率先转型进入金融科技市场；③互联网企业在金融科技领域占主导地位；④互联网金融科技企业更加强调科技能力输出与服务；⑤金融科技主体多元化；⑥金融科技公司与持牌金融机构展开深度合作。

1.4.3 金融科技公司行业分布

金融科技公司布局于众多领域之中，如征信、借贷、保险、投资管理、支付清算等领域。

1. 征信领域

征信领域主要是依法开展针对个人或企业信用信息的收集、整理、保存并对外提供信用报告、信用评估等活动，其服务可帮助其他机构或个人进行更有效的信用管理，从而控制信用风险，这实际上就是“数据—信息—知识—智慧”的一个升级过程。征信按照服务对象可分为信贷征信、商业征信、雇佣征信和其他征信。信贷征信主要为金融机构提供支持，运用大数据、云计算、人工智能等技术，进行数据的实时更新和信用评分，进行贷前评估、贷中监控和贷后反馈；商业征信主要为商务活动中的赊销决策进行服务，来降低信用风险；雇佣征信主要为雇主服务，如招聘、家政等活动中对雇主用人可进行相应的指导；其他征信领域则涵盖了市场调查、资产鉴定、债权处理等众多活动。互联网征信机构借助大数据实现了对个人信息的全方位收集，是对传统征信数据的一个补充，解决了交易双方信息不对称的问题，同时也使征信模型的预测值更具有说服力。

2. 借贷领域

金融与科技融合的新一代金融发展模式衍生出直接将资金需求方与供给方配对的市场化网络借贷平台，这些平台基于人工智能机器缩短了一般借贷人在金融机构的贷款审核、审批等流程，这在一定程度上缓解了小微企业和个人的融资难问题。股权众筹同样也是借助互联网和人工智能等技术将企业私募股权互联网化，它不仅扩大了企业募股的范围，同时还缩短了企业融资周期。值得特别注意的是，由于网络借贷和股权众筹的进入壁垒较低，起初的市场竞争较为混乱，出现了不少虚假融资、“卷款跑路”等现象，这与交易双方信息不对称、行业监管力度不够等有直接关系。而征信技术是借贷行业发展的基础，区块链等技术是解决平台信任问题的突破口，行业监管是风险控制的保障，金融科技各个领域的发展是相辅相成的。

3. 保险领域

作为一种以互联网技术为发展基础的新型保险模式，互联网保险打破了传统保险的市场垄断地位，改变了传统保险行业提供保险产品和服务的方式，同时也为保险行业的发展带来了新的机遇和挑战。互联网保险作为金融科技时代发展的产物，具有信息化、便利化、节约化等特点，不仅缩短了投保、承保等流程的时间，还促使保险行业可以随时随地提供保险服务，节约了保险机构的经营成本，也增强了保险机构和客户之间的交互，同时利用保险分解与保险定价等在一定程度上保障了客户的权益。

4. 投资管理领域

金融科技在投资管理领域重在开发智能化的投资顾问和资产管理应用。智能投顾是以大数据和人工智能为基础，综合分析用户的投资偏好、市场趋势、产品功能等数字化信息，从而系统地为客户推荐风险较小的投资组合的一个应用。它可以让用户借助软件来完成投资管理，进而提高系统效率、降低服务成本。智能投顾企业的服务成本较低，可以获取更广泛的用户；同时基于大数据和人工智能的算法比较先进，企业为用户推荐合理的投资组合时可避免人工投顾的非理性因素并通过分散投资降低风险；企业服务链条较短，用户可在移动终端上实现财富的智能管理。虽然金融科技在投资管理领域的渗透和发展依旧需要一定时间，但是未来智能投顾市场庞大，企业具有可观的成长空间。

5. 支付清算领域

支付清算领域包括网络支付、移动支付、数字货币支付、分布式账本技术应用等。网络支付是传统支付手段向互联网虚拟平台的首次跨越；移动支付得益于移动通信技术的发展和智能终端的普及，其使得支付行为更加便利；数字货币是区块链技术成功应用的典型案例，如比特币在一定程度上克服了地域间的金融约束，实现了全球范围内的跨境支付；分布式账本技术为支付清算业务中的数字资产交易、信息存储、身份管理等方式提供了全新思路，通过借助点对点网络、节点之间的分布式公共账本以及加密技术等核心要素，实现信息共享，有效保护客户隐私，降低交易成本，使交易行为更加高效。

1.4.4　金融科技公司与传统金融机构耦合

金融科技公司利用现代信息技术对传统金融业务进行流程改造、模式创新、服务升级，促进金融领域更深层次的大分工，进行不同方式的融合。其耦合方式有如下 3 种：

1. 投资、并购（或成立股权投资基金）

投资、并购（或成立股权投资基金）适用于颠覆型金融科技公司与传统金融机构之间的融合。传统金融机构通过收购或者股权投资具有较高增长潜力的金融科技公司，间接获取其内部创新产品和技术型人才，而在收购之后金融机构需保持科技公司组织和经营的独立性，为业务发展预留充分空间。

2. 战略合作或合资

战略合作或合资主要集中在特定产品、服务或者特定功能层面。传统金融机构与金融科技公司展开深度合作，借助其先进技术进一步推动机构内部流程和技术平台的改造。

3. 建立孵化器或创业加速器

金融机构可以建立抗风险能力强、资本充足的创业孵化机构（如创新实验室），对接创业企业、技术公司和高校，同时通过开源 APIs、黑客马拉松（编程比赛）和其他技术交流活动，参与和培育金融科技创新，并建立相关人才库。

综上，传统金融机构与金融科技公司正在以股权投资或并购、合作、孵化等多种方式融合，促进科技创新，并取得了一定成果。但是在融合过程中需要充分考虑战略、组织、技术各层面的统筹配合。在战略上，企业需明确战略重点，根据自身发展程度和可投入资源确定目标企业与合作方式，对创新与主业之间的协同与配合有清晰的规划；在组织上，企业高层需给予足够重视，充分动员，确保组织的灵活性，同时建立市场化的激励机制，建立容错文化等；在技术上，企业需明确技术与数据的重要性，推进技术更新与数据应用。企业只有充分了解正确参与方式、改变陈旧思维方式、多方面适应数字化变革，才能够经得起数字化冲击的考验，完成蜕变。

1.4.5 金融科技公司的发展机遇与挑战

1. 金融科技公司的发展机遇

（1）随着新兴金融科技的广泛应用，金融科技公司将强化金融服务与实体经济的跨界融合应用。一方面，数据的广泛采集和流通促使金融数据来源更加多元化，金融科技公司可以更为方便地获取电信、电商、医疗、出行、教育等其他行业的数据；金融数据和其他行业数据的融合使得企业的营销与风控模型更精准，金融基础能力能够得到更多其他行业资源的补充和支撑。另一方面，跨行业数据融合会催生更多跨行业的应用，金融科技公司得以设计出更多基于场景的金融产品，更加精准地匹配企业和个人的金融服务需求，促进金融服务与实体经济更加紧密地融合发展；消费金融、供应链金融等都是以上趋势的直接体现。

（2）人工智能和区块链将引领金融科技公司发展进入新阶段。随着云计算和大数据带来的金融科技基础能力的不断强化，未来金融科技公司将在人工智能和区块链领域出现新的发展浪潮。伴随着深度学习算法、高质量大数据和高性能计算资源的不断成熟，人工智能在金融领域的应用将不断深化，以智能客服、智能投顾、智能投研、智能营销和智能风控等为代表的应用场景将呈现爆发式增长态势。区块链技术公开、不可篡改的属性，能够带来去中心化的信任机制，同时具备改变金融基础架构的潜力，其在金融领域将拥有极为广阔的应用前景，以跨境支付结算、供应链金融、数字票据和征信管理为代表的应用场景将随着技术的发展而不断成熟。

（3）金融科技公司将步入监管元年。一方面，我国金融科技发展迅猛，不可否认，依托大数据优势让金融惠及更多长尾客户；另一方面，由于金融科技主体多元化、跨行业、去中心化，部分互联网金融打着金融创新的旗号，实质进行监管套利，甚至触犯法律，传统监管难以全面管控金融风险。面对金融科技带来的监管挑战，未来的金融科技监管将更加注重在预防风险和鼓励创新之间寻求平衡。“先发展后规范、再集中整治”将转变为“边发展边规范”，金融科技监管将采用“风控与发展并重”的方式，形成既鼓励金融创新、又防范和控制金融风险的金融长效监管机制。因此金融科技公司未来将步入监管元年，短期内面临强监管，同时企业金融科技创新必须在审慎监管的框架下进行，充分发挥出金融科技对社会和市场效率的支持，保证金融科技发展行稳致远。

2. 金融科技公司面临的挑战

虽然大数据、云计算、人工智能、区块链等新兴技术得到广泛应用，金融科技行业迅猛发展，新的商业模式和业务模式不断涌现，然而由于金融科技是一种新兴产业，具有跨界性与隐匿性等特征，在企业经营过程中容易带来新兴技术风险，并导致风险外溢，给金融科技公司发展带来一定挑战。

（1）金融科技的发展呈现出一定的风险外溢性

金融科技并不会因为技术进步和创新而使得金融风险消失，它在提供跨行业、跨市场、跨机构金融服务的同时，也会导致金融风险传染性更强、波及面更广、传播速度更快。由于金融科技公司提供的服务和经营模式具有较强的同质性、网络性，一旦一家公司爆发风险事件，市场和监管层对该行业中其他参与者的判断就会随之发生改变，对该行业未来发展也就会产生类似的预期。目前，中国有数千家包括互联网金融从业机构在内的金融科技公司，这些机构之间风险传染比较迅速，波及范围也比较广泛，特别是互联网金融投资者的“羊群效应”特征更加剧了风险的外溢性。

（2）金融科技广泛应用增加了个人信息安全管控风险

虽然金融科技公司广泛应用金融科技可以进一步提升金融服务数字化水平，但也给个人金融信息安全带来了更加严峻的管控风险。一是金融科技带来金融业务全流程的数据化，个人金融信息数据使用范围扩大、渠道增加，客观上增加了信息泄露的风险。二是金融科技应用衍生创新性金融服务模式，由于监管的滞后性，部分非法机构易利用监管漏洞，非法获取或使用个人金融信息。三是目前大量金融科技应用侧重于获取效益和提升价值，能够直接创收的技术往往被大范围采用和开发，而安全保护属于成本性投入，难以带来明显的经济效益，导致金融科技种的业务发展能力与安全防控能力显著失衡，也间接给危害个人金融信息安全的违法犯罪行为提供了可乘之机。

（3）市场垄断不利于产业生态健康发展

由于大量互联网企业进入金融服务市场，在支付等领域形成类似互联网发展模式的“赢者通吃”局面，排名靠前的互联网企业几乎垄断市场，中小竞争者被市场挤出；同时，这样的垄断往往带来用户入口和数据使用的寡头效应，数据垄断比技术垄断更难突破，容易产生所谓的数字鸿沟问题，形成“信息孤岛”，数据整合使用难度增加。从产业链来看，部分金融科技平台依托用户、流量优势形成的市场地位，在与金融机构合作中通常占据了优势，抢占了金融服务内容和服务模式的话语权，金融机构的风控机制约束力降低，极易造成金融风险脱离监管视野，带来风险外溢扩张。

（4）金融科技发展带来监管新挑战

金融科技在带来一系列金融服务创新模式的同时，也给金融行业监管带来了新的挑战。一是金融科技具有跨市场、跨行业特性，引领金融科技公司主体多元化发展，传统的以“栅栏方式简单隔离商业银行和网络借贷之间的风险传播途径”，面临巨大挑战。二是由于金融科技具有去中心化的发展趋势，金融风险也呈现出分散化和蜂窝式分布，目前采取的对现有金融机构自上而下的监管路径，也面临着前所未有的挑战。三是金融科技的发展使金融交易规模和交易频度呈几何级数增长，金融监管面临的数据规模性、业务复杂性、风险多样性持续上升，面对日益烦琐复杂的金融交易行为，金融监管能力面临巨大挑战。

（5）金融科技应用场景仍有待丰富

目前，金融科技公司将云计算、大数据、人工智能和区块链新兴技术应用于金融领域成为发展潮流，金融科技公司的发展正吸引着越来越多的关注和投入。然而，从实际应用场景来看，各类技术的应用程度参差不齐，与金融业务的融合应用水平仍有较为明显的不足。一方面，云计算和大数据的技术本身成熟度较高，但在金融领域的应用仍存在覆盖范围不足、应用场景单一和应用效益不高等问题，特别是在金融机构内部管理层面的应用方面，系统云化集中面临的传统信息系统升级压力较大，大数据平台的构建在系统稳定性和实际使用效益方面均面临挑战；另一方面，人工智能和区块链等技术依旧处于快速演进当中，其对于金融行业的应用价值还没有得到很好的体现。

第2章　金融科技：理论基础

在金融科技4.0时代，金融与科技高度融合发展，科技赋能、金融创新已经成为金融科技发展的基本特征。目前，金融科技发展水平已经成为衡量各国经济发展水平的重要指标之一。以技术创新金融服务，加速金融与科技深度融合已经成为全球共识，金融与科技的融合为世界金融生态的重塑奠定了坚实的基础，构建了全新的金融秩序，催生了新的金融业态。金融科技已渗透到全球的任何角落，具有服务模式多样化、成本低廉、信息不对称度低、参与面广、生成速度快和应用价值极高的显著优势。发展金融科技可以满足不同群体多样化的金融需求，加快金融行业信息化变革，为金融行业注入活力。本章主要对金融科技的基础理论进行概况性介绍。

2.1　创新理论

2.1.1　熊彼特创新理论

熊彼特在创新理论中认为，生产技术的革新和生产方法的变革在经济发展过程中具有至高无上的作用。而其中的“创新”指的是生产新的产品、使用新的生产方法、进入新的市场、控制新的供应来源、实现新的组织形式。

金融科技中的诸多应用不断产生新的金融产品及服务。金融科技以特色化的金融产品作为服务的主要载体，通过以大数据作为金融服务的支撑，在产品使用中不断挖掘用户需求的缺口，并利用海量金融数据挖掘所产生的信息为客户创造价值。其本质就是从传统在金融产品生产端及技术端来引导客户需求转为在客户需求价值创造端来提供定制化的金融产品。

金融科技作为一个新兴科技，本身即是一种新的生产运行方式，其引入了传统金融业中不存在的人工智能和大数据等技术，革新了传统金融的运行方法。与此同时，金融科技的应用也产生了诸如以比特币为代表的数字加密货币交易等新市场。

现实中，技术革新一直是推动金融行业发展的重要手段，技术即是金融行业的活力来源，金融科技本身便立足于科技，能有效利用技术这一金融发展的来源。金融科技的应用也产生了一些新的金融科技初创企业，这些初创企业拥有传统金融机构所不具备的高技术、低成本等特点，形成了显著异于传统金融机构的新组织形态。总而言之，金融科技具有生产新产品、革新业务方式、催生新市场、控制新来源、实现新组织的创新能力与变革力量，并更加符合现代经济金融发展的根本要求。

2.1.2 克里斯坦森颠覆性创新理论

传统的企业在配置资源的时候总是以可持续创新和利润最大化为导向。而当新的颠覆性创新产生时，企业总是试图保护高端市场以保证利润，而颠覆性创新则通过其低廉和方便的产品得以锁定低端消费者进而占领市场，并取代传统产品。其主要内容归纳如下：

第一，颠覆性创新的非竞争性指的是在产品初期并不与传统产品的主流产品争夺市场。在金融科技的早期，金融科技初创企业对于传统金融机构并未产生重大的冲击，比如众多的网贷平台也未能撼动银行的基本业务，比特币等数字加密货币早期也未对货币体系造成实质性冲击。

第二，金融科技仍然具有“低端性”。金融科技的服务对象更“低端”，这里的“低端”指的是更为广阔的受众群体。传统的金融机构因为技术受到限制，只能够服务于“高端”用户，而金融科技所带来的金融创新能够使金融更多地惠及“低端”用户。例如，网贷平台满足了个人贷款需求，而智能投顾使更多人拥有投资信息等。

第三，金融科技也更具简便性和顾客价值导向性。金融科技是以互联网技术为底层技术而发展的，互联网技术最大的特点就是信息的传递。利用互联网网络的合作性特征来辅助解决信息不对称问题，能够更为准确地了解客户的实际需求。大数据等金融科技的出现，也为更好地体现顾客价值导向提供了技术支撑。

第四，作为颠覆性创新，金融科技必将取代传统金融模式的统治地位。比特币的出现为建立新的支付体系提供了一种可能的方向，余额宝等金融科技初创公司也在很大程度上撼动了传统银行的存款业务。由此可见，金融科技这一颠覆性创新正在改变现行金融格局。

金融科技作为颠覆性创新，其对于金融行业产生的最大影响，就是能够通过具有颠覆性意义的新兴技术手段惠及更为广大的消费者。传统金融因为技术原因，不能为很多基层的消费者提供精致的金融服务，而金融科技则解决了这一问题。

2.1.3 技术创新理论

现代经济的增长更多的是依赖于以技术创新为标志的技术进步，并不主要依靠劳动的增加和资本的投入。技术进步不仅能够转变经济增长的方式，而且其自身即是经济增长的动力源泉。

金融科技作为技术进步的巨大成就，本身即是科技进步的重要体现。金融科技有望颠覆传统金融业的经营模式，迫使金融机构升级改造。新的金融组织模式将带来更具经济效率的支付方式、更为高效的存贷款和筹资模式以及优化后的投资管理模式。

金融科技本身作为科技进步与经济的最新的融合，本身即是未来一种巨大经济增长动能的新源点。Wilson 和 Campbell 指出，金融体系目前正在经历一场由网络、数字融合、新的市场进入者带来的革命。Lee 和 Yong 认为，金融科技是能撼动传统金融市场的颠覆性创新，带来了信息技术在金融行业推动创新的新范式。当前金融科技只是作为新兴技术与金融发生了的最初碰撞。随着技术不断地进步，金融科技作为一个新的增长源点将不断地推进经济向前发展。

2.2　金融创新理论和金融抑制、深化排斥理论

2.2.1　金融创新理论

金融创新理论是一种由需求诱发的利润驱动的金融现象的理论。金融创新不仅仅是一种新的金融产品或服务的发明与创造，更重要的是它的产生能给人们带来丰厚的利润。正因如此，金融创新受到人们普遍的认同、欢迎，是国际界锲而不舍的追求。目前，金融创新理论主要有三个：

1. 约束诱导型金融创新理论

西尔柏（W.L.Silber）主要从供给角度来探索金融创新。西尔柏研究金融创新是从寻求利润最大化的金融公司创新最积极这个表象开始的，由此归纳出金融创新是微观金融组织为了寻求最大的利润，减轻外部对其产生的金融压制而采取的“自卫”行为。西尔柏认为，金融压制来自两个方面：一是政府的控制管理；二是内部强加的压制。

2. 规避型金融创新理论

凯恩（EJ.Kane）提出了“规避”的金融创新理论。“规避”理论非常重视外部环境对金融创新的影响。从“规避”本身来说，也许能够说明它是一些金融创新行为的源泉，但是“规避”理论似乎太绝对和抽象化地把规避和创新逻辑地联系在一起。而排除了其他一些因素的作用和影响，其中最重要的是制度因素的推动力。

3. 交易成本创新理论

希克斯（J.R.Hicks）和尼汉斯（J.Nie hans）提出的金融创新理论的基本命题是“金融创新的支配因素是降低交易成本”。它包括了两层含义：降低交易成本是金融创新的首要动机，交易成本的高低决定金融业务和金融工具是否具有实际意义；金融创新实质上是对科技进步导致交易成本降低的反应。交易成本理论把金融创新的源泉完全归因于金融微观经济结构变化引起的交易成本下降和竞争。

2.2.2 金融抑制理论、深化理论和金融排斥理论

1. 金融抑制理论

金融抑制是人为压低利率造成的金融体系和经济效率低下的现象，麦金农称之为“金融抑制”（financial repression）。麦金农和爱德华·S. 肖提出“金融抑制”论，把发展中国家的经济欠发达归咎于金融抑制，主张进行“深化”金融，极力倡导和推行金融自由化。他们把金融抑制的原因直接归结为金融管制。

金融抑制除了表现为利率和汇率的价格扭曲外，更多的是表现为一种金融“欠发达（underdevelopment）”状态，其原因除了可能是不适当的金融管制外，更多地可能是因为缺乏金融发展的良好环境。

2. 金融深化理论

金融深化（financial deepening）是指随着一个国家或地区的经济发展对金融服务不断提出的新的要求，其金融中介、金融工具和金融市场不断进行创新。市场可以运用的资金潜力不断被挖掘，市场规模持续不断扩大，同时不断走向专业化和复杂化的过程。

麦金农进而提出了他的“金融深化”理论。其主要思想是，放松政府部门对金融体系的管制，尤其是对利率的管制，使实际利率提高，充分反映出资金供求状况。金融深化最直接的表现为金融资产规模与金融机构数量的扩张，或者为金融产品的复杂化等。

3. 金融排斥理论

金融排斥也称金融排除或金融排斥性，是指在金融体系中人们缺少分享金融服务的一种状态。包括社会中的弱势群体缺少足够的途径或方法接近金融机构，以及在利用金融产品或金融服务方面存在诸多困难和障碍。

金融排斥包括五个方面：客户接近金融资源排斥性，如通过风险评估程序限制了客户接近金融资源；条件排斥性，即附加于金融产品的条件不适合某些人群的需要；价格排斥性，即一些人只有支付自己不能承受的价格才能获得金融产品；市场营销排斥性，即一些人被排除在金融机构产品营销目标市场之外；自我排斥性，即人们认为申请获得金融产品的可能性很小，被拒绝的可能性很大，从而把自己排除在获得金融服务的范围之外。在金融服务方面，其主要有银行排斥、储蓄排斥、信贷排斥和保险排斥。

2.3 金融中介理论、金融功能观和普惠金融理论

2.3.1 金融中介理论

金融中介是指在金融市场上资金融通过程中，在资金供求者之间起媒介或桥梁作用的

人或机构，一般是由银行金融中介及非银行金融中介构成。金融中介理论利用信息经济学和交易成本经济学的最新成果，以降低金融交易成本为主线，对金融中介提供的各种服务进行了深入的分析；探讨了它们如何利用自身优势克服不对称信息、降低交易成本，从而以比市场更低的成本提供服务。

金融中介理论的主要内容：风险、不确定性、信息成本和交易费用构成了金融中介演化的客观要求，而制度、法律和技术则构成了中介演化的现实条件。而最新金融中介理论的核心则多在于增强风险管理、降低信息成本和交易成本以及增加金融体系的价值。具体表现有如下四点：

首先，当前金融交易日益频繁，大量金融数据实时产生，且交易的复杂度和隐蔽性越来越高，传统监管手段已显得力不从心。金融科技能有效地挖掘数据背后的风险信息，帮助金融机构迅速、准确地识别和监控风险，提高风险管理效率。且随着金融科技的应用，对信用风险定价方式将产生革命性及颠覆性的影响。

其次，金融科技也能在某种程度上减少市场中的信息不对称。信息不对称制约传统金融机构进一步发展，而区块链技术可以将所有的资产都变成数字资产，互联网技术和大数据技术得以更高效地获取客户信息，人工智能则能通过其强大的分析能力充分利用大量数据。因此，金融科技能有效地克服信息不对称。

再次，金融科技可降低交易成本。不断降低交易成本一直是现代金融机构追求的目标。金融科技能通过甄别客户并更好地评估信誉，降低金融中介成本，改善融资渠道，从而最终实现生产效益。互联网技术使得金融机构交易成本进一步降低。且利用区块链技术后，金融机构可有效地改变当前货币流通机制，提升金融运行效率。人工智能则能大幅降低金融中介成本中比重较大的人力成本。

最后，金融科技还提升了经济社会价值。金融科技改变了传统金融市场的时空边界，降低了交易成本及信息不对称程度，改变了投资者进入金融市场的方式，减弱了投资者进入市场的专业性要求，且其所具有的快捷、小额、交易成本低、信息较为公开透明等特征，正逐渐把用户的许多潜在金融需求显现出来、挖掘出来，并与主流的金融市场耦合，形成全新的金融模式与业态。且金融领域的科技公司，还能在一定程度上缓解中小企业融资难、融资贵的问题，能够进一步推动普惠金融的发展。

综上所述，提高及优化风险控制能力、减少信息不对称、降低交易成本、增加社会价值等皆是现代金融中介产生的重要原因。正如金融中介机构凭借这些机制得以形成一样，金融科技也是凭借这些有利于金融发展的因素而得以产生。

2.3.2　金融功能观

传统的金融理论主要从金融机构角度来着手研究金融体系，而莫顿和博迪（1993）开创性地从功能的视角提出了所谓的金融功能观（functional perspective）。金融功能观认为，金融功能比金融组织机构更重要，只有金融机构不断创新和竞争才能最终使金融具有更强的功能和更高的效率。而金融体系则主要拥有为交换提供支付手段、企业和个人提供融资和投资的机制、提供管理不确定与风险控制的机制等功能。

事实上，就为交换提供支付手段的功能而言，当前金融科技的应用成果十分显著。第三方支付已经在银行支付系统以外创造了一个新的支付模式，革新了传统的支付模式。此外，网络借贷平台的出现也为企业和个人提供了更多投融资机会。随着金融科技的不断演进，传统金融发展的时空限制与边界在诸如P2P、众筹、智能金融、加密数字货币等金融科技新模式的冲击下不断瓦解与重构。Van（2017）的研究明确显示，年轻一代更热衷于选择金融科技公司而非传统金融机构的服务。

此外，金融科技或将完全颠覆传统金融服务与用户、机构与用户、用户与用户、机构与机构之间的既定关系。传统的金融服务更多的是金融机构推出金融服务与产品，让用户被动地来选择与适应，但金融科技则是个性化、智能化、定制化的金融服务与产品。用户不仅可以购买金融产品及服务，还可以主动参与金融产品及服务的设计、创造与评价，且这种金融产品及服务将不再受到时空的限制。

我们认为，从金融功能观来看，金融科技确实提供了新的交易手段，打破了传统投融资机制的界限并能够提高风险的管控能力，使金融具有更强的功能和更高的效率。金融业只有不断运用先进科技，提高社会资源配置的效率、降低资源配置和资金运行的成本，增强风险识别和控制的能力，才能够更好地发挥金融的实际作用。

2.3.3 普惠金融理论

普惠金融（inclusive finance）又称包容性金融，是指通过完善金融基础设施，以可负担的成本将金融服务扩展到欠发达地区和社会低收入人群，向他们提供价格合理、方便快捷的金融服务，不断提高金融服务的可获得性。普惠金融包括五个核心要素：可得性、价格合理性、便利性、安全性和全面性。

普惠金融理论是一个研究金融发展与金融福祉的经济理论，以金融福祉分配的公平合理为原则，对金融发展的演化路径及其“优劣”予以分析和评价。主要内容：普惠金融发展路径；普惠金融与包容性经济增长之间关系（即普惠金融的基本经济效应和普惠金融与包容性经济增长的理论逻辑）；普惠金融对金融发展的价值评判。

2.4 金融脆弱性理论和风险理论

2.4.1 金融脆弱性理论

金融脆弱性理论主旨在分析金融风险成因、促进金融稳定。Minsky从企业角度研究信贷市场上的脆弱性，提出了金融脆弱性理论，将借款企业分为安全性、投机性、高风险性三类。安全性借款企业的特点：预期收入总额大于到期债务本息，每个时期的预期收入都能够偿还到期债务本息，风险较低。投机性借款企业的特点：在借款后的前一段时间里，每一期的预期收入只能偿还到期债务利息，但长期预期收入大于债务总量。高风险性借款企业的特点：预期收人大于债务总量，但是预期收入不仅小于到期债务本金，甚至小于到期利息，直到最后一期的预期收入才能够偿还每一期的到期债务。越来越多的投机性企业和高风险企业呈现出较高的风险。任何引起生产企业信贷中断的事件，都将引发生产企业拖欠债务和破产，企业反过来又影响金融部门，导致银行破产。

而 Kregel 是从银行角度进行了研究，提出了安全边界理论，安全边界即为银行利息所提供的风险报酬和收益保障，银行的借贷主要关注借款人过去的借贷记录，而不太关注未来的预期收益保障。随着经济不断扩张，高风险项目不会立即出现问题，银行会根据以往的借贷记录做出借贷决定，结果安全边界会不断地降低，金融脆弱性会逐步提升。

2.4.2 风险理论

风险是指实际收益与预期收益之间存在差异的不确定性，金融风险是指经济主体在从事资金融通过程中遭受损失的可能性。数字金融领域企业多，业务量大，数字金融平台提供众多金融信息服务，但潜在的金融风险频繁出现。风险一经形成，势必会造成数字金融行业甚至整个金融体系的动荡，带来无法估量的损失，因此管控金融风险则势在必行。风险管控包括以下 5 个环节：①风险识别，确定数字金融借贷平台流程，掌握风险易发环节，对关键风险因素进行预判，建立风险识别指标体系；②风险评估，运用大数据估计风险发生的概率，平台自身也要对各个风险环节进行判断；③风险监控，平台建立自己的风险控制指标，时刻监测指标变化，通过层层管理来控制风险；④风险处理，平台针对不同的风险，采取对应的措施，减小风险对平台的损害；⑤风险报告，在风险识别、评估、监控、处理各个环节都要进行报告，进一步加强对风险控制的分析，最终达到管理控制风险的目的。

2.5 信息不对称理论和信用理论

2.5.1 信息不对称理论

信息不对称理论是在 1970 年由 George Akerlof 提出来的，他认为在市场经济活动过程中，各类交易成员对有关信息的了解是有差异的，掌握信息比较充分的人员往往处于比较有利的地位，而信息贫乏的人员则处于比较不利的地位，信息不对称会导致金融体系中的逆向选择和道德风险问题。该理论认为：市场中卖方比买方更了解有关商品的各种信息；掌握更多信息的一方可以通过向信息贫乏的另一方传递可靠信息而在市场中获益；买卖双方中拥有信息较少的一方会努力从另一方获取信息；市场信号显示在一定程度上可以弥补信息不对称的问题。

由于信用不良的借款人，金融机构会审慎向其发放贷款，同时造成信用良好的借款人无法获得贷款，这就产生了逆向选择问题。借款人从金融机构获得贷款后，采取不负责任的态度，将资金用于不利于金融机构的高风险投资活动中，不能按期偿还贷款和利息，从而产生了道德风险问题。

根据信息不对称理论，当前数字金融依托现代信息工具数字技术手段，采取大数据信用评估方法，打通了客户的信息透明度渠道，消除了信息不对称障碍，建立起了信息沟通机制。

2.5.2 信用理论

信用是指以偿还为条件的、还本付息的、货币的借与贷的一种特殊的运动形式。即以借款人对出借人的承诺、信任为基础，借款人在一定时内获得借款的能力。信用包括两个要素：授信人对受信人的信任，授予信用和偿还信用的时间限制。在现代社会中，信用借贷的前提是受信人在信用借贷期限内对借贷资金的还款和付息，信用关系的建立以借贷双方的相互信任为前提。

数字金融的发展要以信用理论为基础，资金供给者在了解资金需求者的信用等级状况以后才会转让资金在一定期限内的使用权利，资金需求者需要在合约到期以后偿还资金和利息。当出现信用违约时，资金供给者无法得到本金和利息，所造成的信用风险就是最大的风险，信用风险的防范对于数字金融的规范发展具有重要意义。

2.6 金融监管理论和大数据理论

2.6.1 金融监管理论

金融秩序的运行常常伴随着风险，而风险一旦突破就会面临金融危机。为了保障金融秩序和金融体系的安全运行，从金融监管的实践中衍生出了金融监管理论，金融监管理论又称分子对策理论与分母对策理论。所谓分子对策就是扩展银行的核心资本，同时利用其附属资本使总资本迅速扩张。所谓分母对策就是充分利用负债，降低资产总额，优化风险资本结构，降低风险权重。

金融监管理论包括偏重稳定型的金融监管理论、偏重效率型的金融监管理论、稳定和效率兼顾型的金融监管理论。偏重稳定型的金融监管理论是以维护金融体系安全为目标，倾向于政府直接管制的金融监管理论。偏重效率型的金融监管理论主要探究政府的行为能否真正使金融监管有效。金融危机的频繁出现推动了金融监管朝着稳定和效率兼顾的方向发展。监管重点转向银行资本有效性的监管以及监管的市场约束机制构建。

从国际经验来看，金融监管大致经历了四个阶段。20 世纪 30 年代以前，中央银行制度普遍确立，金融监管开始出现，金融监管重点集中在中央银行实施的货币管理和防止银行挤兑的政策层面，对于金融机构经营行为的规制、监管和干预都很少论及。1930—1970年，金融监管重点是严格监管、安全优先。1970—1980年，金融监管重点是自由化，效率优先。核心主张是放松对金融机构的过度严格管制，特别是解除对金融机构在利率水平、业务范围和经营的地域选择等方面的种种限制，恢复金融业的竞争，提高金融业的活力和效率。1990年以后，金融监管主张安全与效率并重：①加强资本的风险监管有效性和资本充足率监管的有效性监管，降低监管套利的可能性。②加强资本监管，满足最低资本充足率的要求。③注重市场约束监管，实施政府监管与市场约束相结合策略。④促进激励监管，保证监管与激励并存。

2.6.2 大数据理论

大数据是指以数据处理技术为手段，将所有零散的数据归并起来，通过对海量、结构复杂、内容多样的数据进行挖掘分析，预测事情发生的概率，形成综合洞察能力，由此做出精准的判断和预见。IBM（国际商业机器公司）指出，大数据具有5V特点：Volume（大量）、Velocity（高速）、Variety（多样）、Value（低价值密度）、Veracity（真实性）。

在大数据时代，每个主体都可能会产生数据，这个主体既是数据的创造者和传播者，也是数据的接收者和分享者，大数据挖掘的是事物背后的关系。大数据与金融业具有高度的契合性，金融业拥有丰富和爆发式增长的客户数据，主要被运用到数字金融的风险监管中，数字金融的海量客户信息正是通过大数据分析技术来实现的。目前，商业银行积累了大量的用户流水数据，但是银行各部门之间的关联性不高，造成了数据整合的难度，利用大数据可以促进银行对沉淀数据的深度挖掘。此外，金融机构还可以以现有数据为基础，做好用户消费习惯和行为的预测分析模型，有效地提高客户的转化率。

2.7 二八定律和长尾理论

2.7.1 二八定律

二八定律属于管理学原理，1909年，帕累托通过实证研究发现社会财富分布并不遵循正态分布原则，而是一种不规则的帕累托分布，即少数人掌握了社会的大量财富，而剩下的小部分财富由大量穷人分配。进而提出20%的人掌握着80%的社会财富，也即是二八定律。根据二八定律，传统商业银行将20%的优质客户作为其盈利资源，低成本吸引这些大客户，从而造成大量中小客户的利益受到严重挤压。

2.7.2 长尾理论

长尾理论是指只要产品的存储和流通的渠道足够大，需求不旺或销量不佳的产品所共同占据的市场份额可以和那些少数热销产品所占据的市场份额相匹敌甚至更大，即众多小市场汇聚成可产生与主流相匹敌的市场能量。这也就是说，企业的销售量不在于传统需求曲线上那个代表“畅销商品”的头部，而是那条代表“冷门商品”经常被人遗忘的长尾。

相对于二八定律，长尾理论的原理是积少成多，当数量足够庞大时，小市场也可以汇聚成大市场，80% 的客户需求虽然零散、小量，但是聚集起来就是一个巨大的长尾市场。

数字技术使得长尾市场的边际成本变得更低甚至为零，数量庞大的客户群体使得长尾效应更加有效，降低了门槛，增大了“尾巴”，长尾理论的提出是对传统二八定律的彻底否定。金融市场就是典型的长尾市场，传统银行的重心是集中在20%的高净值客户的金融需求上，而数字金融机构的业务创新主要针对分布在金融长尾尾部的小额、零散、个性化的融资和理财需求群体上，它们依靠自己的特点，服务 80% 的中小客户，把长尾客户变成了它们特有的发展空间，但同时也使得数字金融的风险覆盖面更大、影响范围更广。

2.8 互联网金融理论

互联网金融是传统金融机构与互联网企业利用互联网技术和移动通信技术等一系列现代科学技术实现资金融通的一种新兴金融服务模式。依托移动支付、云计算、社交网络和搜索引擎等高速发展的信息技术及高度普及的在互联网进行的金融活动，不同于传统的以物理形态存在的金融活动，互联网金融存在于电子空间，形态虚拟化，运行方式网络化。

互联网金融理论的主要内容有：①互联网技术的影响。互联网技术以大数据、社交网络、搜索引擎以及云计算等为代表，体现了信息的数字化、计算能力不断提升和通信技术不断发展三个重要趋势的“颠覆性技术”。②互联网本身就是金融市场。③呈现边际成本递减和网络效应。第一，固定成本很高但边际成本递减。第二，网络效应（也称为网络外部性），即网络参与者从网络中可能获得的效用与网络规模存在明显的相关性。④金融核心功能和金融契约的内涵不变。金融的核心功能不变是指互联网金融依旧是在不确定环境中进行资源的时间和空间配置，以服务实体经经济为主要目的。以股权、债权、保险和信托等为内涵的金融契约不变。 金融契约的本质是约定在未来不确定情景下缔约各方的权利义务，主要针对未来现金流进行。在互联网金融活动当中，金融契约多以电子形式存在。

互联网金融具有 7 个特征：①交易成本低；②信息不对称程度低；③拓展交易可能性集合；④交易无中介；⑤金融产品支付方式变革与金融产品货币化；⑥银行证券和保险的边界模糊；⑦金融和非金融因素（电子商务和共享经济）融合。

第3章　金融科技底层技术：区块链和云计算

区块链是可持续金融科技的关键，它代表了可持续金融科技的核心要素之一，即一种将新兴技术与具有环保意识的商业模式相结合的新范式；区块链技术利用了透明性、数据可审计性、流程效率和自动化等关键方面，能够“推动可持续基础设施所需的系统性变革”，同环境、社会和治理（ESG）框架相结合，可以帮助政府和企业实现其可持续发展目标。区块链技术本质上是一种能够记录和验证大量数字交易的虚拟分布式账本（distributed ledger tech，DLT），最初是比特币等加密货币的基础，现在正渗透进多个金融服务环节中去。

3.1　区块链

区块链（Block chain），是比特币的一个重要概念，它本质上是一个去中心化的数据库，同时作为比特币的底层技术，是一串使用密码学方法相关联产生的数据块，每一个数据块中包含了一批次比特币网络交易的信息，用于验证其信息的有效性（防伪）和生成下一个区块。从狭义上讲，区块链是一种按照时间顺序将数据区块以顺序相连的方式组合成的一种链式数据结构，并且以密码学方式保证的不可篡改和不可伪造的分布式账本。从广义上讲，区块链技术是利用块链式数据结构来验证与存储数据、利用分布式节点共识算法来生成和更新数据、利用密码学的方式保证数据传输和访问的安全、利用由自动化脚本代码组成的智能合约来编程和操作数据的一种全新的分布式基础架构与计算方式。区块链是分布式数据存储、点对点传输、共识机制、加密算法等计算机技术的新型应用模式。

3.1.1　区块链原理与基础架构模型

1. 区块链的基本原理

基本概念包括：交易（transaction）：一次操作，导致账本状态的一次改变，如添加一条记录；区块（block）：记录一段时间内发生的交易和状态结果，是对当前账本状态的一次共识；链（chain）：由一个个区块按照发生顺序串联而成，是整个状态变化的日志记录。

如果把区块链当作一个状态机，则每次交易就是试图改变一次状态，而每次共识生成的区块，就是参与者对于区块中所有交易内容导致状态改变的结果进行确认。

2. 区块链基础架构模型

一般情况下，区块链系统由数据层、网络层、共识层、激励层、合约层和应用层组成。数据层封装了底层数据区块以及相关的数据加密和时间戳等技术；网络层则包括 P2P 网络、通信机制和数据验证机制等；共识层主要封装网络节点的各类共识算法；激励层将经济因素集成到区块链技术体系中来，主要包括经济激励的发行机制和分配机制等；合约层主要封装各类脚本、算法和智能合约，是区块链可编程特性的重要基础；应用层则封装了区块链的各种应用场景和案例（如图 3-1）所示。

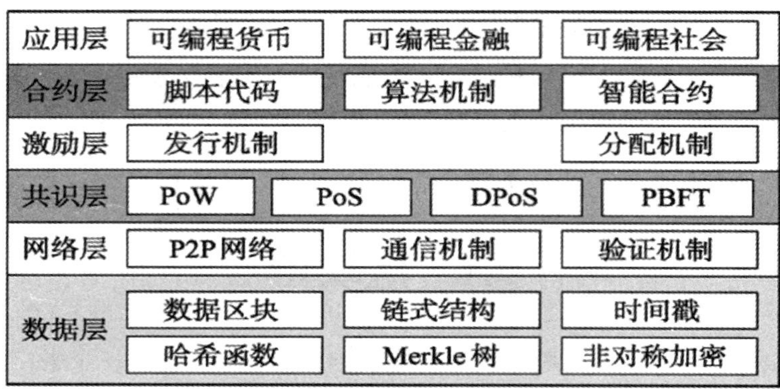

图3–1　区块链基础架构

3.1.2　区块链技术基石：密码学和分布式系统

1. 密码学

20 世纪 70 年代，古老的密码学发生了巨大的变化——呈现出三种不同密码算法。商用对称加密算法（DES）、非对称加密算法（RSA）和密钥交换算法。三种不同的加密方法给互联网上的隐私传输加密创造了条件，人们可以相互传输各种有价值的信息。

（1）对称加密算法（data encryption standard，DES）

DES 是一种将 64 比特的明文加密成 64 比特的密文的对称密码算法，它的密钥长度是 56 比特。尽管从 DES 的规格上来说，DES 的密钥长度是 64 比特，但由于每隔 7 比特会设置一个用于错误检查的比特，因此实质上其密钥长度是 56 比特。由于 DES 的密文可以在短时间内被破译，因此除了用它来解密以前的密文以外，现在基本不再使用 DES 加密和解密了。

AES advarced encryption standard，高级加密标准是取代 DES 而成为新标准的一种名为 Rijndael 的对称密码算法。Rijndael 的分组长度为 128 比特，密钥长度可以以 32 比特为单位在 128 比特到 256 比特的范围内进行选择。

加密和解密过程（如图 3-2）和（图 3-3）：

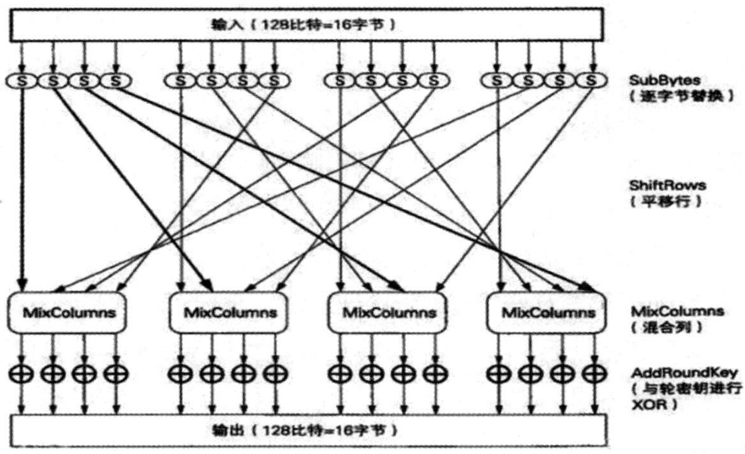

图3-2　加密过程

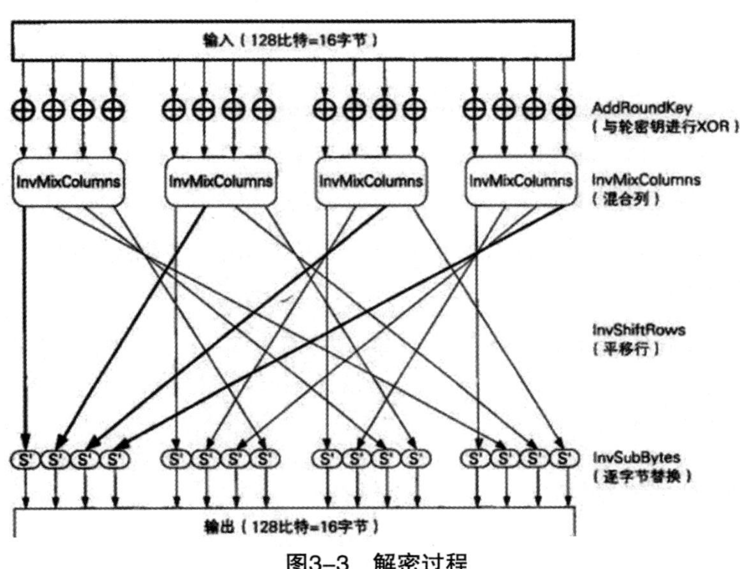

图3-3　解密过程

（2）非对称加密算法

非对称加密算法是一种密钥的保密方法。非对称加密算法是指需要一对密钥，它们分别是公开密钥（public key）和私有密钥（private key），简称为公钥和私钥。如果使用公钥对数据进行加密，那么只有使用对应的私钥才能够解密。因为加密和解密使用的是两个不同的密钥，所以这种算法叫作非对称加密算法。

非对称加密可以通过数学中的单向函数保证来实现。数学上有一些函数是单向的，从一个方向来算，F（X）等于什么，可以很快就算出来。但是如果只知道（X）的值，要求反推X，就不容易推出来了，这个是数学能够证明的，这里面存在一种非对称性。

非对称加密算法实现机密信息交换的基本过程是：甲方生成一对密钥并将公钥公开，需要向甲方发送信息的其他角色（乙方）使用该密钥（甲方的公钥）对机密信息进行加密后再发送给甲方；甲方再用自己私钥对加密后的信息进行解密。甲方想要回复乙方时正好与之相反，使用乙方的公钥对数据进行加密，同理，乙方使用自己的私钥来进行解密。另外，甲方可以使用自己的私钥对机密信息进行签名后再发送给乙方；乙方再用甲方的公钥对甲方发送回来的数据进行验签，甲方只能用其私钥解密由其公钥加密后的任何信息。非对称加密算法的保密性比较好，它消除了最终用户交换密钥的需要。

非对称加密码的特点：算法强度复杂、安全性依赖于算法与密钥，但是由于其算法复杂，而使得加密解密速度没有对称加密解密的速度快。对称密码体制中只有一种密钥，并且是非公开的，如果要解密就得让对方知道密钥。所以保证其安全性就是保证密钥的安全，而非对称密钥体制有两种密钥，其中一个是公开的，这样就可以不需要像对称密码那样传输对方的密钥了，这样安全性就大了很多。非对称加密的缺点是加解密速度要远远慢于对称加密，在某些极端情况下，甚至可以比对称加密慢上 1000 倍。

加密和解密

// 加密

UnicodeEncoding encoding = new UnicodeEncoding（ ）;

byte[] PasswordBytes = encoding.GetBytes（password）；// 将密码转换为字节数组 RSA CryptoServiceProvider crypt=new RSACryptoServiceProvider（ ）；//RSA 加密算法，非对称 PasswordBytes=crypt.Encrypt（password，false）；// 加密字节数组，这是加密后的密码值，放入数据库中的表字段中。

string key=crypt.ToXmlString（true）；// 输出密钥为 XML 格式的字符串，且包含私钥，这个字符串要作为数据库表中的一个字段同用户的密码放在一起。

// 解密

RSACryptoServiceProvider crypt=new RSACryptoServiceProvider（ ）；// 已随机生成了一个密钥对

crypt.Clear（ ）；// 毁掉当前密钥对

crypt.FromXmlString（key）// 输入密钥对，key 是从数据库表字段中读取的那个 XML 格式的字符串，即密钥字段 PasswordBytes=crypt.Decrypt（password，false）；// 解密字节数组，返回原始密码给用户。

解密只有知道密码才行，不知道密码是算不出来的。所以这种非对称性，激发出了理想主义者的憧憬和幻想。因为理想主义者现在只需要花费时间做一点计算，就可以保卫自己，可以抵御外界的一切“黑客”攻击。这使得很多有理想的人觉得可以做一些加密和解密事情来推动整个社会的进步和发展，试图构建出一个安全的数字社会，采用密码的手段保护个人隐私，以匿名的方式实现线上购物消费。

在预想的未来数字社会的场景中，这些理想主义者自称“密码宾客”，他们不仅想普及数字货币，而且想把整个社会的东西全部用数字化计量，同时保护个人隐私。大卫·乔姆（David Chaum）。他于1982—1990年期间，通过疯狂地研究如何能够实现不可跟踪行迹的、匿名的数字化货币——比特币，发表了两篇具有奠基意义的论文，题目为《不可追的匿名支付》和《不可追踪的电子现金》，这两篇具有里程碑意义的论文，提出了数字化货币的典型——电子现金。

这种电子现金没有在社会上得到推广，最终以失败而告终。其根本原因是：当时人们没有保护隐私意识，消费者对匿名与否无所谓，这使得应用价值不被社会认可，失去了发展的机遇。从技术上来看，e-cash的作用极其巨大，实现了匿名的现金和支票这种资金的流转，无法追踪行迹，银行类金融机构也搞不清楚这种资金转移和接受的主体。

与此同时戴维（Wi Dai）于1998年提出了一个叫作匿名b-money的、分布式电子加密货币系统。这就是现在所谓的b-money比特币，比如全副本的复制和工作量证明、权益证明的概念。经过长期冷静思考后发现，在数字开放时代的社会里，人们既需要数字化的货币，更需要数字化的合约或合同。

2. 分布式系统

自20世纪80年代开始，人们已经开始对分布式系统展开研究。研究类型有两种：一是研究数据库的技术，探究如何把分布式数据库做得更加稳定，更加可靠，性能更好；二是研究偏分布式系统理论。

分布式系统（distributed system）是建立在网络之上的软件系统，负责处理各项协助的任务，然后整合出结果，达成共识。分布式软件系统（distributed software systems）是支持分布式处理的软件系统，是在由通信网络互联的多处理机体系结构上执行任务的系统，它包括分布式操作系统、分布式程序设计语言及其编译（解释）系统、分布式文件系统和分布式数据库系统等。

分布式系统的实现目标：通过集群技术把大规模并发请求的负载分散到不同的机器上，进行大流量处理；提高后来服务的可用性，把故障隔离起来阻止多米诺骨牌效应（雪崩效应）。如果流量过大，需要对业务进行降级，来保护关键业务流转。

分布式系统架构（如图3-4）所示。

分布式系统架构的优点：经济方面，微处理机提供了比大型主机更好的性能价格比；速度上，分布式系统总的计算能力更强；再应用方面，固有的分布性涉及空间上分散的机器；可靠性表现为一部机器崩溃，整个系统还可以正常运转；计算能力方面，逐渐增加；数据共享，允许多个用户访问一个公共的数据库；灵活性，用最有效的方式将工作负荷分配到可用的机器上。然而，分布式系统架构也存在一些缺陷，比如，分布式系统开发的软件还很少，数据访问的安全性问题等。

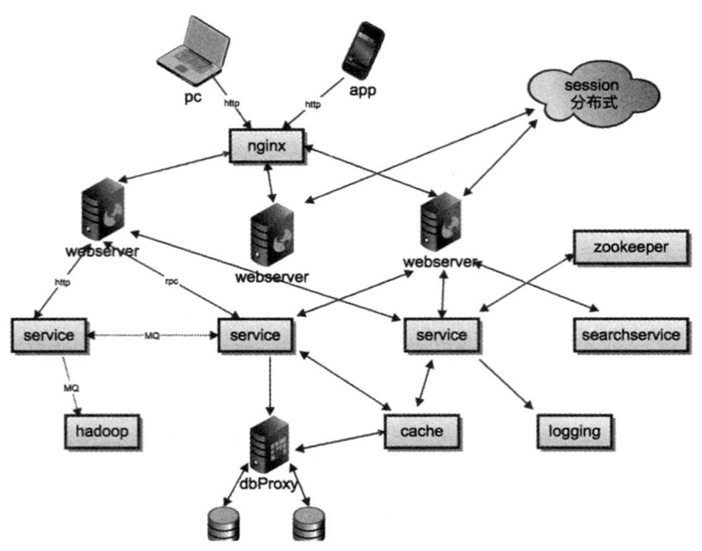

图3-4 分布式系统架构

分布式系统的应用：分布式系统被用在许多不同类型的应用中。对这些应用而言，使用分布式系统要比其他体系结构如处理机和共享存储器多处理机更优越。①并行和高性能应用。原则上并行应用也可以在共享存储器多处理机上运行，但是共享存储器系统不能很好地扩大规模以包括大量的处理机。HPCC（高性能计算和通信）应用一般需要一个可伸缩的设计，这种设计取决于分布式处理。②折叠固有的分布式应用。许多应用是固有分布式的。这些应用是突发模式（burstmode）而非批量模式（bulk mode）。这些应用的性能取决于吞吐量而不是一般多处理机所用的执行时间。

3.1.3 区块链与比特币

1. 区块链与比特币的渊源

区块链技术是比特币的底层技术，比特币一直在没有任何中心化机构运营和管理的情况下运行，后来比特币技术被抽象提取出来，将其称之为区块链技术或分布式账本技术。区块链技术被称之为分布式账本技术，是一种互联网数据库技术，其特点是去中心化、公开透明，让每个人都可以参与数据库记录。

比特币是区块链的第一个应用，以后会扩展到越来越多的行业中。比特币是不依靠特定货币机构发行的，比特币经济使用整个 P2P 网络中众多节点构成的分布式数据库来确认并记录所有的交易行为，并使用密码学的设计来确保货币流通各个环节的安全性。

区块链是伴随着比特币而出现的，比特币是区块链技术和加密数字货币的前身参考，保证比特币这个点对点电子现金系统平稳运行的前提条件是区块链技术。

2. 比特币的基本原理

什么是比特币？比特币是一种 P2P 形式的数字货币，是一个点对点的中心化支付系统，需要网络支撑。

（1）比特币网络

比特币的运转依赖互联网。比特币网络由许多的“节点”组成，每个节点就是一台计算机或者其他的计算设备，或者更准确地说节点是“安装了比特币软件的计算机”，任何一台家用电脑，安装了比特币软件，运行起来，就可以加入比特币网络成为一个比特币网络节点。比特币网络中的每个节点都是平等的，不存在特权阶级，没有中心服务器。这种没有中心的网络叫作 P2P（Peer-to-Peer）网络，也就是点到点的网络。P2P 网络因为没有中心服务器，收发数据靠通信的双方就能完成，无须第三方的参与。P2P 网络中的所有活动就是由这些节点的“比特币”通信来完成。每个节点都在聚焦比特币的最新消息，监视着每一笔比特币的交易。“比特币”通过节点间的通信，在 P2P 网络中“流通”——只能通过一个个独立的节点“传递”。

（2）比特币网络节点

一个比特币网络节点就是一台安装了比特币软件的计算机。比特币软件有多种形式，有只含有部分功能的轻量级软件 App，也有功能全面的完整软件“Bitcoin Core”。网络节点的日常工作大约由三个部分组成：路由（要负责传递消息）、矿工（负责干活）和钱包（负责管理比特币）。三种职责中，第一种职责是必不可少的，而网络节点可以选择第二、第三种职责。区块链存在于每一个全功能的比特币节点，每一个完整节点，都保存有一份区块链的副本，每个区块包含了多条交易记录。区块的大小跟其中所记录的交易个数有关。交易越频繁，每个区块里所含的交易数量就越多，区块就越大，从而导致区块链也越大。在比特币网络中，比特币的工作系统（如图 3-5）所示。

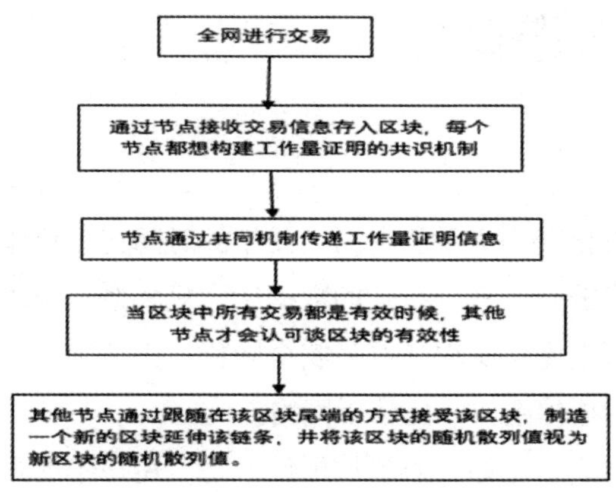

图3–5　比特币的工作系统

注：在比特币网络中，交易发生时盖上时间，之后打包到区块中进行确认、连续发生 6 次确认后，交易便不可逆转。

资料来源：徐明星，田颖，李霁月 . 图说区块链 [M]. 北京：中信出版社，2017.

由比特币的工作系统可以看出，区块链是基于此系统并以区块为基本单元的一个记账系统。

3. 比特币的特征

（1）去中心化

比特币是一种分布式的虚拟货币，整个网络由用户构成，没有中央银行。去中心化是比特币安全与自由的保证。

（2）全世界流通

比特币可以在任意一台接入互联网的电脑上管理。无论身处何方，任何人都可以去挖掘、购买、出售或收取比特币。

（3）专属所有权

操控比特币需要私钥，它可以被隔离保存在任何存储介质。除了用户自己之外无人可以获取。

（4）低交易费用

可以免费汇出比特币，但是最终对每笔交易将收取约 1 比特分的交易费以确保交易更快执行。

（5）无隐藏成本

作为由 A 到 B 的支付手段，比特币没有烦琐的额度与手续限制。知道对方比特币地址就可以进行支付。

（6）跨平台挖掘

用户可以在众多平台上发掘不同硬件的计算能力。

3.1.4　以太坊和智能合约

1. 以太坊

（1）背景

比特币开创了去中心化密码货币的先河，几年的时间充分检验了区块链技术的可行性和安全性。比特币的区块链是一套分布式的数据库，只要在其中添加一个比特币符号，且规定其协议，就可以在数据库里实现其符号安全转移，无须第三方许可和信任，从而构造了一个相对完美的货币传输体系——比特币网络。

而比特币本身也有缺陷，比如，协议扩展性不足，用户不能自定义符号，造成其他功能的损失。另外，比特币协议尽管使用脚本语言实现了多重签名，但是还不能构建“去中心化交易所”这种更高级的应用。以太坊从设计上就是为了解决比特币扩展性不足的问题。以太坊就是下一代智能合约和去中心化应用平台。

（2）含义

以太坊（Ethereum）是一个开源的有智能合约功能的公共区块链平台，通过其专用加密货币以太币（Ether）提供去中心化的以太虚拟机（ethereum virtual machine）来处理点对点合约。

（3）功能应用

以太坊是一个平台，通过一套图灵完备的脚本语言（EVM 语言）来建立应用，它类似于汇编语言，以太坊里的编程不是使用 EVM 语言（类似 C 语言、Python、Lisp 等高级语言），而是通过编译器转成 EVM 语言，即以太坊的核心。

以太坊平台之上的应用，其实就是合约。合约是一个活在以太坊系统里的“自动代理人”，它有一个自己的以太币地址，当用户向合约的地址里发送一笔交易后，该合约就会被激活，然后根据交易中的额外信息，合约会运行自身的代码，最后返回一个结果，这个结果可能是从合约的地址发出另外一笔交易。尤其需要强调的是，以太坊中的交易，不单只是发送以太币而已，它还可以嵌入相当多的额外信息。如果一笔交易是发送给合约的，那么这些信息就非常重要，因为合约将根据这些信息来完成自身的业务逻辑。合约所能提供的业务。应有尽有，因为图灵完备的语言提供了完整的自由度，让用户搭建储蓄账户、用户自定义的子货币等各种应用。

2. 智能合约

智能合约（smart contract）是指以以太坊为载体，运行在区块链上的一段代码，也即是部署在以太坊上执行的程序，代码的逻辑定义了合约的内容。智能合约的账户保存了合约当前的运行状态：当前余额（balance）、交易次数（nonce）、合约代码（code）和存储（Storage）。Solidity 是智能合约最常用的语言，语法上与 JavaScript 很接近。

部署智能合约的步骤：首先创建合约，在网上发布交易，交易执行完毕后会返回智能合约的地址。其次使用 address 类型的 call（ ）函数来调用智能合约，保证智能合约在 EVM 上运行。以太坊是一个由交易驱动的状态机，调用智能合约的交易发布到区块链上后，每个矿工都会执行这个交易，从当前状态确定性地转移到下一个状态。

3.1.5　区块链在金融行业的应用模式与概况

1. 区块链的应用模式

近十年来，随着区块链技术不断升级，其演进发展经历了区块链 1.0、区块链 2.0 和区块链 3.0 三个阶段，这三个阶段彰显了区块链不同的应用模式。

区块链有三种各有优势的应用模式，可供不同场景选择使用。在这三种模式之中，公有链是指任何人都可以随时随地参与到系统中读取数据、发起交易的区块链，典型代表应用为比特币；联盟链是指若干个机构共同参与管理的区块链；私有链则是所有参与结点严格控制在特定机构的区块链（如表 3-1）所示。

表3-1　公有链、联盟链、私有链对比

类型	特征	优势	承载能力	适用业务
公有链	去中心化，任何人都可参与	匿名、交易数据默认公开、访问门槛低、社区激励机制	10～20笔/秒	面向互联网公众，信任基础薄弱且单位时间交易量不大
联盟链	多中心化，联盟机构间参与	性能较高、节点准入控制、易落地	大于1000笔/秒	有限特定合作伙伴间信任提升，可以支持较高的处理效率
私有链	中心化，公司/机构内部使用	性能较高、节点可信、易落地	大于1000笔/秒	特定机构的内部数据管理与审计、内部多部门之间的数据共享，改善可审计性

公有链、联盟链、私有链与普通分布式技术，在环境信任程度、篡改难度、业务处理效率方面表现（如图3-6）所示。目前看联盟链模式是金融领域应用的主要方向，后续对于中介成本过高、运行效率低下或无中介机构提供服务的业务场景，都可以充分考虑到运用区块链技术提供解决方案。

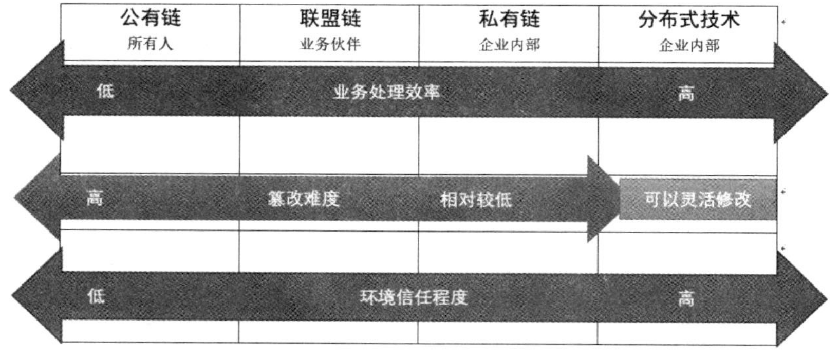

图3-6　区块链与普通分布式技术对比示意图

2. 区块链的特征

区块链技术作为一种在不可信的竞争环境中低成本建立信任的新型计算范式和协作模式，需具备以下“基因特性”。

（1）自校验设计

区块链数据结构必须支持自校验性，任何一条记录被人为修改后，都可通过历史区块回溯实现快速检验。目前，虽然有些技术实践已经不再是典型的链式存储区块结构，但是底层架构设计上通常也会实现自校验机制，比如交易时对读写数据进行多方验证，保证交易的一致性、实现数据的篡改校验。

（2）独立分布式

区块链基于共识协议和对等网络进行通信和数据互换，各节点独立存储着相同的区块数据，并可根据本节点存储的数据独立开展计算工作并得出计算结果（智能合约运行）。独立计算过程包括请求合法性校验、区块有效性检验、指定的逻辑运算等，相较传统数据库，灾备方式单一或少数节点故障不影响整个系统的正常工作。

（3）分权共治

由多方参与者共同管理和维护区块链数据，每个参与方通过技术上平等的记账权，和算法约束下的一致性数据的所有权，都拥有参与管理系统的基础能力，并在实际系统运作中对执行过程和数据进行共同维护，实现共同治理。区块链技术上的弱中心化并不代表业务上的去中心化，恰恰与之相反，在多方参与的业务场景下，需要一个主导方推进共识规则的制定，来解决各参与方在业务场景中的博弈和激励机制，再通过多方分权同治的技术制约维护规则的执行。各类共识算法的本质上是通过“少数服从多数”的判定原则实现区块链治理权限的非集中化，其中“少数服从多数”并不完全指节点个数，也可以是计算能力、股权数或者其他的计算机可以比较的特征量。

3. 全球区块链在金融领域的应用概况

（1）区块链联盟生态稳步扩张

现阶段全球科技公司、金融公司和咨询公司为加快区块链布局，通常通过组建区块链联盟的方式，合作探索区块链技术及应用场景。各行业联盟纷纷成立，在推进区块链技术在不同行业的应用和发展的同时，也产生了一定程度的辐射效应，吸引着更多的企业加入，促进整个区块链生态的发展。国外主要联盟组织如下：

R3，2015 年 9 月由 R3CEV 公司联合巴克莱银行、高盛、J.P. 摩根等 9 家机构发起，有近 400 个成员。联盟宗旨：推动全球金融市场中加密技术和分布式总账智能协议的应用，帮助区块链技术的落地应用、商业化。

Blockchain in Transport Alliance（区块链货运联盟），2017 年 8 月行业发起，有近 400 个成员。联盟宗旨：降低成本，提高运输效率。推动新兴技术落地，发展区块链行业标准，交流与推广区块链应用、解决方案及分布式账本技术。

Hyperledger（超级账本），2015 年 12 月 Linux 基金会发起，有近 300 个成员。联盟宗旨：让成员共同合作，共建开放平台，满足来自多个不同行业用户案例，并简化业务流程；实现区块链的跨行业发展与协作并着重发展性能和可靠性，使之可以支持全球商业交易。

Enterprise Etherum Alliance（企业以太坊联盟），2017 年 3 月由摩根大通、微软、英特尔等 30 多家企业发起，有 200 余个成员。联盟宗旨：致力于合作开发标准和技术，提高以太坊区块链的隐私、安全性和扩展性，使其更加适用于企业应用。

INATBA（国际可信区块链应用协会）2019 年 4 月由欧盟发起，有 150 余个成员。

联盟宗旨：制定规范，促进标准和监管融合，支持创新型区块链技术的开发和应用。

（2）区块链推动金融创新发展

国外金融创新集中在数字货币和支付领域，应用区块链技术提升流程流转效率，加强业务信任度。

在数字货币领域，2019 年 2 月，摩根大通推出基于区块链的数字货币摩根币（JPM Coin），与美元 1：1 兑换，主要用于银行联盟机构间的统一支付清算，目前已有 100 余家银行响应。2019 年 6 月 Facebook 发布 Libra 白皮书，间接地推动了各国数字货币的相关政策出台并促进金融监管规则的完善，同时也加快了各国对本国法定数字货币的研发与推进脚步。目前，中国与欧盟已经明确对外公布了法定数字货币规划，日本、新加坡、加拿大、瑞典、印度、土耳其等国家也都在考虑本国的数字货币方案。

在支付领域，美国金融科技公司 Ripple 通过构建一个去中心的分布式支付网络，提供一个跨境支付平台，致力于提高跨境清算效率，降低跨境支付成本；美国支付巨头 VISA 宣布推出基于区块链的跨境支付网络“B2B Connect”，旨在为国际金融机构的跨境支付提供便利，让跨境支付更快更有效率。

4. 我国区块链在金融领域的应用概况

（1）区块链专利数量增长明显

随着国家政策对区块链的倾斜与各领域应用的落地，区块链相关的专利也逐渐得到各方的重视。与 2018 年相比，2019 年我国企业区块链相关专利申请量增长明显，入榜前 100 名全球企业中，我国占比 63%。银行业方面，截至 2020 年 2 月，我国银行业共有 204 项区块链相关专利公示。其中 2019 年公示 124 项，比 2018 年增加 2 倍，微众银行、中国工商银行和中国银行排在前三。

（2）区块链应用落地态势火爆

在政策利好与行业推动的双向加持下，各地都在积极落地区块链应用场景，区块链应用场景落地正呈现爆发增长的态势，在政务民生、金融贸易、司法仲裁、税务发票、智慧医疗、食品安全等领域落地了不同的区块链应用，行业发展呈现百花争艳的局面。从地区分布看，区块链企业主要集中在沿海地区和一线城市，但是中部地区也逐渐有发展的趋势。

金融是区块链技术应用场景中探索最多的领域，在供应链金融、贸易融资、支付清算、资金管理等细分领域都有具体的项目落地。据国家互联网信息办公室“境内区块链信息服务备案”显示，截至 2019 年底国内已备案的提供区块链信息服务的公司约 420 家，共计 506 项服务。其中提供基于区块链的金融服务的企业有 72 家，占比 17%，共备案 120 项金融服务。银行业也积极利用其技术优势纷纷布局落地区块链项目，据可信区块链推进计划金融应用工作组不完全统计，涉及的应用领域（如表 3-2）所示。

表3-2　金融企业区块链落地领域

		工商银行	农业银行	中国银行	建设银行	交通银行	邮储银行	招商银行	平安银行	浦发银行	度小满	蚂蚁金服	微众银行	京东数科
基础平台		√							√		√	√	√	√
资金管理		√		√	√		√							
供应链金融		√	√		√				√				√	√
贸易融资		√					√	√	√					
支付清算				√				√				√	√	
数字资产	ABS	√		√		√		√			√			√
	票据	√		√						√	√	√		
	其他								√		√			
延伸领域	数字存证	√								√		√	√	√
	溯源	√										√		√
	住房租赁				√							√		
	数字发票							√					√	
	电子证照								√					

资料来源：可信区块链推进计划《区块链金融应用发展白皮书》，2020年。

3.2　云计算与分布式账本

云计算是IT基础设施的新型交付与分布式使用模式，是一种通过网络将可伸缩、弹性的共享物理和虚拟资源池以按需自助服务的方式供应和管理的模式，其中提及的资源主要包括服务器、操作系统、网络、软件、应用和存储设备等。以服务内容进行划分，云计算包括基础设施即服务（IaaS）、平台即服务（PaaS）、软件即服务（SaaS）；以产品的适用范围划分，云计算包括公有云、私有云和混合云。云计算的基石作用：通过云端对资源的调配，实现资源的高利用率；高频次、高并发的处理能力；云灾备处理应对紧急情况下的业务稳定问题。云计算在金融行业的应用已经有很长一段时间，尤其是在金融行业提高业务处理能力、降本增效方面，磨合程度较好，在AI、大数据等技术落地应用方面，云计算提供了强力的基础设施支持；在增强监管、合规方面，云计算也在积极发挥其支撑作用。

3.2.1 云计算概况

1. 云计算概念

2006 年 8 月，谷歌首席执行官埃里克·施密特在搜索引擎大会上首次提出“云计算”概念。2009 年，美国国家标准与技术研究院（National Institude of Standards and Technology，NIST）进一步丰富和完善了云计算的定义和内涵。NIST 认为，云计算是一种基于互联网的，只需最少管理和与服务提供商的交互，就能够便捷、按需地访问共享资源（包括网络、服务器、存储、应用和服务等）的计算模式。根据 NIST 定义，云计算具有按需自助服务、广泛网络接入、计算资源集中、快速动态配置、按使用量计费等主要特点。

NIST 定义的三种云服务方式是：

（1）基础设施即服务（IaaS），为用户提供虚拟机或者其他存储资源等基础设施服务。

（2）平台即服务（PaaS），为用户提供包括软件开发工具包（SDK）、文档和测试环境等在内的开发平台，用户无须管理和控制相应的网络、存储等基础设施资源。

（3）软件即服务（SaaS），为用户提供基于云基础设施的应用软件，用户通过浏览器等就能直接使用在云端上运行的应用。

云计算（cloud computing）是由分布式计算（distributed computing）、并行处理（parallel computing）、网格计算（grid computing）发展来的，是一种新兴的商业计算模型。目前，对于云计算的认识在不断的发展变化，云计算依旧没有普遍一致的定义。

中国网格计算、云计算专家刘鹏给出如下定义：云计算将计算任务分布在大量计算机构成的资源池上，使各种应用系统能够根据需要获取计算力、存储空间和各种软件服务[1]。

2. 云计算的演变发展历程

早在云计算概念提出之前，亚马逊已经在公司内部进行了云计算部署实践。亚马逊设计了云服务（amazon web service，AWS），这项服务主要是把平时闲置的 IT 资源利用起来。在随后的时间里，亚马逊陆续推出了包括弹性计算云（elastic compute cloud）、数据库服务（simple DB）等近 20 种云服务，逐渐完善了 AWS 的服务种类。2007 年，国际商业机器公司（IBM）推出蓝云（blue cloud）服务，为客户带来即买即用的云计算平台。2008 年，谷歌推出 Google Chrome 平台，发布以谷歌应用程序为代表的基于浏览器的应用软件，将浏览器融入了云计算时代。微软紧跟云计算步伐，2008 年在其开发者大会上提出了全新的云计算平台计划，并于 2010 年正式推出了自己的云计算平台（Microsoft Azure），主要目标是为开发者提供一个平台，帮助开发可运行在云服务器、数据中心、Web 和 PC 上的应用程序。2008 年，IBM 与无锡市政府合作建立起了无锡软件云计算中心，开始了云计算在

[1] 刘鹏 . 云计算 .[M].2 版 . 北京：电子工业出版社，2011.

中国的商业应用。随后越来越多的信息技术企业参与到云计算应用行列。百度、阿里、腾讯、浪潮等国内企业纷纷布局云计算，分别从不同的角度开始提供不同层面的云计算服务。

云计算的快速发展及其广阔前景引起了众多国家政府的高度关注，美国、日本、韩国、印度等国家都纷纷通过制定战略和政策、加大研发投入、加快应用等方式加快推动云计算发展。我国政府对云计算也极为关注，积极布局发展。2010 年 10 月，国务院发布《关于加快培育和发展战略性新兴产业的决定》，将云计算定位为“十二五”战略性新兴产业之一。紧随其后，国家发展和改革委员会、工业和信息化部联合印发《关于做好云计算服务创新发展试点示范工作的通知》，确定在北京、上海、深圳、杭州、无锡五个城市先行开展云计算服务创新发展试点示范工作。2015 年 1 月，国务院印发《关于促进云计算创新发展培育信息产业新业态的意见》。2017 年 3 月，工业和信息化部印发《云计算发展三年行动计划（2017—2019 年）》，指出到 2019 年，中国云计算产业规模将达到 4300 亿元，突破一批核心关键技术，云计算服务能力达到国际先进水平，云计算在制造、政务等领域的应用水平显著提高，成为信息化建设主要形态和建设网络强国、制造强国的重要支撑，推动经济社会各领域信息化水平大幅提高。该模型中，基于时间戳的链式区块结构、分布式节点的共识机制、共识算力的经济激励和灵活可编程的智能合约构成区块链技术中最具代表性、创新性的亮点。

3. 云计算的特点

（1）弹性服务：服务的规模可快速伸缩，以自动适应业务负载的动态变化。

（2）资源池：资源以共享资源池的方式统一管理。利用虚拟化技术，将资源分享给不同用户，资源的放置、管理与分配策略对用户透明。

（3）需求导向服务：以服务的形式为用户提供应用程序、数据存储、基础设施等资源，并可以根据用户需求，自动分配资源，而不需要系统管理员干预。

（4）计费服务：监控用户的资源使用量，并根据资源的使用情况对服务计费。

（5）接口众多：用户可以利用各种终端设备（如 PC 电脑、笔记本电脑、智能手机等）随时随地通过互联网访问云计算服务。

4. 云计算在数字金融产业上的现实意义

云计算能够提供可靠的基础软硬件、丰富的网络资源、低成本的构建和管理能力，是信息技术发展和服务模式创新的集中体现。在云计算模式下，软件、硬件、平台等信息技术资源以服务的方式提供给使用者。有效解决了金融业面临的机房、网络等基础设施建设和信息系统运维难、成本高、能耗大等问题，改变了传统金融服务架构，推动了数字经济高质量发展。

云计算引发软件开发部署模式的创新，并为大数据、金融科技、人工智能等新兴领域的发展提供了基础支撑，催生出了强大的数字产业价值链条和数字生态环境，将重塑新一代数字金融产业格局。

3.2.2 云计算体系架构、关键技术及其应用

1. 云计算体系架构

云计算是分布式计算、互联网技术、大规模资源管理等技术的融合与发展。结合当前云计算的应用与研究，其体系架构可分为核心服务、服务管理、用户访问接口三层，如图3-7所示。核心服务层将硬件基础设施、软件运行环境、应用程序抽象成服务，这些服务具有可靠性强、可用性高、规模可伸缩等特点，满足多样化的应用需求。服务管理层为核心服务提供支持，进一步确保核心服务的可靠性、可用性与安全性。用户访问接口层实现端到云的访问。

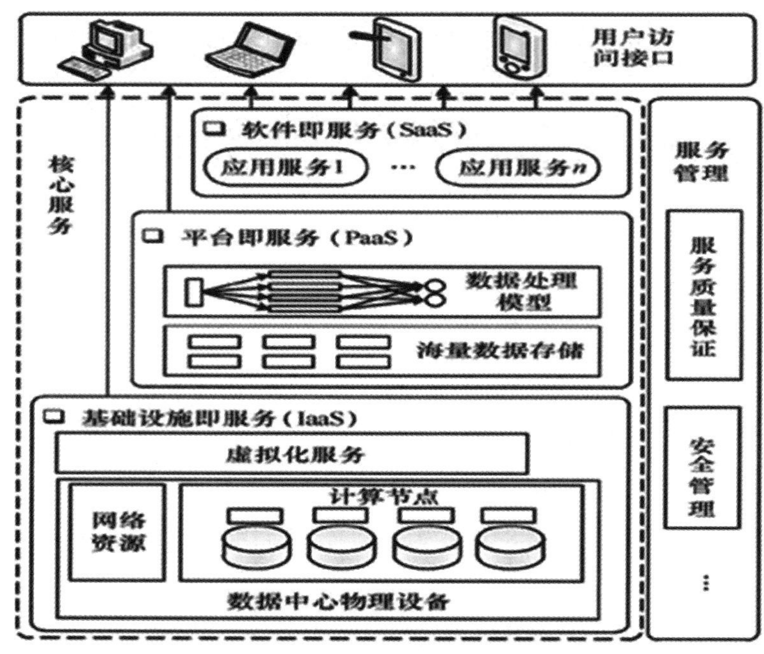

图3–7 云计算体系架构

（1）核心服务

云计算核心服务由基础设施服务层（infrastructure as a service，IaaS）、平台服务层（platform as a service，PaaS）、软件服务层（software as a service，SaaS）组成。

IaaS 提供硬件基础设施部署服务，引入了虚拟化技术，借助 Xen、KVM、VMware 等虚拟化工具，为用户按需提供可靠性高、可定制性强、规模可扩展的实体或虚拟的计算服务。PaaS 是云计算通过 PaaS 层的软件工具和开发语言，提供应用程序部署与管理服务。SaaS 是基于云计算基础平台所开发的应用程序。企业可以通过租用 SaaS 层服务解决企业信息化问题，普通用户来通过 SaaS 层服务将桌面应用程序迁移到互联网，可实现应用程序的泛在访问。

（2）服务管理

服务管理层为核心服务层的可用性、可靠性和安全性提供保障。服务管理包括服务质量（quality of service，QoS）保证、安全管理和计费管理、资源监控管理等。

云计算服务提供商需要和用户签订服务水平合同，达到合同云服务要求，不用进行赔偿，否则，补偿云服务使用用户。与此同时，用户非常关注数据的安全性。对此，云服务商创新研究云计算环境下的安全与隐私保护技术（比如数据隔离、隐私保护、访问控制等），构建云服务的天然屏障。

（3）访问端口

用户通过命令行、Web 服务、Web 门户等形式访问端口，可以实现云计算服务的广泛访问浏览数据和程序，提高工作效率。然而由于云计算服务商没有提供共同的标准端口，从而抑制服务商间的用户数据迁移。这种情况迫切要求颁布云计算服务端口标准，实现全球云计算服务的共享。

2. 云计算的关键技术

云计算涉及多项技术，其中以编程技术、数据管理、数据存储、虚拟化和资源管理技术最为关键。

（1）编程技术

对于云计算来说，高效合理的编程模型技术对云计算环境下的应用程序开发尤其重要。直至今日，Map-Reduce 是最流行的云计算编程模型，它是 Google 开发的一种处理和产生大规模数据集的分布式编程模型，同时也是一种高效的任务调度模型。Map-Reduce 执行任务时，先通过 Map（映射）操作将数据分割成不相关的区块，分配（调度）给大量计算机并行处理，然后再通过 Reduce 操作对分块数据处理的中间结果进行归纳，最终完成分布式并行程序的开发。Map-Reduce 编程框架可以有效地支持并行计算，编程人员只需关注应用程序本身，而不需要考虑后台复杂的并行运算和任务调度过程。

（2）分布式存储技术

云计算的数据存储系统是 Google 开发的 GFS（google file system）。GFS 是一个可扩展的分布式文件系统，是针对海量数据访问和大规模数据处理设计的。它放弃使用 RAID 技术，采取了简单的冗余存储的方法，不仅能够满足存储可靠性的要求，还有效提升了读操作的性能。为了减少单个节点的处理负荷，Google 单个节点所管理的数据量一般小于 1 TB，但是通过大量节点的并行处理，能很好地满足海量数据存储的要求。需要指出的是，虽然 GFS 的写操作效率较低，但是由于其承载的应用大多具有“一次写入，多次读取”的特点，因此在实际运用中很少成为系统瓶颈。

（3）数据管理技术

云计算需要能够高效管理海量数据的数据管理技术，提高数据库管理系统的性能则成为重中之重。Google 考虑到应用程序中数据读操作占比高的特性开发了 BigTable 数据管理技术，精简数据表结构，采取列存储的分布式数据管理模式，迎合海量数据管理、高并发性和苛刻的响应时间等要求。Google 云计算平台承载全网页搜索，将并行计算引入数据库系统中，使数据分散在大量完全同构的节点上，从而将处理负荷均匀地分布在每个节点上，极大地提升了数据库系统的性能。

（4）虚拟化技术

“云计算”中的虚拟化可以通过硬件层和软件层来实现，虚拟化技术具体体现为虚拟机（virtual machine，VM）。通过虚拟机能够降低云计算服务器集群的能耗，可以将多个负载较轻的虚拟计算节点合并到一个物理节点上，提高资源的利用率；还可以通过虚拟机在不同物理节点上动态迁移，获得与应用无关的负载平衡性能。最后，虚拟机有助于确保应用和服务的无缝衔接以及获得隔离的可信计算环境。

目前普遍使用的虚拟机技术有三种：VMware、Xen 和 KVM。

（5）资源管理技术

云计算系统根据用户资源请求，实施动态分配计算资源。为了提高资源检索和分配的效率，Sai Wu 等人提出了一种基于结构化覆盖的云资源索引框架。在该框架当中，多个处理节点以结构化覆盖网络的形式组织在一起，每个节点建立本地索引以加快数据访问速度，通过在覆盖网络中选择并发布一个本地索引列表来建立一个全局索引。另外，云计算基础设施中包含数量众多的计算机和服务器，如何有效整合资源、降低运行成本和节省能源也成为一个迫切需要解决的问题。

3. 云计算技术在金融服务中的应用

（1）金融云

云计算还并没有在金融科技领域形成像人工智能那样遍地开花的场景。但是金融科技企业想要低成本且快速有效地发挥人工智能和数据的强大潜力，一定需要云计算的辅助。云计算这种普适性的技术需要考虑金融科技企业的特点和特殊需求，向更安全、更企业定制的方向发展。金融科技企业，比如银行、保险、资产管理等会包含很多隐私数据，私有云会是短时间内金融科技企业的首选，尤其是在现在云安全方面需要发展提高的阶段。但是在未来的五年至十年，现阶段以及未来兴起的新的安全手段将可以更好地保护企业和用户的数据。

（2）智能云

云计算作为实现人工智能的重要途径之一，也会在人工智能的反推下更加智能。如何更加有效的编排利用资源，如何让资源更加匹配现有的技术要求，如何将现有的人工智能技术整合到云上，让用户更方便地调取等，都是各大云厂商要思考和努力解决的问题。从基础设施到平台到软件，每一层的智能化都将促使云计算更加智能化，而这一个过程也必将会是一个持续上升的过程。

（3）安全云

对金融科技企业来说，没有比安全更重要的事情。保证云上的应用、数据、计算过程安全是重中之重。从基础设施到系统架构，再到应用层的全栈安全，是永远不变的主题，因为随着安全防御技术的提高，攻击的手段也在进化。在这一博弈当中，云计算也要不断将安全手段装备上，以求实现在金融服务场景下的“绝对安全”。这个命题也将是常提常新，值得长期关注。

3.2.3　分布式账本概况

1. 分布式账本的内涵

账本是记录商品的种类、数量、价格等相关信息的核心元素，既是企业做出经济决策的重大依据，又是监管者行使监管权力的法宝。在人类科技发展推动和时代需求的召唤下，这些采用数据记录形式保存的账本介质不断进化，奠定了数据电子计算化的基础——纸质数据转化为电子数据，数字电算化通过程序记录、存储于介质中。

区块链的出现打破了数字电算化宁静的氛围，为以计算机算法进行自我维护的数字化智能账本的诞生创造了技术支撑环境。区块链技术下的分布式账本的安全性和易用性“基因”特征属性上远远超出传统账本结构。如果把区块链当作一个状态机，则每次交易就是试图改变一次状态，而每次共识生成的区块，就是参与者对于区块中所有交易内容导致状态改变的结果进行确认。

分布式账本是一个允许用户在多个接入点、地理位置组成的区块链网络中进行点对点交易的资产数据库，该网络的参与者可以获得一个由共识协议生成的一个真实账本的副本，且这一副本具有唯一性。账本中的任何一个改动都需要经全体接入网络的用户进行多数确认后才会被记录，而账本中的记录变化会体现在任何一个对应的副本中。一般情况下，完成这一过程通常需要数秒或至多几分钟。任何实体资产、虚拟资产和其他在金融和法律上加以定义的资产都可以使用分布式账本进行存储。账本使用公钥、私钥和签名来控制对账本资产信息的访问，从而保证账本记录的安全性和准确性。

2. 分布式账本架构

分布式账本分层框架包括5层和一个跨越各层的跨层功能集合。其中5层分别是：用户层、外部交互层、API层、平台层和基础层。跨越各层的功能称为跨层功能，如图3-8所示。

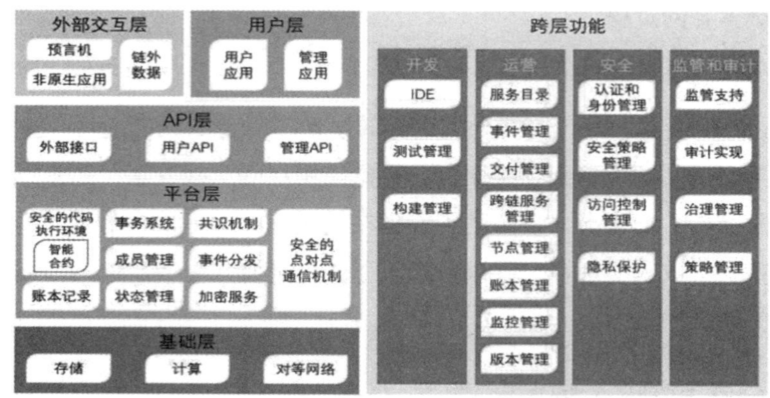

图3-8 分布式账本的架构

3. 分布式账本技术优势

分布式账本技术起源于区块链。从本质上讲是可在多个站点、不同物理地址或多个机构组成的网络中进行交换的信息记录。与传统的账本应用技术相比，信息通过冗余拷贝方式保存在点对点（P2P）网络中，网络内多个节点共同维护同一条数据记录，通过共识机制 POW 或 POS 保持各节点账目信息的一致，对信息的变动可基于算法进行甄别，以有效防止对信息进行篡改。分布式账本技术的核心可归结为网络中共识系统、网络中信息传播的高效性、完善的交易可追踪性、简化的对账过程[1]。

分布式账本技术能够有效协助企业在信息化建设中既保持中心化架构体系中直观、高效应用的特点，又能够通过点对点网络、共识机制和智能合约的应用，有效提高企业管理信息架构的抗攻击性。其具体技术优势有：

（1）模块化，可互操作性

为了提高区块链分布式账本应用的研发效率、可维护性和可移植性，区块链系统的核心功能应实现模块化、可配置和可扩展，以便于快捷地构建上层应用。

可互操作性是指区块链分布式账本技术语境下的互操作，指客户与区块链服务之间按规定的方法交互和交换信息并获得可预测结果的能力，以及服务提供方之间协同工作的能力。具体要求区块链服务按照商定的规范运营，并采用通用的分布式账本技术，避免使用专有的或高度专业化软件，互操作还包括客户与服务提供方的管理设施的交互。在业务运用中，互操作性会涉及传统 IT 应用与区块服务之间交互的能力，实现不同区块链间的互操作，应采用有效的通信协议、统一的 API 和区块数据格式，以及高效的连接机制。

（2）不易伪造，难以篡改，效率高，且可追溯，容易审计

一般来说，无论是纸质的账本，还是电子化的账本，均容易伪造和篡改，从原始凭证到会计账本的账务处理，都容易出错。而区块链技术的分布式账本设计通过哈希函数、时

[1] 分布式应用账本白皮书 [R]. 中国区块链技术和产业发展论坛，2017.

间戳、默克尔树等巧妙的数据结构设计并辅以密码学和共识算法，实现历史交易记录的难以篡改和不容易进行伪造，并利用算法函数（比如以太坊的状态转换函数）自动计算此账户余额，效率高，又不出错。分布式记账模式还兼有可追溯的特点，容易审计。

（3）通过交易签名、共识机制和跨链技术保障分布式账本的一致性，自动实时完成账证相符、账账相符、账实相符

传统账本，主要依靠对账制度来实现各类分布式账本的一致性。对账是指对账本和账户所记录的有关数据加以检查和核对，来实现账证相符，账账相符，账实相符。而分布式账本，是通过交易签名、共识算法和跨链技术保障分布式账本的一致性。交易签名保证了账证一致，共识机制（POW/POS）实现将交易信息的输入和输出写到共享总账，从而得到主体双方的认可，利用跨链技术进行支付、结算，自动完成账实相符。

（4）数据权利赋能于个体

许多参与者的个体信息容易在各类传统账本上“留痕”，尤其是随着数字经济的发展，个人数据隐私保护问题正越来越突出。我国《中华人民共和国网络安全法》和欧盟《通用数据保护条例》（general protection Regulation，GDPR）从法律角度规定了数据主体享有知情权、访问权、反对权、可携权、被遗忘权等多项权利，以加强个人隐私保护。而分布式账本则从技术层面着手，采用签名加密等技术手段，把数据权利真正交还给了个体，通过采用零知识证明、同态加密、安全多方计算、环签名、群签名、分级证书、混币等密码学原语与方案，还可实现交易身份及内容的隐私保护。

（5）提高信息的价值，保证信息传递的高效性

分布式账本具有可追踪、难以篡改和不易伪造的特性，可以保障交互信息的真实性和可靠性，不仅如此，分布式账本还可以在以下方面提高信息的价值，保证信息传递的高效性。

一是交互信息的及时性。与传统账本相比，分布式账本技术，既能自动化执行，又能够实现 DLT 的一致性，瞬时的信息汇集和编制表已成为可能，这或许是信息统计的重大变革。当然，这需要满足 DLT 账本应有足够的广泛性及全覆盖各类信息要素。

二是交互信息的相关性。根据信息满足决策需求原则，交互信息应与信息使用者的决策相关。利用分布式账本 DLT，不仅可以实现信息的可靠性，同时还能实现信息报表编制的及时性，从而满足信息使用者的决策需求。

三是交互信息的全局性。DLT 的应用不仅可以降低信息记账成本，提高效率，还可以让信息使用者通过穿透方式获得全局信息，提高决策效率。与此同时，还要界定信息披露的边界问题，权衡利弊。另外，全部信息的获取意味着信息的规模在扩张增长，加速分布式账本与大数据分析、云计算、人工智能等科技的融合，则成为提取信息价值的抓手。

3.2.4 分布式账本技术应用实践及意义

1. 分布式账本技术应用实践

由于开源社区能为分布式账本技术提供技术生长的土壤环境，这使得分布式账本技术能渗透到多个行业或领域，从而促进区块链系统所依赖的基础组件、协议和算法相关技术研发及创新，推动不同技术的选型和应用走向成熟。

基于区块链分布式账本技术的应用需求形成功能组件分析—关键技术分析—应用设计、实施和运营的实践路径，在应用实施和运营的路径中，要密切关注应用瓶颈问题。在应用实施方面，焦点是开发测试环境和生产环境进行隔离：链上数据归档，设定合理的定时任务需要高性能、大容量磁盘；考量流量人口的带宽，根据网络的运行稳态，动态配置环境资源。在应用运营过程中，需要重点关注的实践有：应用营销和运营人员尽早介入及应用；关注相关开源社区的最新动态；运营账户分权管理；自动监控网络的运行稳定态势。

2. 分布式账本技术的意义

随着数字经济和智能化的不断发展，传统账本技术难以满足信息技术升级的需要，DLT 作为一种时代需求和迅速发展的新兴技术，未必全面迎合。探究 DLT 技术在各类账本编制中的应用，不仅具有技术价值理论意义，也具有不容置疑的现实意义。

首先，体现在编制国家 DLT 方面探索。在现代经济中，随着国家对经济参与程度的加深，国家资产负债表管理日益重要，国家资产负债表编制与管理已经成为推动国家治理体系和治理能力现代化的重要内容。国家账本是摸清“家底”，揭示风险，服务国家治理的重要依托，但在实际编制过程中，面临着不少挑战和困难，而数据采集是最棘手的挑战难题。比如数据资料不全，无法进行统计；涉及面广，跨机构、部门、行业和地区的交易数据难以统计。从技术特点看，区块链系统参与方都是一个异地多活节点，是天生的多活系统，而且可以通过跨越技术实现不同账本之间信息的一致性，比较适合覆盖面极其广泛、涉及主体极其多样的国家账本获取全局信息。对此，通过 DLT 技术，上传各种资源数据，构建跨地区和行业的数据共享平台，降低数据验证的差错率，使国家账本编制得以实行。

其次，在金融业领域的探索和应用。与传统账本相比，DLT 技术对金融业综合统计极其重要。它不仅为有效监测和提高金融服务经济效率奠定了信息基础，为防范化解金融风险和金融市场稳定提供了技术工具，同时也为构建数字金融信息共享平台和建立完善现代数字金融制度铺平了道路。从技术视角而言，DLT 技术完全符合“统一标准、同步采集、集中校验、汇总共享”的机制要求。

3.2.5 分布式账本技术的前景展望

区块链分布式账本具有可追踪、难以篡改和不易伪造的特性，可以保障交互信息的真实性和可靠性，为信息技术产业的发展和创新开辟了美好的愿景。

第一，区块链技术如火如荼发展。通过构建 DAL 吸收国内外区块链技术成果，汇聚行业智慧，打造统一的区块链底层平台，逐步完善区块链发展生态，更好地服务于区块链技术研发和应用推广。第二，构建有效的区块链平台。依据 ISO/TC 307 的国际标准，以 DAL 为载体，将通过模块化、统一应用编程接口和数据格式等，逐步形成标准化的区块链平台。第三，实现区块链系统的模块化，支持互操作和可移。DAL 将提供高度模块化、可配和可扩展的区块链底层平台，来满足各种应用场景的应用需求，选择合适的核心模块，快速构建上层应用，从而降低区块链应用开发难度，提高研发效率，同时实现高度的可维护性和可移性。第四，促进推动区块核心技术创新发展。在开源社区的技术生长土壤里，通过 DAL 在多个领域的应用渗透，促进区块链系统所依赖的基础组件、协议和算法相关的技术的研发和创新，推动不同技术的选型和应用走向成熟，加快其技术创新力度。第五，构建服务业、制造业、金融业和区块链网络的融合发展机制。区块链对于传统制造业向智能制造转型价值巨大，然而由于应用场景宏大，复杂性高，应用需要更多资源支持，要求多方协作的程度更高，对于底层平台的质量、安全性和互操作性等要求也更高。希望通过培育更多促进制造业发展的区块链底层平台和相关应用推进活动，加速区块链与制造业、服务业、金融业在互联网中融合，从而促进 DAL 技术进一步发展。

第4章　金融科技底层技术：大数据

随着数字经济的不断发展和科学技术的飞突飞猛进，数字信息化时代悄悄来临。以容量大、类型多、存取速度快且应用价值高为主要特征的数据集合，逐渐演进为大数据。大数据最早应用于IT行业，目前在许多行业都留下了“倩影”。大数据正快速发展为对数量大、来源广、格式多样的数据进行采集、存储和关联分析，并从中发现新知识、创造新价值、提升新能力的新一代信息技术和服务业态。随着大数据的推广和普及，大数据冲破传统模式下的技术瓶颈，在不断进行技术创新的过程当中，创造了独特的应用架构模式——分布式架构，分布式架构为海量数据的挖掘、处理、云存储和虚拟化技术的发展夯实了牢固的基础。

4.1　大数据概况

互联网兴起之时，数据价值还没有被重视和发掘，数据只是被动地沉淀下来，金融行业也还没有意识到数据积累的重要性。随着互联网的发展，技术的进步，数据处理能力的进步，海量数据逐渐被纳入可积累、可处理的范畴。尽管金融行业开始意识到数据在业务开展过程中发挥的关键作用，但是此时的数据是无序的，存在一些合规问题。

2017年开始，诸多关于个人信息和隐私保护的法规被发布，金融机构开始思考如何合规、有序、安全地采集和使用数据。此外，打破数据孤岛是又一个长期话题，不仅要有数据可用，还要力争更广泛地使用，即数据交换、数据融合，真正发挥海量数据的价值。

大数据是新时代最重要的“数字金矿”，是数字经济发展的核心动能。数据资源已成为信息时代的生产要素，渗透到经济高质量发展、效率提升、动能转化的过程中，大数据作为数据资源价值挖掘的动力之源，驱动着人类社会向数字智能时代跨越。继移动互联网、云计算后，大数据不仅带来了一场数字技术革命，而且对社会的组织结构、国家的治理模式、企业的决策架构、商业的业务决策及策略和个人的生活方式等产生了巨大而深远的影响。

4.1.1　大数据的基本概念、特征与作用

1. 大数据基本概念、特征与作用

（1）大数据的基本概念

大数据是一个比较宽泛的概念，不同的人对大数据有着不同的理解。从规模上而言，

它信息量大；从类型上看，种类繁多；从速度上来看，高速性；从价值的视角来看，价值极高。这些如同“盲人摸象”寓言故事揭示的深刻含义，不同的学者和专家从不同的角度来解释大数据。直至今日，他们尚未对大数据给出统一的概念。

依据麦肯锡咨询公司的研究报告，给出大数据定义，大数据有两层含义：一是数据集，二是信息资产。是因为传统的数据架构对海量信息收集、存储、管理和分析能力已经无法满足，只有大数据突破传统数据库处理模式，才能形成决策力、洞察力和流程优化能力的合力，借助特有数据库工具处理海量、高增长率和多样化的信息。一般情况下，大数据的海量通常在几十 TB 到几 PB。

美国国家标准技术与研究院的大数据工作组报告认为：大数据是指采用新的架构来高效处理那些传统数据架构无法处理的新数据集合体，即新数据库。它拥有：容量大、种类多、差异性、多动态的显著特点。

亚马逊网络服务（AWS）、大数据科学家 John Ra user 提出大数据概念：任何超过了一台计算机处理能力的庞大数据量。EMC 公司给出的定义是：数据集或信息，它的规模、发布、位置在不同的纬度上，或它的时间线要求客户部署新的架构来捕捉、存储、整合、管理和分析这些信息以便于实现企业价值。

国内对大数据的普遍共识：具有数量巨大、来源多样、生成极快且多变等特征，并且传统数据库结构无法有效处理的包含大量数据集的数据。

综上所述，从以上不同的大数据定义可以看出，大数据的内涵贯穿于数据本身、数据技术和大数据应用的方方面面。

从数据本身角度而言，大数据是指大小、形态超出典型数据管理系统采集、储存、管理和分析等能力的大规模数据集，而且它们之间存在着线性或非线性的关系；从数据技术角度来说，通过大数据技术可以从中挖掘出新模式与知识，大数据技术是使大数据中所容纳的价值得以挖掘和展现的一系列技术与方法，包括了数据采集、预处理、存储、分析挖掘、可视化等。大数据应用视角，它是对特定的大数据集、集成应用大数据系列技术与方法，获得有价值信息的过程。因此，大数据的终极目的就是从复杂的数据集中发现新的模式与知识，挖掘得到有价值的新信息。

（2）大数据的特征

面对大数据的多层含义，我们可以从数据、技术和应用三个方面洞悉和理解大数据的特征。基于大数据的丰富内涵，许多学者和专家利用国际数据公司 IDC 定义的 4V 来描述大数据 4 大特征：

1）数据种类繁多（variety）：除了结构化数据外，大数据还包括了各类非结构化数据，例如文本、音频、视频、点击流量、文件记录等，以及半结构化数据，例如电子邮件、办公处理文档等。

2）数据处理速度快（velocity）：通常具有时效性，企业只有把握好对数据流的掌控应用，才能够最大化地挖掘利用大数据所隐藏的商业内在价值。

3）数据量规模巨大（volume）：数据量大，虽然对各大数据量的统计和预测结果并不完全相同，但是都一致认为数据量将急剧增长。

4）数据价值极高(value)：从海量价值密度较低的数据中挖掘出具有极高价值的数据。这一特性尤其是凸显了大数据获取数据价值的本质——核心商业价值，也即是说如何有效利用好这些数据资源。

阿姆斯特丹大学的学者提出了大数据的5V特征，增加了真实性（veracity）这一特征，其中真实性的特征中包括可信性、真伪性、来源和信誉、有效性和可审计性子特征。5V特征是目前世界各国学者或专家公认的主流特性。

然而，基于学者对大数据不同侧重点的探究，得出大数据特性的不同结论。比如中国装备学院的吕登龙、朱诗兵和BEDI P，JINDAL V，GAUTAM A. 认为：大数据还应该包含另外一个重要特性——vulnerable（易受攻击），即“6V”特性（见表4-1）。

表4–1　大数据的6V特性

6V	中文含义	大数据的6V特性的诠释或描述
variety	数据种类繁多	数据来源广泛；数据类型多样，（包含结构化、半结构化和非结构化数据）；多种数据分析方法（包括数据聚类、分类、深度学习等方法）
velocity	数据处理速度快	大数据具有时效性；它是一种数据流；分析数据流挖掘大数据隐藏的商业价值
volume	数据量规模巨大	数据量规模大（量级从TP、PB、EB到ZB）；数据呈分布式状态（即同样的数据可以在不同的平台出现）
value	数据价值极高	从海量价值密度较低的数据中挖掘出具有极高价值的数据。凸显了大数据获取数据价值的本质——核心商业价值。因此大数据拥有“数据黄金”的桂冠
veracity	数据真实性	大数据的可信性、真伪性、溯源和信誉、有效性和可审计性
vulnerable	数据易受攻击	大数据价值高，存在漏洞，易受到攻击；大规模攻击，引致更大的破坏性

资料来源：①吕登龙，朱诗兵.大数据及其体系架构与关键技术综述[J].装备学院学报2017，28(01)：86-96.

② BEDI P，JINDAL V，GAUTAM A.Beginning with big data simplified[C]//2014International Conference on Data Mining and Intelligent Computing （ICDMIC）.New Jersey：Institute of Electrical and Electronics Engineers Inc，2014：1-7.

（3）大数据的作用

1）创新经济、社会治理模式。大数据被称为“数据黄金”的信息技术，已经吸引了不同国家或地区的“眼球”，它几乎渗透到所有的领域或部门，不仅加速企业经营活动有序运行和效益的提升，还为高质量经济发展赋予新的动能。宏观上，大数据为经济决策的制定提供科学可信的依据；微观上，通过对大数据的挖掘获取更大的商业价值——如何掌握和运用单据。另外，大数据还将创新社会主体共同参与社会治理的模式。网络社会是一个复杂而开放的系统，它具有层级化、扁平化的结构特征，采用单位—社会—网络的链式，验证每个社会主体的身份。社会上各种不同的主体（比如公民、企业等）身份被验证之后，都可以参与网络社会的各种活动，这在一定程度上促进了社会治理机制的变革或创新，实现了社会治理的精细化、智慧化和科学化，为和谐社会的发展起到了应有的作用。

2）加速行业耦合和发展。随着移动互联网、云计算、移动终端等技术和服务的迅猛发展，网上购物、社交网站、电子邮件、支付宝和微信等缺一不可。社会主体各种活动身影在网络环境里展现得惟妙惟肖，信息时代商品的流通和交易为大规模制造业的发展带来了机遇和动力，大量、快速的信息数据流催生出了行业的融合和发展，使传统的经济形态发生了“颠覆性”的变化。网络环境下，大数据共享已经成为各种行业的共识，单一数据失去了科技时代的现实意义。面对浩如烟海的海量数据，通过技术、业务的双重驱动方式，只有构建跨领域、系统、地域的数据资源库分享才能得以实现，从而促进大数据提高协同处理企业、政府和社会等管理、业务决策的效率和水平。

3）助力产业结构转型与升级。随着多维度、爆发式增长的海量数据时代的来临，信息资产消费进入各行各业，消费形态多种多样，其中消费服务的种类、服务模式尤其凸显。当信息数据的业务在数据规模、类型和变化速度达到一定程度时，尤其是ICT（信息与通信技术）产业，面临着存储、分析、高性能计算等挑战的影响，促进数据存储、内存计算等产品的升级换代。催生了商业智能、数据挖掘等软件在企业处理信息系统中的综合应用，从而成为业务创新的抓手。同时，“互联网+”数据战略，迫使大数据在促进网信息技术与传统产业的融合作用更加凸显，促进传统产业的转型升级和发展，为软硬件及服务等市场创造更多的价值。

4）构建智慧城市的抓手。信息资源开发和利用水平的高低，成为信息时代社会发展水平和运转效率的标杆。大数据是智慧城市信息化建设的内容，智慧城市建设是大数据平台的具体体现，二者互为动力，相互促进相互发展。

在城市资源规划层面，通过大数据技术挖掘城市自然信息及人文社会信息，可以为城市规划和管理提供有效的决策依据。在交通方面，实施实时监管，避免交通拥堵，营造良好的有序的交通氛围；在舆情上，通过大数据技术分析人文社会信息数据，了解社情民意，提高处理突发公共服务事件的能力；在安防层面，通过大数据的挖掘，尽早发现恐怖活动事件，提高安全保护能力。在民生方面，大数据不仅能提高城市居民的智慧生活质量，而且能开拓并提升市民智慧生活空间。大数据是人们享受智慧生活的载体，大数据应用和服务将使各种信息变得更加宽泛，使人们的智慧生活变得丰富多彩。

5）催生新的商业模式。大数据时代，由于数据价值极高，凸显了大数据获取数据价值的本质——核心商业价值，它极大地影响到了产业的发展模式和格局。而随之而来的是，大数据产业下的新商业模式应运而生。一方面，表现为数据产品价值链的多种模式诞生，例如数据租售模式、信息租售模式、知识租售模式等。另一方面，以数据为核心载体，通过分析处理大数据，挖掘有价值的客户潜在需求信息，从而改变企业传统的商业模式，促进了商业模式升级与转型，重构具有行业领导能力及影响力的新的价值链，提高新的商业模式运行效益。

2. 大数据与传统数据的差异

基于上述不同视角的研究，现在给大数据一个十分清晰的界定：大数据具有规模巨大、种类繁多（包括结构化和非结构化数据）的特性，传统的数据体系结构技术无法处理，只有通过采用新的技术架构、技术方法和有效的捕获、发现、分析方式，才能够获得有价值的信息。由此可见，大数据与传统数据的差异主要体现在数据模型构架上。

从模型架构上来看，传统数据来源一般为各种业务系统，数据主要是结构化的，存储在关系型数据库中，需要将数据从这些关系数据库中通过抽取、转换和加载等一系列操作后，转移到数据仓库中再进行数据分析，分析过程主要是线下分析；大数据来源广泛，除了传统业务系统的关系型数据库外，还包括移动终端、传感器网及社交媒体等来源，数据类型既有结构化的也有非结构化和半结构化的。分析过程既有线上分析也有线下分析，分析模式不仅包含了传统的数据分析，还解决了传统模式下无法很好对非结构化、半结构化及实时流数据进行分析的问题，同时大数据技术也在一定程度缓解了传统数据处理软件和硬件无法对海量数据进行分析处理的压力。

表4–2　传统数据与大数据区别

比较项目	传统数据	大数据
数据来源	一般业务系统，约占总量的1/5	业务系统和非业务系统，占总量4/5
数据类型	结构化数据	结构化数据、半结构和非结构化数据
数据规模	GB至 TB	TB、PB、EB甚至ZB
产生模式	先有模式后有数据	先有数据后有模式，数据模式不断演化
存储模式	关系型数据库和数据仓库，不易扩展	拥有关系、非关系型数据库和数据仓库，易于扩展
分析方法	部分数据采样分析、统计学	所有数据分析、统计学
精准度	精确数据	不要精确数据，允许冗余
分析目标	分析数据的因果关系	分析数据因果关系和相关关系
硬件基础	大型服务器，难以扩展，处理大数据受限	大型服务器集群，扩展性好，处理大数据不受限制

资料来源：吕登龙，朱诗兵．大数据及其体系架构与关键技术综述 [J]. 装备学院学报 2017，28（01）：86-96。

4.1.2　大数据的发展趋势

1．大数据产业链分布生态化

近年来，大数据产业迅猛发展，技术日趋成熟、应用场景丰富多彩，大数据产业链生态化机制初步形成。在大数据产业链中，包容了相互渗透、相互促进、共同发展的技术产业链和商业产业链。

大数据产业链中涵盖多种参与者，比如大数据提供方、大数据产品提供方、大数据技术提供方、大数据服务提供方、大数据资产运营方、大数据衍生服务提供方、大数据交易服务方、大数据消费方，每个参与者都扮演着不同的角色。在整个工作过程中，也就是从数据的产生、采集、传输、存储、分析、挖掘，直至最终的可视化呈现与行业应用，都可以看出大数据商业产业链的存在。数据产业链中包含了基础设施、分析、应用、开源工具、数据源和 API、学校和孵化基地等。

由此可见，大数据产业链中的各个角色难以严格进行区分，多数都呈现出边界模糊或者交叉重叠的状况，他们之间相互包容、渗透、促进，形成共同发展的产业生态统一体。例如，一些公司既是大数据的拥有者，也是大数据技术和服务的提供者，既能够采集到数据，也能够对相应的数据进行分析，并进一步应用于相应的市场中。该产业生态统一体凸显数据共享机制形成、大数据处理组件衔接灵活和应用一体化的特性。

2. 大数据的价值资产化

在现代社会，大数据是每个人都可以拥有并且可以利用的资产。对企业来讲，有价值的数据是产业部门决策管理的基础，是分析对手的信息的载体，能为决策提供帮助。其实，数据的价值就是能够迅速地将准确的信息传递到合适的人手中。那些能够驾驭客户相关数据的公司，与自身的业务相结合可以发现新的竞争优势。一个公司拥有大量的数据就可以进行数据交易，获取更大的利润、降低企业的成本。充分地利用数据可以实现价值最大化。大数据的提供、使用、监管，将大数据变成大产业。

3. 大数据的效应集聚化

大数据对经济社会发展的推动作用已经成为社会各界的共识，大数据促进用户对网络基础设施建设的创新和信息产品升级换代的需求，具有外溢效应；大数据连接生产者和消费者，帮助生产者拉动新的市场需求，具有市场效应；大数据通过连接不同领域的信息，增强了信息的“活力”，可以创造出新的社会经济价值，具有连接效应；大数据有效利用了社会资源，打破了行业垄断，使得消费者可以用同样的价钱获得更多的社会服务，具有福利效应。

4. 大数据的技术融合多样化

多种算力融合，提升计算能力：大数据应用场景宽泛和丰富，增加了数据平台的负载量。同时，人工智能、物联网数据分析、视频解码转码、高性能计算等提高了数据计算复杂程度，传统大数据技术无法满足计算能力的需求，新型多种计算融合模式应运而生。数据流和批处理融合，提升计算性价比：数据流和批处理融合不仅能够有效处理并反映出信息的实时动态变化，还能够还原历史数据的本来面目。事务与分析融合机制，提高决策效率；模块融合提高多次数据计算平台效率；云数融合为技术的应用提供平台；大数据与人工智能的融合凸显智能化进程[1]。

5. 大数据应用智慧化

大数据是人工智能的基石，人工智能将成为大数据生态中的重要元素。如今大数据在医疗健康、金融、零售、广告、交通、教育等领域的应用获得了突破性进展，实现了从大数据到大智慧的转变。

当物联网发展到一定程度时，可以借助一些标识产品代替物品，如二维码、条形码等；传感器、智能感知、视频采集等技术实现了实时地采集数据，这些数据能够满足智慧城市、智慧交通、智慧能源、智慧医疗、智慧环保的理念需要，这些所谓的“智慧”将是大数据的数据采集来源和服务范围。大数据不仅能够处理和解决社会、企业营销、技术问题，而且能解决人类遇到的其他问题。比如，建立个人的数据中心，把个人的详细信息做一个完整的记录。换句话说，就是把人从出生那一刻起的每一分每一秒都记录下来，身体的各种数据在以后都可以得到充分的应用。医疗机构可以检测用户的身体健康情况，教育机构可以为用户制订培训计划，社交网络可以提供志向相同、意见一致的人群，政府能够在用户的心理健康出现问题时进行合理的预防，防止不好行为的产生，等等。

大数据作为企业发展的原动力，它涉及人们生活的方方面面，在推动企业发展的同时还为政府和民生服务。未来大数据发展的价值资产化、生态化、社会化、智能化、都将促进企业的持续发展。

6. 数据治理法律化

伴随汹涌澎湃的大数据浪潮，许多组织盲目组建大数据分析、应用平台，导致个人信息、企业信息和国家机密等外泄，使这些信息数据失去安全的屏障保护，造成大数据资源治理陷入被动的局面。随着数据量的急剧增长，数据治理的重要性已经提升日程，各国政府业已达成共识：完善大数据立法体系，制定法律法规，共建数据治理的安全保障机制，提升组织数据管理能力，消除数据隐患。

4.2 大数据架构模式和关键技术

随着时间的推移，大数据应用呈现出爆发式的增长，传统模式下的技术已经落伍。为了满足时代的需要，大数据应用打破原有的桎梏，不断进行技术创新，开创了自己独特的架构模式，这对未来的存储技术或网络技术的发展奠定了坚实的基础。

[1] 闫树，中国信息通信研究院 . 大数据：发展现状与未来趋势 . 中国经济报告 [J].2020（1）：38-52.

4.2.1　大数据架构模式

数据框架模式就是系统与软件框架层面的内在运行机理的描述，它是一种对数据资源与信息系统的设计与实现，又是数据存储与分析方式和过程，同时还包含进行数据交换机制或数据接口等多种形式的内容。简而言之，它是对存储、应用等进行分层与组件化的一种描述形式，是研发技术框架和服务模式的创新。

1. 大数据总体架构模式原则与参考模型

传统框架随着大数据的来临遇到了前所未有的挑战。数据容量瓶颈要求提升存储数据的容量能力，由 PB—EB 或 PB—ZB；传统的分析模式远远不能满足大量数据中挖掘特定用途的数据需求；根据大数据的应用标准，其必须满足社会主体的可用性与可扩展性，还有容错性与安全性，以及隐私性等方面的实际需要。

由于上述影响因素，在进行总体架构模式设计时，大数据架构模式应当严格遵循以下原则。

（1）满足大数据中 5V 的要求。

（2）既要具有极高的扩展性与可用性，同时还要有容错性和安全性。

（3）系统要有对原始格式数据整合、分析、转化及高性能计算的能力，从而符合大数据处理原始数据分析的要求。

目前，基于美国国家标准与技术研究院的大数据体系架构以及中国电子技术标准化研究院对 NIST 的研究成果，构建大数据平台总体架构模式的参考模型（如图 4-1）所示 [1]。

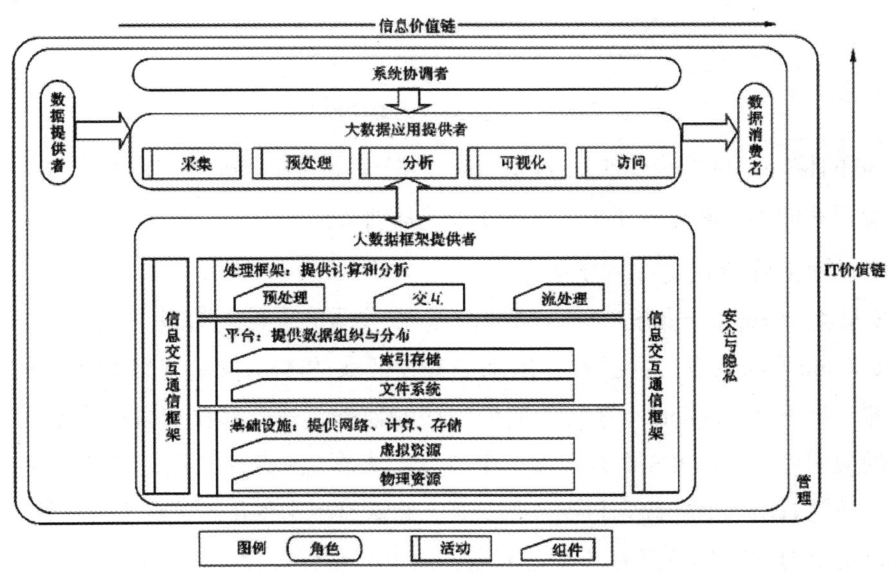

图4-1　大数据总体架构参考模型

[1]　吕登龙 朱诗兵 . 大数据及其体系架构与关键技术综述 [J]. 装备学院学报 2017，28（01）：86-96.

2. 大数据基础架构模型

基于上述大数据的主要特征可知，通过传统 IT 技术存储和处理大数据成本高昂。一个企业要大力发展大数据应用亟待解决的问题有：一是以低成本快速地对海量、多类别的数据进行抽取和存储；二是使用新的技术对数据进行分析和挖掘，为企业创造价值。因此，大数据的存储和处理与云计算技术密不可分，在当前的技术条件下，基于廉价硬件的分布式系——Hadoop——被认为是目前应用最为广泛的分布式大数据处理的基础框架，其具备可靠、高效、可伸缩等特点。它能够让用户便捷高效地利用运算资源和处理海量数据，目前主要在大型企业中运用，其本质是一个拥有许多成员的开放式的架构，如图 4-2 所示。

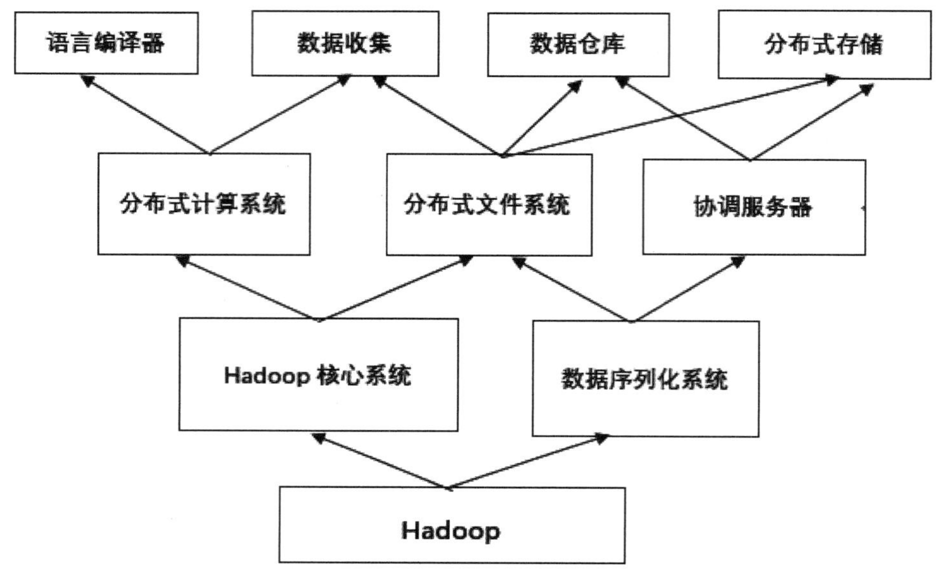

图4-2　大数据基础架构模型

Hadoop 的核心组件是 HDFS、MapReduce。随着不同任务处理需求的出现，各种组件也相继出现，它们丰富和完善了 Hadoop 分布式基础架构。

（1）HDFS（分布式文件系统）。

HDFS 是整个 Hadoop 架构的重要基础，负责数据的存储与管理。HDFS 有着高容错性（fault-tolerant）的特点，并且设计用来部署在低廉的（low-cost）硬件上。HDFS 靠提供高吞吐量（high throughput）来访问应用程序的数据，适合那些有着超大数据集（large data set）的应用程序。HDFS 由客户端、主节点、从节点和存储节点等组件组成。

客户端访问 HDFS 时，首先与主节点交互，确认目标文件位置，然后与存储节点交互，读写数据；每个 HDFS 集群只有一个主节点，该主节点负责管理该集群的空间和数据块映射信息，配置相关副本信息，处理客户端请求；存储节点通过心跳方式向主节点汇报状态信息，执行主节点的命令，并进行一个文件 3 次存储备份，实现高可靠性和容错性；从节点帮助主节点实现高可靠性。HDFS 中的高可靠性消除节点故障，自动转移节点故障。

（2）MapReduce（分布式计算系统）

MapReduce 的思想就是“分而治之”。MapReduce 是一种基于磁盘的分布式并行批处理计算模型，用于处理大数据量的计算。其中 Map 对应数据集上的独立元素进行指定的操作，Reduce 则对中间结果中相同的键的所有值进行规约和验证，以得到最终结果。MapReduce 主要由 Client 、JobTraker、Task Tracker、Reduce Task 、Map task 组件构成。

Client 客户端主要负责将用户编写的应用程序提交给 JobTracker，并为用户提供查看作业（Job）运行状态的接口。Jobtracker：master 节点，只有一个，管理所有作业，负责任务 / 作业的监控，错误处理等，将任务分解成一系列任务，并分派给 Tasktracker。Tacktracker：slave 节点。运行 Map task 和 Reduce task，并与 Jobtracker 交互，汇报任务状态。Map task：解析每条数据记录，传递给用户编写的 map（ ）函数并执行，将输出结果写入到本地磁盘（如果为 map—only 作业，则直接写入 HDFS）；Reduce task：从 Map 深刻地执行结果中，远程读取输入数据，对数据进行排序，将数据分组传递给用户编写的 Reduce（ ）函数执行。

MapReduce 具有数据划分和计算任务调度，数据、代码互定位，系统优化以及出错检测和恢复四大功能。

3. 大数据任务调度架构模型

大数据的调度框架是经过大数据的组织与调度来实现的，并为大数据的分析提供准备条件，其中广泛使用的工作流调度器有 Oozie 和 Azkaban。

（1）Azkaban

Azkaban 是由 Linkedin 公司推出的批量工作流任务调度器，主要用于在一个工作流内以一个特定的顺序运行一组工作和流程。Azkaban 使用 job 配置文件建立任务之间的依赖关系，并提供一个易于使用的 web 用户界面维护和跟踪你的工作流。随着 Hadoop 用户数量的增加，Azkaban 已经发展成为一个更强大的解决方案。Azkaban 在 LinkedIn 上实施，来解决 Hadoop 作业依赖问题。Azkaban 由三个关键组件构成：MySQL（关系型数据库），Azkaban Web Server 和 Azkaban Executor Server，如图 4-3 所示。

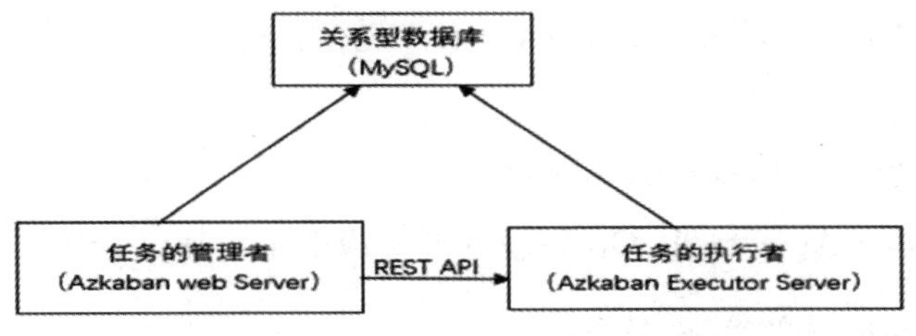

图4–3　Azkaban任务调度模型

Azkaban 使用数据库存储大部分状态，Azkaban Web Server 和 Azkaban Executor Server 都需要访问 MySQL 数据库。

Azkaban Webserver 是整个 Azkaban 工作流系统的主要管理者，它主要负责 project 管理、用户登录认证、定时执行工作流、跟踪工作流执行进度等一系列任务。

Azkaban Executor Server 主要负责具体的工作流的提交、执行，可以启动多个执行服务器，它们通过 MySQL 数据库来协调任务的执行以及实现高可用性。

由此可知，Azkaban Web Server 和 Azkaban Executor Server 通过 REST API 的方式来进行交互。Azkaban Web Server 根据调度的需要主动调用 Executor Server 的运行状态信息，分配 Workflow，然后将其提交到队列中的 Workflow 调度到选定的 Executor Server 上运行。

（2）Oozie

Oozie 是一个基于工作流引擎的开源框架，由 Cloudera 公司贡献给 Apache，提供对 Hadoop Mapreduce、Pig Jobs 的任务调度与协调，需要部署到 Java Servlet 容器中运行。Oozie 在集群中扮演的角色是定时调度任务，多任务可以按照执行的逻辑顺序进行调度。

Oozie 的主要组件有：Tomcat（servlet 进行调用并页面显示任务的 web 服务器），数据库（存储任务）和 Bundle，Coordinator，Workflow，SLA 服务模块（如图 4-4）所示。

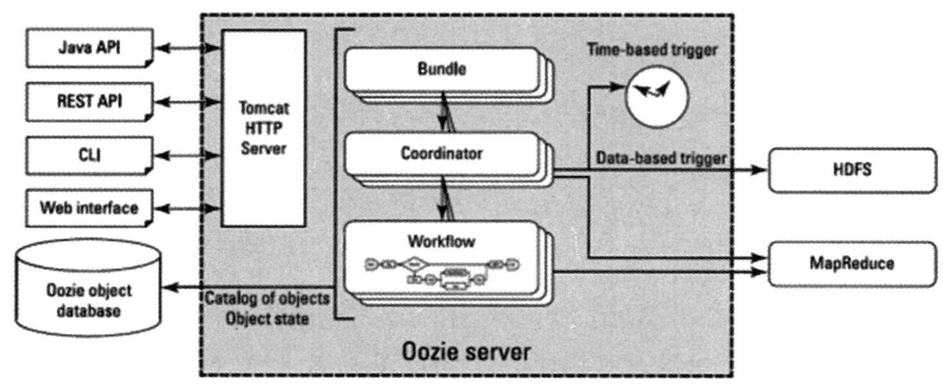

图4–4　Oozie任务调度模型

Oozie 包含四大服务模块：

Workflow：用于支持动作有向无环图（DAG）的设计和执行，可以按照特定的顺序执行 mr、hive 和 shell 等节点。

Coordinator：用于定时调度特定的 workflow 进行执行，可以基于事件、资源存在，传递参数等自动执行。

Bundle：批量设定一组 coordinator 执行。

SLA（Service Level Agreement，Oozie 服务器等级协定）。用于程序执行过程的日志跟踪。

4. 大数据 Spark 计算框架模型

Spark 是 UC Berkeley AMP lab （加州大学伯克利分校的 AMP 实验室）所开源的类 Hadoop MapReduce 的通用并行框架，在 Apache 开源项目中占有一席之地，它是专为大规模数据处理而设计的快速通用的计算引擎。Apache Spark 是一种基于内存的分布式并行计算框架，不同于 MapReduce 的是 Job 中间输出结果可以保存在内存中，不需要读写

HDFS，因此 Spark 能够更好地适用于数据挖掘与机器学习等需要迭代的 MapReduce 的算法。

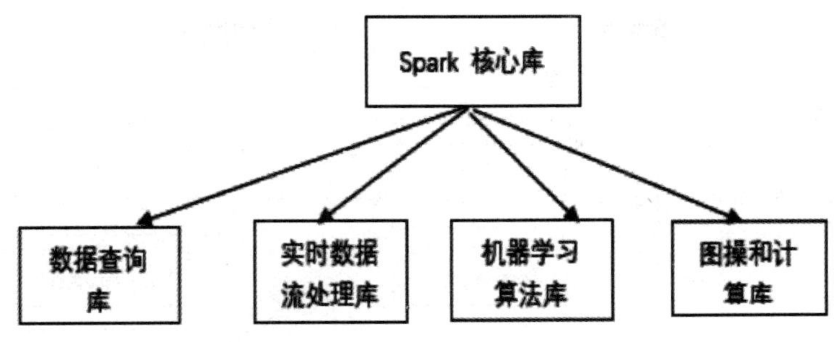

图4–5　Spark计算框架模型

Spark 将数据抽象为 RDD（弹性分布式数据集），内部提供了大量的库，包括 Spark Core、Spark SQL、Spark Streaming、MLlib、GraphX。开发者可以在同一个应用程序中无缝组合使用这些库。Spark 计算框架（如图 4-5）所示。

Spark Core：包含 Spark 的基本功能，尤其是定义 RDD 的 API、操作以及这两者上的动作。其他 Spark 的库都是构建在 RDD 和 Spark Core 之上。

Spark SQL：提供通过 Apache Hive 的 SQL 变体 Hive 查询语言（HiveQL）与 Spark 进行交互的 API。每个数据库表被当作一个 RDD，Spark SQL 查询被转换为 Spark 操作。

Spark Streaming：对实时数据流进行处理和控制。Spark Streaming 允许程序能够像普通 RDD 一样处理实时数据，通过短时间批量处理实现的伪流处理。

MLlib：一个常用机器学习算法库，算法被实现为对 RDD 的 Spark 操作。这个库包含可扩展的学习算法，比如分类、回归等需要对大量数据集进行迭代的操作。

GraphX：控制图、并行图操作和计算的一组算法和工具的集合。GraphX 扩展了 RDD API，包含控制图、创建子图、访问路径上所有顶点的操作。

5. 大数据 Storm 流计算架构模型

Storm 是 Twitter 开源的分布式实时大数据处理框架，最早开源于 GitHub，从 0.9.1 版本之后，归于 Apache 社区，被业界称为实时版 Hadoop。随着越来越多的场景对 Hadoop 的 MapReduce 高延迟无法容忍，比如网站统计、推荐系统、预警系统、金融系统（高频交易、股票）等，大数据实时处理解决方案（流计算）的应用日趋广泛，目前已是分布式技术领域最新爆发点，而 Storm 更是流计算技术中的佼佼者和主流。

Storm 架构采用主从架构方式，主要由 Nimbus，Supervisor，Zookeeper 组件构成，其架构（如图 4-6）所示。

Nimbus：Storm 集群的 Master 节点，负责分发用户代码，指派给具体的 Supervisor 节点上的 Worker 节点，去运行 Topology 对应的组件（Spout/Bolt）的 Task。

Supervisor：Storm 集群的从节点，负责管理运行在 Supervisor 节点上的每一个 Worker 进程的启动和终止。

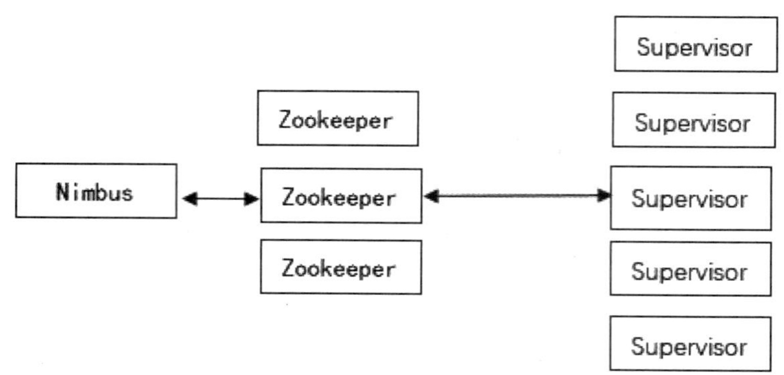

图4-6 Storm流计算框架模型

Zookeeper：存储客户端提供的 topology 任务信息，nimbus 负责将任务分配信息写入 Zookeeper，supervisor 从 Zookeeper 上读取任务分配信息；存储 supervisor 和 worker 的心跳（包括它们的状态），使得 nimbus 可以监控整个集群的状态，从而重启一些挂掉的 worker；

需要说明的是：每个 storm 节点在启动的时候都会连接 zookeeper，将自己的 ip 和端口等信息写入 zookeeper 中。这样每个节点只要读取指定目录下的数据，就可以感知集群中其他节点的存在。

综上所述，尽管大数据架构模型不拘一格，但是从解决问题的本质上来说有共同性能：依据生命周期理论构建流程，使用分布式存储、处理方法，容易扩展，保护隐私和机密。

4.2.2 大数据的关键技术

近些年来，摄像头、可穿戴设备、GPS 等传感器收集着大量音频、视频、图像等各类结构化和非结构化数据。随着电子商务、社交、综合信息网站等互联网应用的发展，数据基于网络大量产生并存储，信息量呈爆发式增长。通过数据的收集、存储、分析和可视化技术，解决大数据海量、高速、多变、低密度的问题，使数据从散乱的信息变成知识和智慧。大数据技术是从各种类型的数据中快速获得有价值信息的技术。大数据领域已经涌现出了大量新的技术，它们成为大数据采集、存储、处理和呈现的有力武器。大数据处理关键技术包括大数据采集、大数据预处理、大数据存储及管理、大数据分析及挖掘、大数据展现、大数据检索和大数据安全等。下面将介绍大数据的技术架构及其关键技术。

1. 大数据技术架构

大数据的核心是“数据”，是一个技术集群，它包含了数据采集、存储、挖掘等技术，通过探索分析海量数据，最终成为技术创新的源泉动力。

本文参考 ISO/IECJTC1/SC32 对大数据模型的研究成果、大数据标准体系框架和数据生命周期理论，探究性地提出了大数据技术参考架构。该架构包括 4 个层次、2 个技术支撑体系。4 个层次方面，下层是上层的基础，具有相互依赖性，2 个技术支撑体系是层与层间进行交互和通信的保障，该参考架构（如图 4-7）所示。

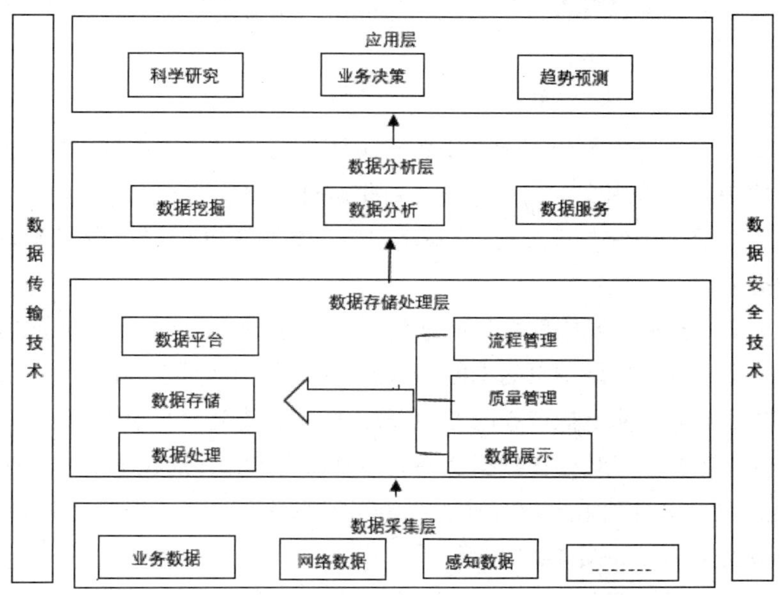

图4–7　大数据技术参考架构

2. 大数据关键技术

在实际应用中，大数据是一项十分繁杂的系统工程，既需要硬件基础也需要软件支撑，涉及的技术涵盖信息通信、计算机科学、信息网络、数据库等多个领域。

（1）大数据采集、预处理与集成

1）大数据采集

大数据采集是指从传感器和智能设备、企业在线系统、企业离线系统、社交网络和互联网平台等获取数据的过程。数据包括 RFID 数据、传感器数据、用户行为数据、社交网络交互数据及移动互联网数据等各种类型的结构化、半结构化及非结构化的海量数据。不但数据源的种类多，数据的类型繁杂，数据量大，并且产生的速度快，传统的数据采集方法完全无法胜任。因此，大数据采集技术面临着许多技术挑战，一方面需要保证数据采集的可靠性和高效性，同时还要尽量避免重复数据。常常用的数据采集软件有 Splunk、Sqoop、Flume、Log stash、Kettle 以及各种网络爬虫，如 Heritrix、Nutch 等。

大数据的数据来源主要有企业系统。客户关系管理系统、企业资源计划系统、库存系统、销售系统等；机器系统：智能仪表、工业设备传感器、智能设备、视频监控系统等；互联网系统：电商系统、服务行业业务系统、政府监管系统等；社交系统：微信、QQ、微博、博客、新闻网站、朋友圈等。

针对上述 4 种不同的数据源，大数据有以下 4 大类采集方法：

①数据库采集

传统企业会使用传统的关系型数据库 MySQL 和 Oracle 等来存储数据。随着大数据时代的到来，Redis、MongoDB 和 HBase 等 NoSQL 数据库也常用于数据的采集。企业通过在采集端部署大量数据库，并在这些数据库之间进行负载均衡和分片，来完成大数据采集工作。

②系统日志采集

系统日志采集主要是收集公司业务平台日常产生的大量日志数据，供离线和在线的大数据分析系统使用。高可用性、高可靠性、可扩展性是日志收集系统所具有的基本特征。系统日志采集工具都采用分布式架构，能够满足每秒数百 MB 的日志数据采集和传输需求。

③网络数据采集

网络数据采集是指通过网络爬虫或网站公开 API 等方式从网站上获取数据信息的过程。网络爬虫会从一个或若干初始网页的 URL 开始，获得各个网页上的内容，并且在抓取网页的过程中，不断从当前页面上抽取新的 URL 放入队列，直到满足设置的停止条件为止。这样可以将非结构化数据、半结构化数据从网页中提取出来，存储在本地的存储系统中。

Web 网络爬虫可以自动采集所有其能够访问到的页面内容，为搜索引擎和大数据分析提供了重要的数据来源（如图 4-8）所示。

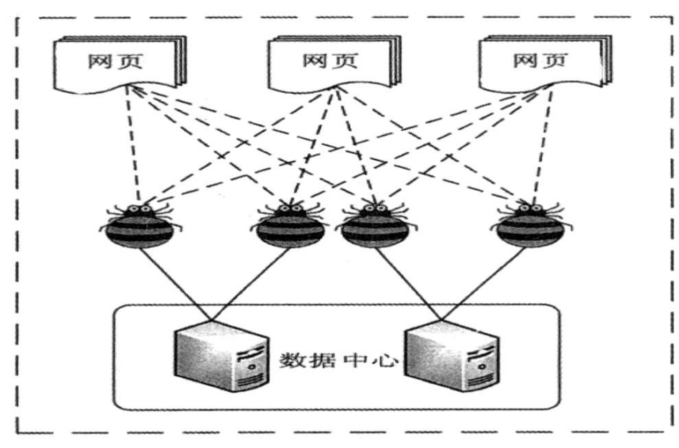

图4–8　网络爬虫采集技术架构

④感知设备数据采集。

感知设备数据采集是指通过传感器、摄像头和其他智能终端自动采集信号、图片或录像来获取数据。大数据智能感知系统主要包括数据传感体系、网络通信体系、传感适配体系、智能识别体系及软硬件资源接入系统。大数据智能感知系统需要实现对结构化、半结构化、非结构化的海量数据的智能化识别、定位、跟踪、接入、传输、信号转换、监控、初步处理和管理等。其关键技术包括针对大数据源的智能识别、感知、适配、传输、接入等。

2）大数据预处理与集成

大数据预处理技术主要是指完成对已接收数据的辨析、抽取、清洗、填补、平滑、合并、规格化及检查一致性等操作。因获取的数据可能具有多种结构和类型，数据抽取的主要目的是将这些复杂的数据转化为单一的或者便于处理的结构，以达到快速分析处理的最终目的。

通常数据预处理包含数据清理、数据集成、数据变换及数据归约。

①数据清理

主要包含遗漏值处理（缺少感兴趣的属性）、噪声数据处理（数据中存在错误或偏离期望值的数据）和不一致数据处理。遗漏数据可用全局常量、属性均值、可能值填充或者直接忽略该数据等方法处理。噪声数据可用分箱（对原始数据进行分组，然后对每一组内的数据进行平滑处理）、聚类、计算机人工检查和回归等方法去除噪声。对于不一致数据则可进行手动改正。

②数据集成

是指把多个数据源中的数据整合并存储到一个一致的数据库中。这一过程中需要着重解决3个问题：模式匹配、数据冗余、数据值冲突检测与处理。由于来自多个数据集合的数据在命名上存在差异，因此等价的实体常具有不同的名称。对来自多个实体的不同数据进行匹配是处理数据集成的首要问题。

数据冗余可能源自数据属性命名的不一致，可以利用皮尔逊积矩来衡量数值属性，对于离散数据可以利用卡方检验来检测两个属性之间的关联。数据值冲突问题主要表现为来源不同的统一实体具有不同的数据值。

③数据变换

数据变换的主要过程有平滑、聚集、数据泛化、规范化及属性构造等。经过数据转换处理后，数据被变换或统一。简化处理分析流程、提升时效性，同时易于理解数据分析、挖掘的模式，数据转换处理技术包括基于规则或元数据的转换技术，基于模型和学习的转换技术等。

④数据规约

主要包括数据方聚集、维规约、数据压缩、数值规约和概念分层等。使用数据规约技术可以实现数据集的规约表示，使得数据集变小的同时仍然近于保持原数据的完整性。在规约后的数据集上进行挖掘，依然能够得到与使用原数据集时近乎相同的分析结果。归约策略与技术包括维归约技术、数值归约技术、数据抽样技术等。

（2）大数据存储、管理及处理技术

1）大数据存储与管理

分布式存储技术与数据存储介质的类型和数据的组织管理形式直接相关。目前主要的数据存储介质有内存、磁盘、磁带等；数据组织形式有行组织、列组织、键值组织和关系组织；数据管理层次有块级组织、文件级组织以及数据库级组织等。

常见的存储系统和工具有常用的分布式磁盘文件系统有HDFS（Hadoop分布式文件系统）、GFS（Goolge分布式文件系统）、KFS（Kosmos distributed file system）等。常用的分布式内存文件系统有Tachyon等。主流的文档数据库有MongoDB、CouchDB、Terra store、RavenDB等。传统的数据仓库产品，如Syhnse1Q、Infini DB、Vertica等，也有开源的数据库产品，如 Hadoop Hbase、Infobright 等。键值数据库产品有 Red is、Apache Cassandra、Google Bigtable 等。主流的图形数据库有 Google Pre gel、Neo4j、Infinite Graph、DEX、InfoGrid、Allegro Graph、GraphDB、HyperGraphDB 等。基于内存存储的内存数据库产品有 Oracle TimesTen、Alti- base、eXtreme DB、Redis、RaptorDB、MemCached 等。

大数据存储及管理的主要目的是用存储器把采集到的数据存储起来，建立起相应的数据库，并进行管理和调用。在大数据时代，从多渠道获得的原始数据常常缺乏一致性，数据结构混杂，并且数据不断增长，这造成了单机系统的性能不断下降，即使不断提升硬件配置也十分难以跟上数据增长的速度。这就导致传统的处理和存储技术失去可行性。

大数据存储、处理及管理技术重点研究复杂结构化、半结构化和非结构化大数据管理与处理技术，解决大数据的可存储、可表示、可处理、可靠性及有效传输等几个关键问题。

具体来讲需要解决以下几个问题：海量文件的存储与管理，海量小文件的存储、索引和管理，海量大文件的分块与存储，系统可扩展性与可靠性。面对海量的 Web 数据，为了满足大数据的存储和管理，Google 自行研发了一系列大数据技术和工具用于内部各种大数据应用，并将这些技术以论文的形式进行逐步公开，从而使得以 GFS、MapReduce、BigTable 为代表的一系列大数据处理技术被广泛了解并得到应用，同时还催生出了以 Hadoop 为代表的一系列大数据开源工具。

从功能上划分，大数据开源工具可以分为分布式文件系统、NoSQL 数据库系统和数据仓库系统。这 3 类系统分别用来存储和管理非结构化、半结构化和结构化数据（如图 4-9）所示。

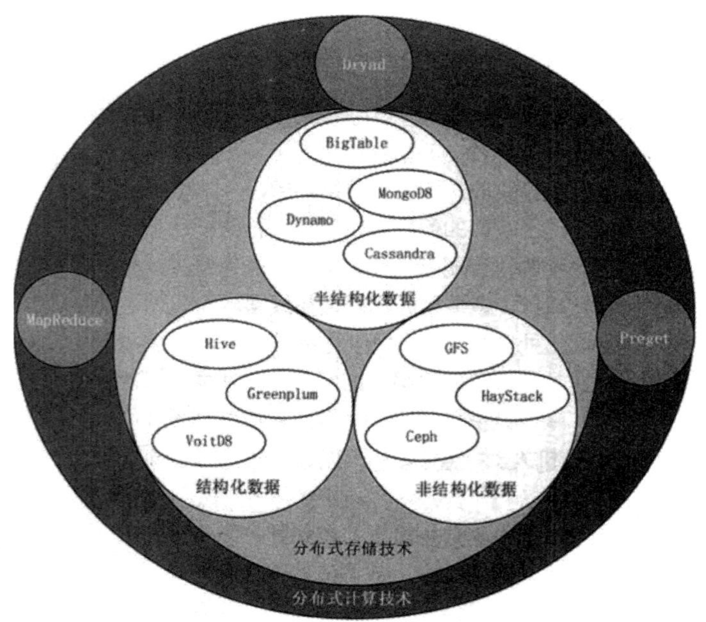

图 4–9　大数据存储与管理架构

2）大数据处理

大数据的应用类型很多，主要的处理模式可以分为批处理模式和流处理模式两种。批处理是先存储后处理，而流处理则是直接处理。

批处理模式：Google 公司在 2004 年提出的 MapReduce 编程模型是最具代表性的批处理模式。MapReduce 模型首先将用户的原始数据源进行分块，然后分别交给不同的 Map 任务去处理。Map 任务从输入中解析出 key/value 对集合，然后对这些集合执行用户自行定义的 Map 函数以得到中间结果，并将该结果写入本地硬盘。Reduce 任务从硬盘上读取数据之后，会根据 key 值进行排序，将具有相同 key 值的数据组织在一起。最后，用户自定义的 Reduce 函数会作用于这些排好序的结果并输出最终结果。MapReduce 的核心设计思想有两点。将问题分而治之，把待处理的数据分成多个模块分别交给多个 Map 任务去并发处理。把计算推导数据而不是把数据推导计算，从而有效地避免了数据传输过程中产生的大量通信开销。

流处理模式：流处理模式的基本理念是，数据的价值会随着时间的流逝而不断减少。因此，尽可能快地对最新的数据做出分析并给出结果是所有流处理模式的主要目标。需要采用流处理模式的大数据应用场景主要有网页点击数的实时统计、传感器网络、金融中的高频交易等。流处理模式将数据视为流，将源源不断的数据组成数据流，当新的数据到来时就立刻处理并返回所需的结果。

数据的实时处理是一个很有挑战性的工作，数据流本身具有持续到达、速度快、规模巨大等特点。因此，通常不会对所有的数据进行永久化存储，与此同时，由于数据环境处在不断的变化之中，系统很难精确掌握整个数据的全貌。由于响应时间的要求，流处理的过程基本在内存中完成，其处理方式更多地依赖于在内存中设计巧妙的概要数据结构。内存容量是限制流处理模式的一个主要瓶颈。

（3）大数据分析及挖掘技术

大数据处理的核心就是对大数据进行分析，只有通过分析才能获取很多智能的、深入的、有价值的信息。越来越多的应用涉及大数据，这些大数据的属性，包括数量、速度、多样性等都引发了大数据不断增长的复杂性。因此，大数据的分析方法在大数据领域就显得尤为重要，可以说是衡量最终信息是否有价值的关键性因素。

利用数据挖掘进行数据分析的常用方法主要有分类、回归分析、聚类、关联规则等，它们分别从不同的角度对数据进行分析。

分类：分类是指找出数据库中一组数据对象的共同特点并按照分类模式将其划分为不同的类。其目的是通过分类模型，将数据库中的数据项映射到某个给定的类别。分类可以应用于客户的分类、客户的属性和特征分析、客户满意度分析、客户的购买趋势预测等。用于解决分类问题的方法非常多，常用的分类方法主要有决策树、贝叶斯、人工神经网络、K- 近邻、支持向量机、逻辑回归、随机森林等方法。

回归分析：回归分析方法反映的是事务数据库中属性值在时间上的特征。该方法可产生一个将数据项映射到一个实值预测变量的函数，发现变量或属性间的依赖关系，其主要研究问题包括数据序列的趋势特征、数据序列的预测及数据间的相关关系等。它可以应用到市场营销的各个方面，如客户寻求、保持和预防客户流失活动、产品生命周期分析、销售趋势预测及有针对性的促销活动等。

聚类：聚类是把一组数据按照相似性和差异性分为几个类别。其目的是使属于同一类别的数据间的相似性尽可能大，不同类别中的数据间的相似性尽可能小。它可以应用于客户群体的分类、客户背景分析、客户购买趋势预测、市场的细分等。

关联规则：关联规则是描述数据库中数据项之间所存在的关系的规则。即根据一个事务中某些项的出现可推导出另一些项在同一事务中也会出现，即隐藏在数据间的关联或相互关系。

在客户关系管理中，通过对企业的客户数据库里的大量数据进行挖掘，可以从大量的记录中发现有趣的关联关系。找出影响市场营销效果的关键因素，为产品定位、定价，客户寻求、细分与保持，市场营销与推销，营销风险评估和诈骗预测等决策支持提供参考依据。

（4）大数据展示技术（即可视化技术）

在大数据时代下，数据井喷似地增长，分析人员将这些庞大的数据汇总并进行分析，而分析出的成果如果是密密麻麻的文字，那么就没有几个人能理解，所以我们就需要将数据可视化。图表甚至动态图的形式可将数据更加直观地展现给用户，从而减少用户的阅读和思考时间，以便很好地做出决策。可视化技术是最佳的结果展示方式之一，其通过清晰的图形图像展示直观地反映出了其最终结果。数据可视化是将数据以不同的视觉表现形式展现在不同的系统中，包括相应信息单位的各种属性和变量。

数据可视化技术主要是指技术上较为高级的技术方法，这些技术方法通过表达、建模，以及对立体、表面、属性、动画的显示，对数据加以可视化解释。而传统的数据可视化工具仅仅将数据加以组合，通过不同的展现方式提供给用户，用于发现数据之间的关联信息。常见的可视化处理和管理工具有 Tableau Desktop、QlikView、Datawatch、Platfora 等。数据可视化的关键技术包括数据信息的符号表达技术、数据流染技术、数据交互技术和数据表达模型技术。

随着大数据时代的来临，数据可视化产品已经不再满足于使用传统的数据可视化工具来对数据仓库中的数据进行抽取、归纳及简单的展现。新型的数据可视化产品必须满足互联网上爆发的大数据需求。必须快速收集、筛选、分析、归纳、展现决策者所需要的信息，并根据新增的数据进行实时更新。因此，在大数据时代，数据可视化工具必须具备以下特性。

实时性：数据可视化工具必须适应大数据时代数据量的爆炸式增长需求，必须快速收集分析数据，并对数据信息进行实时更新。

操作简单：数据可视化工具满足快速开发、易于操作的特性，能满足互联网时代信息多变的特点。

丰富展现：数据可视化工具需要具有更丰富的展现方式，能充分满足数据展现的多维度要求。

多种数据集成支持方式：数据的来源不只是局限于数据库，数据可视化工具将支持团队协作数据、数据仓库、文本等多种方式，并能够通过互联网进行展现。

数据可视化技术是一个新兴领域，有许多新的发展。企业获取数据可视化功能主要通过编程和非编程两类工具实现。主流编程工具包括 3 种类型：从艺术的角度创作的数据可视化工具，比较典型的工具是 Processing.js，它是为艺术家提供的编程语言。从统计和数据处理的角度创作的数据可视化工具，R 语言是一款典型的工具，它本身既可以做数据分析，又可以做图形处理。介于两者之间的工具，既要兼顾数据处理，又要兼顾展现效果，D3.js 是一个不错的选择，像 D3.js 这种基于 JavaScript 的数据可视化工具更适合在互联网上互动式展示数据。

（5）数据安全与隐私保护技术

从大数据应用层面看，大数据的应用会带来巨大社会价值和商业利益，受到价值利益驱动，大数据系统也必然会面临复杂的风险。从大数据关键技术来看，其数据的收集、存储、处理分析、可视化呈现等环节面临着不同的风险、安全和隐私需求。

数据治理是对数据资产行使权利和活动控制的集合，是数据管理体系的核心，围绕数据资产、共享开放、安全与隐私保护等大数据技术应用的新需求，从国家层次、行业层次、组织层次构建形成一个自上而下、多元共治的数据治理体系。国家层面，需要通过政策法规支撑大数据治理建设。行业层面，引进行业数据治理机制，制定数据共享、开放准则，形成行业业务需求数据治理体系。组织层面，明确数据资产核心地位，构建数据治理、数据管理体系。总而言之，在安全和隐私管理模块，通过不同的技术手段和安全措施，构筑大数据系统全方位、立体的安全防护体系，同时应提供一个合理的灾备框架，提升灾备恢复能力，实现数据的实时异地容灾功能。

4.3　大数据与人工智能的区别与联系

4.3.1　大数据与人工智能的区别

大数据与人工智能作为现代计算机技术的重点发展方向，是众多垂直领域应用解决方案的重要支撑技术。大数据技术演化的总体目标是高效收集、存储、处理与分析大规模、多源数据，并满足业务需求。近年来，大数据技术路线从批处理架构逐渐演化为内存计算架构、流处理架构、批流融合处理架构、图数据处理架构等。人工智能关注的技术重点是人工智能算法，即如何通过大数据构建机器学习模型，如何高效训练、评估、测试人工智能模型，并解决人工智能的应用问题。具体而言，包括算法的技术突破、算法的性能和效率提升等。

4.3.2 大数据与人工智能的联系

1. 大数据为人工智能提供了大规模多源异构的数据资源

在大数据时代，人工智能使用的不再是样本数据，而更多的是全量数据。高价值数据体量越大，预测结果越准确，对人类思维模拟程度越高，正是基于大数据的数据规模体量，人工智能才得以在算法、算力提升的基础上取得重大突破。

2. 统一的数据分析与人工智能平台成为发展趋势

传统大数据平台主要提供基于 CPU 与内存的分布式数据处理架构，但是近年来随着人工智能技术与应用的快速发展，新型大数据平台支持 GPU、GPU/CPU 混合计算等新的计算架构。此外，新型大数据平台逐步开始支持 TensorFlow、PyTorch 等人工智能编程框架，统一数据分析与人工智能平台成为趋势。如 Intel 推出了面向 Apache Spark 的统一数据分析与人工智能平台 Analytics Zoo，Databricks 联合 Microsoft 推出了 MLFLOW，方便用户快速开发、验证、部署人工智能应用。

3. 大数据与人工智能技术关联融合

大数据分析的核心技术是 SQL、统计分析、图分析与机器学习，而人工智能的核心技术则包括以深度学习为代表的机器学习、知识图谱、逻辑规划和专家系统等，两者在技术上存在明显重合。如大数据与人工智能都需要应用机器学习技术，人工智能领域对知识图谱数据进行分析将与图分析进行结合（如图 4-10）所示。

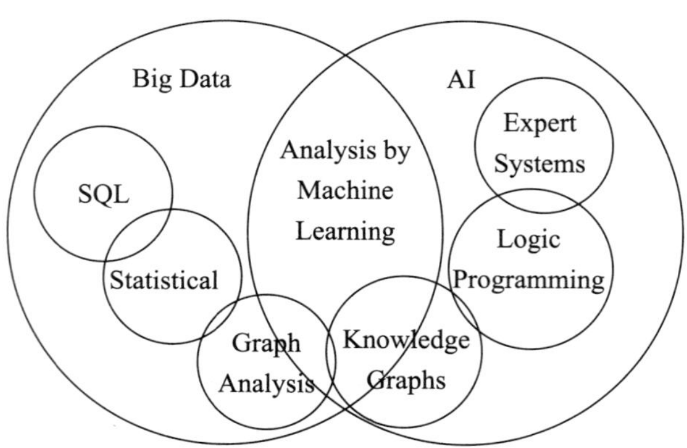

图4–10　大数据与人工智能技术关联融合

4. 人工智能拓展了大数据应用场景

传统大数据分析主要针对结构化、半结构化数据，缺乏对非结构化数据，如图像、视频、语音的处理能力。数据驱动的人工智能技术则提供了高维非结构化数据的分析能力。

在大数据框架下通过不断补充完善与人工智能相关的视频、图像、语音等非结构化数据类型，实现多源异构数据的统一分类、处理与解析，并基于多源异构数据形成统一索引，在各种媒体资源的语义与计算结果之间建立联系，向人工智能大数据智慧应用提供数据服务。

随着大数据与人工智能的深入融合，以及在各行业应用的不断加深，未来大数据和人工智能必将会迎来新的增长浪潮并不断产生新模式、新业态。在此情形下，将对大数据、人工智能标准化的协调发展提出新的发展需求。

4.4　大数据应用场景和关注

4.4.1　大数据在金融行业的应用

合规是数据安全的前奏，数据计算、交换是数据安全的进行曲。数据安全领域的公司利用不同的技术来保护数据安全。数据计算交换技术和隐私保护技术在金融行业的应用，正在引领三个趋势：数据采集和传输的安全性、数据使用和处理的协同性、数据分析与结果的流通和共享性。值得关注的技术方向包括：隐私保护技术与联邦学习的融合、差分隐私和机密计算。

4.4.2　大数据的主要应用场景

（1）精准用户画像及风控

大数据可以加深对用户的理解。从个人层面来说，可以了解到该用户的消费习惯、消费能力、风险偏好等信息；企业层面可以了解到企业在整个生产流通环节、产业链、客户数据等方面的信息。根据这些信息，银行、保险、券商等金融机构，可以有针对性地进行个性化推荐、精准营销；再根据用户数据反映出的行为变化，进行风险监控和策略调整。

（2）数据安全

数据安全的第一步是合规，金融机构需要严格遵守数据隐私法规，例如欧盟 GDPR 和 CCPA，对如何收集、存储、保护和分析消费者数据做出了规定。金融服务中的合规性包括三个方面：AML/KYC/CTF、数据保护、合规自动化。数据安全的第二步是数据安全计算和可信交换，如 Leap Year 采用差分隐私技术、Quintessence Labs 利用量子加密技术完成数据加密和交换。数据安全领域的公司利用不同的技术来保护数据安全。

4.4.3　大数据技术的关注

1. 联邦学习（federated learning）

联邦学习的机理是在各个主体的数据不出本地保护用户数据隐私的情况下，通过加密机制下的参数交换与优化，建立虚拟的共有模型。联邦学习的加密手段有同态加密等，其数据和模型本身不会在联合建模的过程中进行传输。因此，不存在数据的泄露可能，也不违反更严格的数据保护法案如 GDPR 等。

联邦学习主要分纵向联邦学习、横向联邦学习、迁移联邦学习。其中横向联邦学习中多方联合训练的方式与传统的分布式机器学习（distributed machine learning）有部分相似的地方。横向联邦学习的计算过程是不同主体间样本的联合，适用于参与主体者间业态相同但触达客户群不同，即特征重叠多，客户数据重叠少时的情形。纵向联邦学习更适用于特征的联合，即客户数据重叠多，特征重叠少的场景。而迁移联邦学习是指当参与者间特征和样本重叠都很少时，不对数据进行切分，而可以利用迁移学习来克服数据或标签不足的情况。

2. 差分隐私（differential privacy）

差分隐私是一种数学技术，它能够在给数据添加噪声的同时，一直计算隐私提升的程度，从而使得增加“噪声”的过程变得更加严谨。Apple（苹果）和 Facebook 已经使用这种方法来收集聚合数据，而不需要识别特定的用户；Microsoft（微软）推出了 White Noise 平台，帮助开发者保护那些利用差分隐私技术处理敏感信息的 AI 模型。

3. 机密计算（confidential computing）

机密计算联盟给机密计算（confidential computing）的定义是：在一个基于硬件的可信执行环境（TEE）中保护数据执行计算。其填补了当前云安全的一项空白——使用过程中数据（Data-in-use）的加密。过去通常的做法是对在存储中（比如硬盘）和传输中（比如网络）的数据进行加密，而在使用中（比如内存）解密，以便处理。而机密计算可以保护使用中数据的机密性和完整性。

第5章　金融科技的底层技术：人工智能

在新科技革命和产业变革的大背景下，人工智能与产业深度融合，是释放数字化叠加倍增效应，加快战略新兴产业发展，构筑综合竞争优势的必然选择。目前，人工智能加快向各产业渗透，正在促进新兴产业之间、新兴产业与传统产业之间以及技术与社会的跨界融合发展。

5.1　人工智能概况

人工智能概念诞生于 1956 年，经历了两次低谷和三次高潮的发展历程。云计算、大数据等技术在提升运算速度，降低计算成本的同时，也为人工智能的快速发展提供了丰富的数据资源，协助训练出更加智能化的算法模型。人工智能的发展模式由单一计算机模拟人工智能演变为机器、人、物和网络有机组合的混合智能系统。

人工智能是引领未来的新兴战略性技术，是驱动新一轮科技革命和产业变革的重要力量。人工智能已成为科技创新的关键领域和数字经济时代的重要支柱。未来人工智能除了重视技术创新以外，还更加关注工程实践和可信安全，这也构成了新的“三维”发展坐标，牵引人工智能技术产业迈向新的阶段。

人工智能，作为新兴产业变革驱动力源泉，不仅催生了新技术、新产品的诞生，而且对传统行业发展赋予了较大的动能，引致经济结构的重大调整和变革，实现了社会生产力的整体跃升。人工智能技术已切入金融各个领域，金融行业成为拥抱人工智能的领跑者。语音识别与语言处理、计算机视觉技术相对成熟，在身份识别、智能客服方面已有较为成功。人工智能技术的应用渗透到互联网小贷、征信、客户服务、智能投顾、保险等领域，加快了数字金融时代到来的步伐，驱动了传统金融向智慧金融发展。

人工智能和机器学习可以利用社交媒体上的数据，对股票市场走势或个股走势进行预测；在量化交易中，人工智能和机器学习也可以发挥出重要作用，辅助投资决策，提高量化交易效率，未来甚至可以做到自主学习、自主投资；在投资组合配置方面，人工智能和机器学习可以按照系统要求，根据市场变化和公司基本情况，合理配置投资组合，提高投资组合绩效。

现在人工智能在投资领域很热门的莫过于智能投顾，人工智能可以根据客户的个性化需求，做到千人千面，为客户提供定制化的投资顾问服务，冲击传统的投顾业务模式；投研领域应用人工智能之后也越来越智能，利用自然语言处理技术读取公司财务报表，读取上市公司定期公告，辅助投资经理更好地做出投资决策。从目前情况来看，以下人工智能分支在金融产品和服务中的应用较为成熟。

（1）机器学习（machine learning，ML）主要通过将数据“喂”给算法来进行学习，从而对现实世界中的事件进行分析、决策、预估，模拟人类的学习和决策行为。主要应用到的算法有决策树、随机森林、人工神经网络等。机器学习可以被应用在多个领域，比如计算机视觉、自然语言处理、数据挖掘等。

（2）计算机视觉（computer vision，CV）不同于机器学习，机器学习本身是一种技术，计算机视觉更偏向是一个应用领域，即通过使用包括机器学习在内的方法，实现对图像或视频材料中特定目标的识别和判断，以及在此基础上做决策。

生物识别技术也广泛应用在金融领域。生物识别技术主要包括语音识别、人脸识别、指纹识别、掌纹识别、虹膜识别、视网膜识别、体形识别、步态识别、键盘敲击识别、签字识别等。目前指纹识别、人脸识别、虹膜识别和指静脉识别是金融行业应用范围较广的四项生物识别技术，主要应用于客户身份验证、远程开户、无卡取款、刷脸支付、金库管理和网络借贷等金融场景。

（3）自然语言处理（natural language processing，NLP） 主要通过算法模拟人类自然语言的语音、对话、文本识别和生成过程。站在现在超大规模数据的基础之上，自然语言处理达到“图灵测试”的要求已不是难事。自然语言处理不仅可以被应用在翻译、对话等场景中，还可以应用在文本生成、情感分析等领域。

（4）知识图谱是一种基于语义网络的知识结构表达，通过将真实世界中的实体对应到语义网络中，构建该实体与其他实体的关系。知识图谱不仅可以应用在智能搜索中，还可以应用于智能问答或者社交平台以及垂直行业中。

5.1.1 人工智能的基本概念与特征

1. 人工智能的概念

人工智能作为一门前沿交叉学科，它集合计算机科学、逻辑学、生物学、心理学和哲学等学科的精髓，对其概念的描述有着不同的看法：

有人认为“人工智能就是机器展现出的智能”，即只要是某种机器，具有某种或某些“智能”的特征或表现，都应该算作是“人工智能”。

大英百科全书则限定人工智能是数字计算机或者数字计算机控制的机器人在执行智能生物体才有的一些任务上的能力。

还有人认为人工智能是“研究、开发用于模拟、延伸和扩展人的智能的理论、方法、技术及应用系统的一门新的技术科学”，将其视为计算机科学的一个分支，指出其研究包括机器人、语言识别、图像识别、自然语言处理和专家系统等。

总而言之，基于对人工智能的不同理解，可以将人工智能的概念简要概括为：人工智能是利用数字计算机或者数字计算机控制的机器模拟、延伸和扩展人的智能，感知环境、获取知识并使用知识获得最佳结果的理论、方法、技术及应用系统。

人工智能学科的核心思想和内容是围绕智能活动而构造的人工系统。人工智能是知识的工程，是机器模仿人类利用知识完成一定行为的过程。根据人工智能是否能真正实现推理、思考和解决问题，可以将人工智能分为弱人工智能和强人工智能。

2. 人工智能的特征

（1）以人为本，以数据为基础，以计算为核心本质。从根本上来说，人工智能系统必须以人为本，这些系统是人类设计出的机器，按照人类设定的程序逻辑或软件算法通过人类发明的芯片等硬件载体来运行或工作，其本质体现为计算。通过对数据的采集、加工、处理、分析和挖掘，形成有价值的信息流和知识模型，来为人类提供延伸人类能力的服务，来实现对人类期望的一些“智能行为”的模拟，在理想情况下必须体现服务人类的特点，而不能伤害人类，特别是不能有目的性地做出伤害人类的行为。

（2）感知环境，产生反应，与人产生交互和互动。人工智能系统通过传感器等器件产生对外界环境（包括人类）进行感知的能力，可以像人一样通过听觉、视觉、嗅觉、触觉等接收来自环境的各种信息，对外界输入产生文字、语音、表情、动作（控制执行机构）等必要的反应，甚至影响到环境或人类。借助按钮、键盘、鼠标、屏幕、手势、体态、表情、力反馈、虚拟现实、增强现实等方式，实现人与机器间的交互与互动，使机器设备越来越“理解”人类乃至与人类共同协作、优势互补。这样，人工智能系统能够帮助人类做人类不擅长、不喜欢但机器能够完成的工作，而人类则可以去做更需要创造性、洞察力、想象力、灵活性、多变性乃至用心领悟或需要感情的一些工作。

（3）具有适应特性、学习能力、演化迭代和易扩展等特性。人工智能系统在理想情况下应具有一定的自适应特性和学习能力，即具有一定的随环境、数据或任务变化而自适应调节参数或更新优化模型的能力。并且，能够在此基础上通过与云、端、人、物越来越广泛深入的数字化连接扩展，实现机器客体乃至人类主体的演化迭代，以使系统具有适应性、鲁棒性、灵活性、扩展性，来应对不断变化的现实环境，从而使人工智能系统在各行各业产生丰富的应用。

5.1.2　人工智能的产业生态体系与发展趋势

1. 人工智能的产业生态体系

随着人工智能技术的突飞猛进，新的技术、产品、产业、业态、模式应运而生。麦肯锡预计，到 2025 年全球人工智能应用市场规模总值将达到 1270 亿美元，人工智能将是众多智能产业发展的突破点。

基于对人工智能产业整体状况的梳理，发现人工智能产业生态由核心业态、关联业态、衍生业态三个层次构成。

（1）核心业态

它由智能基础设施建设、智能信息及数据、智能技术服务、智能产品4个部分组成。智能基础设施为人工智能产业提供计算能力支撑，其包括了智能传感器、智能芯片、分布式计算框架等，是人工智能产业发展的重要保障。信息数据是人工智能创造价值的关键要素之一，它涵盖数据采集、数据分析和数据分析处理过程。智能技术服务主要关注如何构建人工智能的技术平台，并对外提供人工智能的相关服务，包括提供技术平台和算法模型、整体解决方案和人工智能在线服务。智能产品是指将人工智能领域的技术成果集成化、产品化，其产品覆盖智能机器人、智能运载工具、智能终端、自然语言处理、计算机视觉、生物特征识别、VR/AR和人机交互。

（2）关联业态

关联业态有软件产品开发、信息技术咨询、电子信息材料、信息系统集成、互联网信息服务、集成电路设计、电子计算机、电子元器件等。

（3）衍生业态

衍生业态主要有智能制造、智能家居、智能金融、智能教育、智能交通、智能安防、智能医疗、智能物流等细分行业。

2. 人工智能的产业发展趋势

从人工智能产业进程来看，技术突破是推动产业升级的核心驱动力。数据资源、运算能力、核心算法共同发展，掀起人工智能第三次新浪潮。人工智能产业正处于从感知智能向认知智能的进阶阶段，前者涉及的智能语音、计算机视觉及自然语言处理等技术，已具有大规模应用基础，但后者要求的“机器要像人一样去思考及主动行动”尚待突破，诸如无人驾驶、全自动智能机器人等依旧处于开发中，与大规模应用仍有一定距离。

（1）线上线下融合提升智能服务水平

分布式计算技术广泛用于线上服务，而人工智能技术普遍采取线上线下服务融合方式，不断促进产业结构的转型与升级，如智能家居、智能机器人、自动驾驶汽车等。

（2）应用场景更加丰富

人工智能的应用，目前主要是脸识别、视频监控、语音识别等单一任务，覆盖面小且产业化度低高。随着智能产品的相继出现，人工智能的应用转向复杂场景。比如，智能金融、智能医疗、智能制造。

（3）人工智能赋能实体经济发展

互联网、大数据、人工智能和实体经济深度融合，助力实体经济高质量发展。一是助力传统产业转型和升级，促进战略新兴产业的水平提升。二是随着人工智能底层技术的开源化，传统行业将有望加快掌握人工智能基础技术并依托其积累的行业数据资源实现人工智能与实体经济的深度融合创新。

5.2　人工智能的参考架构与关键技术

5.2.1　人工智能的参考架构

基于人工智能的发展趋势和特性，借鉴中国电子技术标准化研究院发布的《智能标准化白皮书（2018 版）》的研究成果，从人工智能信息链和 IT 价值链的视角，大胆探索构建人工智能参考框架（如图 5-1）示。

从横向上看，智能信息链由智能信息感知、智能信息表示与形成、智能推理、智能决策、智能执行与输出等过程组成，它是数据—信息—知识—智慧的转化过程。从纵向上看，IT 价值链由基础设施层、信息平台层、协调层和应用层构成，它凝练了人工智能技术创造产业价值的过程。

与此同时，还包括不可或缺的管理层（安全、隐私和伦理）。

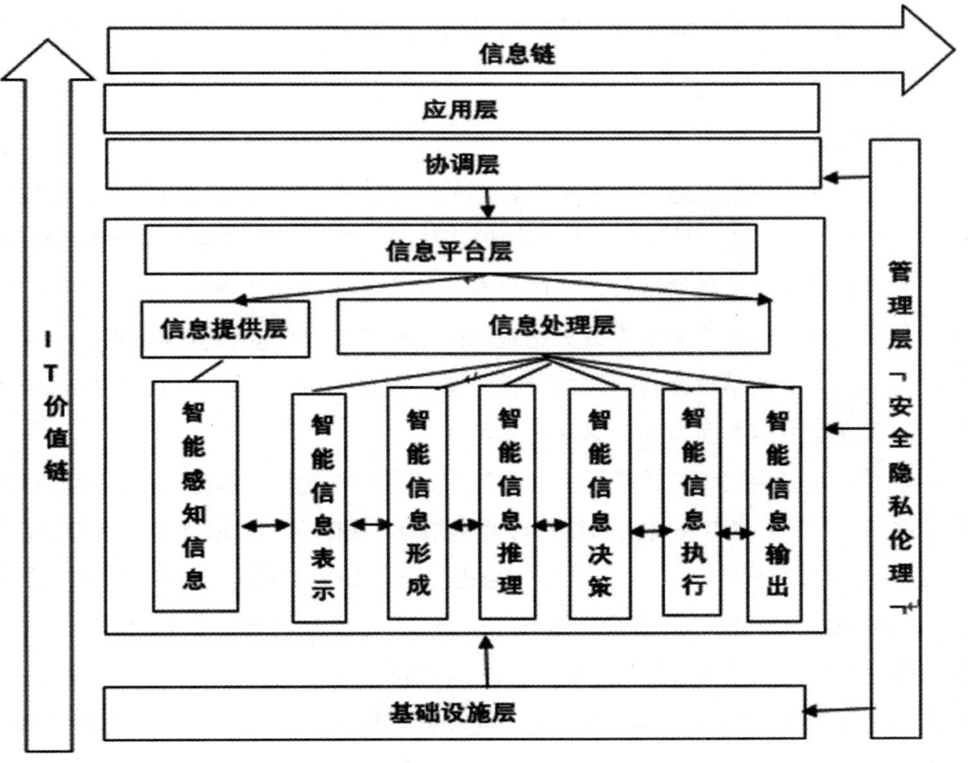

图 5-1　人工智能参考架构

人工智能系统主要由基础设施提供者、信息提供者、信息处理者和系统协调者 4 个角色组成。基础设施提供者为人工智能系统提供计算能力支持，实现与外部世界的沟通，并通过基础平台实现支撑。信息提供者通过知识信息感知过程由数据提供商提供智能感知信息，包括原始数据资源和数据集，是智能信息的源泉。信息处理者是指算法工程师通过计算框架、模型及通用技术功能，进行智能推理、决策、执行输出和支撑的各种技术服务商。系统协调者是配置和管理人工智能参考框架中的其他角色来执行一个或多个功能，并维持人工智能系统的运行。安全、隐私和伦理模块，需要通过不同的技术手段和安全措施，构筑全方位、立体的安全防护体系，保护人工智能领域参与者的安全和隐私。管理角色承担系统管理活动，包括软件调配、资源管理等内容，管理的功能是监视各种资源的运行状况，应对出现的性能或故障事件，使得各系统组件透明且十分可观。智能产品应用是对人工智能整体解决方案的封装，将智能信息决策产品化、实现落地应用，比如智能制造、智能交通、智能家居、智能医疗、智能安防等。

5.2.2 人工智能的关键技术

繁重的科学和工程计算本来是要人脑来承担，如今计算机不但能完成这种计算，而且能比人脑做得更好、更快、更准确，因此当代人不再把这种计算看作“需要人工智能才能完成的复杂任务”，复杂的工作完成需要有人工智能技术的支撑。依据人工智能的架构和细分的应用领域，其人工智能领域关键技术包括：机器学习、计算机视觉、自然语言处理、语音识别等。

1. 机器学习

机器学习的基本思想是通过计算机对数据的学习来提升自身性能的算法，探究计算机如何模仿人类的学习行为，从中获取新的知识或技能，重塑知识结构，完善其本身的性能。基于数据的机器学习是现代智能技术中的重要方法之一，研究从观测数据（样本）出发寻找规律，利用这些规律对未来数据或无法观测的数据进行预测。根据学习模式、学习方法以及算法的不同，机器学习存在不同的分类方法。根据学习方法可以将机器学习分为传统机器学习和深度学习。下面主要介绍深度学习。

深度学习是建立深层结构模型的学习方法，典型的深度学习算法包括深度置信网络、卷积神经网络、受限于玻尔兹曼机和循环神经网络等。深度学习又被称为深度神经网络（指层数超过 3 层的神经网络）。深度学习作为机器学习研究中的一个新兴领域，由 Hinton 等人于 2006 年提出。深度学习源自多层神经网络，其本质是将特征表示和学习合为一体。深度学习的特点是放弃了可解释性，单纯追求学习的有效性。经过多年的摸索尝试和研究，已经产生了诸多深度神经网络的模型，其中卷积神经网络、循环神经网络是两类典型的模型。卷积神经网络常被应用于空间性分布数据；循环神经网络在神经网络中引入了记忆和反馈，常被应用于时间性分布数据。

深度学习的技术原理：首先，构建一个网络并且随机初始化所有连接的权重，将大量的数据情况输出到这个网络中，通过网络处理这些动作并且进行学习；其次，如果这个动作符合指定的动作，将会增强权重，如果不符合，将会降低权重；再次，系统通过如上过程调整权重；最后，经过成千上万次的学习之后，超过人类的表现。

深度学习框架是进行深度学习的基础底层框架，一般包含主流的神经网络算法模型，提供稳定的深度学习 API。深度学习框架支持训练模型在服务器和 GPU、TPU 间的分布式学习，部分框架还具备在包括移动设备、云平台在内的多种平台上运行的移植能力，从而为深度学习算法带来前所未有的运行速度和实用性。目前主流的开源算法框架有 TensorFlow、Caffe/Caffe2、MXNet、Torch/PyTorch、Theano、CNTK 等。

（1）TensorFlow

Google 开源的 Tensorflow 是一款使用 C++ 语言开发的开源数学计算软件，使用数据流图（data flow graph）的形式进行计算。TensorFlow 可以实现应用机器学习的全流程：从训练模型、调试参数，到打包模型，最后部署服务，是一个名副其实的从研究到生产整条流水线都齐备的框架。Tensorflow 灵活的架构可以部署在一个或多个 CPU、GPU 的台式机服务器中，或者使用单一的 API 应用在移动设备中。Tensorflow 最初是由研究人员和 Google Brain 团队针对机器学习和深度神经网络进行研究而开发，开源之后几乎可以在各个领域适用。

Tensorflow 是全世界使用人数最多、社区最为庞大的一个框架，由 Google 公司出品，维护与更新比较频繁，并且有着 Python 和 C++ 的接口。教程也非常完善，同时很多论文复现的第一个版本都是基于 Tensorflow 写的，所以是深度学习界框架默认的“领头羊”。

（2）Caffe/caffe2

与 Tensorflow 类似的是深度学习框架 Caffe，由加州大学伯克利的贾扬清博士开发，全称是 Convolutional Architecture for Fast Feature Embedding，是一个清晰而高效的开源深度学习框架，由伯克利视觉中心（berkeley vision and learning center，BVLC）进行维护。

Caffe 的核心是 Layer，每一个神经网络的模块都是一个 Layer。Layer 接收输入数据，同时经过内部计算产生输出数据。在设计网络结构时，只需要把各个 Layer 拼接在一起构成完整的网络（通过写 protobuf 配置文件定义）。比如卷积的 Layer，它的输入就是图片的全部像素点，内部进行的操作是各种像素值与 Layer 参数的 convolution 操作，最后输出的是所有卷积核 filter 的结果。每一个 Layer 需要定义两种运算：一种是正向（forward）的运算，即从输入数据计算输出结果，也就是模型的预测过程；另一种是反向（backward）的运算，从输出端的 gradient 求解相对于输入的 gradient，即反向传播算法，这部分也就是模型的训练过程。它对于卷积网络的支持特别好，尤其是 ImageNet 比赛网络模型使用的网络都是基于 Caffe，同时也是用 C++ 写的，但是并没有提供 Python 接口，只提供的 C++ 接口。Caffe 升级到 Caffe2 版本后，采用开源化方式修复相关问题，促进工程水平逐渐提升。

Caffe 的主要优势：容易上手，网络结构都是以配置文件形式定义，不需要用代码设计网络，训练速度快，能够训练 state-of-the-art 的模型与大规模的数据，组件模块化，可以方便地拓展到新的模型和学习任务上。

（3）MXNet

MXNet 的核心是一个动态的依赖调度器，支持自动将计算任务并行化到多个 GPU 或分布式集群（支持 AWS、Azure、Yarn 等）。它上层的计算图优化算法可以让符号计算执行得非常快，而且节约内存，开启 mirror 模式会更加省内存，甚至可以在某些小内存 GPU 上训练其他框架因显存不够而训练不了的深度学习模型，也可以在移动设备（Android、iOS）上运行基于深度学习的图像识别等任务。MXNet 的显著优点是支持非常多的语言封装，比如 C++、Python、R、Julia、Scala、Go、MATLAB 和 JavaScript 等，能够满足使用任何语言的人，可谓非常全面。MXNet 的系统架构（如图 5-2）所示。

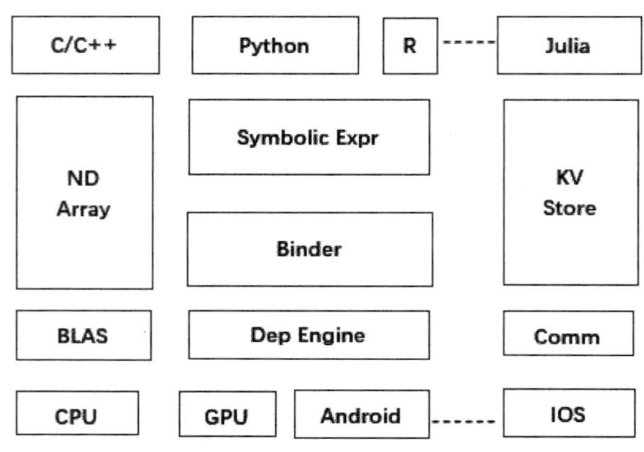

图5-2 MXNet的系统架构

（4）Torch/PyTorch

Torch 是一个有大量机器学习算法支持的科学计算框架，其诞生已有十年之久，但是真正起势得益于 Facebook 开源了大量 Torch 的深度学习模块和扩展。Torch 的特点在于特别灵活，但是另一个特殊之处是采用了编程语言 Lua，在深度学习大部分都是以 Python 为编程语言的大环境之下，一个以 Lua 为编程语言的框架有着更多的劣势，这一项小众的语言增加了学习使用 Torch 这个框架的成本。

而 PyTorch 的前身便是 Torch，其底层和 Torch 框架一样，但是使用 Python 重新写了很多内容，不仅变得更加灵活，支持动态图，而且提供了 Python 接口。PyTorch 是由 Torch7 团队开发的，是一个以 Python 优先的深度学习框架，不仅能够实现强大的 GPU 加速，同时还支持动态神经网络，这是很多主流深度学习框架比如 Tensorflow 等都不支持的。

PyTorch 既可以看作加入了 GPU 支持的 numpy，同时也可以看成一个拥有自动求导功能的强大的深度神经网络。除了 Facebook 以外，它已经被 Twitter、CMU 和 Salesforce 等机构采用。

（5）Theano

Theano 的核心是一个数学表达式的编译器，专门为处理大规模神经网络训练的计算而设计。它可以将用户定义的各种计算编译为高效的底层代码，并链接各种可以加速的库，比如 BLAS、CUDA 等。Theano 允许用户定义、优化和评估包含多维数组的数学表达式，它支持将计算装载到 GPU（Theano 在 GPU 上性能不错，但是在 CPU 上较差）。与 Scikit-learn 一样，Theano 也很好地整合了 NumPy，对 GPU 的透明让 Theano 可以较为方便地进行神经网络设计，而不必直接写 CUDA 代码。

Theano 的主要优势：集成 NumPy，可以直接使用 NumPy 的 ndarray，API 接口学习成本低；计算稳定性好，比如可以精准地计算输出值很小的函数，如 log（1+x）；动态地生成 C 或者 CUDA 代码，用以编译成高效的机器代码。

（6）CNTK

CNTK（computational network toolkit）是微软研究院（MSR）开源的深度学习框架。CNTK 通过一个有向图将神经网络描述为一系列的运算操作，这个有向图中子节点代表输入或网络参数，其他节点代表各种矩阵运算。CNTK 支持各种前馈网络，包括 MLP、CNN、RNN、LSTM、Sequence-to-Sequence 模型等，也支持自动求解梯度。CNTK 有丰富的细粒度的神经网络组件，使得用户不需要写底层的 C++ 或 CUDA，就能通过组合这些组件设计新的复杂的 Layer。CNTK 拥有产品级的代码质量，支持多机、多 GPU 的分布式训练。CNTK 具有性能导向和拓展性等显著特征。

2. 计算机视觉

人类通过眼睛来观察和认识世界，而计算机视觉则是模仿人类视觉系统，通过算法对图像加以识别和分析。随着深度学习的发展，预处理、特征提取与算法处理逐渐融合，形成了端到端的人工智能算法技术。目前计算机视觉技术中应用最多的是图像分析和识别。

（1）图像识别

图像识别是人工智能的一个重要领域，是指利用计算机对图像进行处理、分析和理解，以识别各种不同模式的目标和对象的技术。一般在工业使用中，采用工业相机拍摄图片，然后再利用软件根据图片灰阶差做进一步识别处理。在具体应用实践中，特别识别除了要弄清识别的对象是什么样的物体外，还应该明确其所在的位置和姿态。当前图像识别已经被广泛应用到各个领域中，例如交通领域中的车牌号识别、交通标志识别，军事领域中的飞行物识别、地形勘察，安全领域中的指纹识别、人脸识别等。

图像识别原理主要是需处理具有一定复杂性的信息，处理技术并不是随意出现在计算机中，主要是根据一些医学研究人员的实践，结合计算机程序对相关内容模拟并予以实现。该技术的计算机实现与人类对图像识别的基本原理基本类似，在人类感觉及视觉等方面只是计算机不会受到任何因素的影响。人类不只是结合储存在脑海中的图像记忆进行识别，而是利用图像特征对其分类，再利用各类别特征识别出图片。计算机也采用同样的图像识别原理，采用对图像重要特征的分类和提取，并有效排除无用的多余特征，进而使图像识别得以实现。有时计算机对上述特征的提取比较明显，有时就比较普通，这将对计算机图像识别的效率产生较大影响。

（2）图像识别的过程

计算机图像识别与人脑识别图像的过程大体一致，该过程主要包括：获取信息，主要是指将声音和光等信息通过传感器向电信号转换，也就是对识别对象的基本信息进行获取，并将其向计算机可识别的信息转换。信息预处理，主要是指采用去噪、变换及平滑等操作对图像进行处理，基于此使图像的重要特点提高。抽取及选择特征，主要是指在模式识别中，使用结构法和统计法等算法抽取及选择图像特征，也即是识别图像具有种类多样的特点，如采用图像分割方式，就要识别图像的特征，获取特征也被称为特征抽取。设计分类器及分类决策，其中设计分类器就是根据训练对识别规则进行制定，基于此识别规则能够得到特征的主要种类，进而使图像识别的不断提高其辨识率，从此以后再通过识别特殊特征，最终实现对图像的评价和确认。

（3）图像识别关键技术

图像识别技术的发展经历了三个阶段：文字识别、数字图像处理与识别、物体识别。文字识别一般是识别字母、数字和符号，从印刷文字识别到手写文字识别，应用非常广泛；数字图像处理与识别，数字图像具有存储、传输方便可压缩、传输过程中不易失真、处理方便等优势。物体识别主要是指对三维世界的客体及环境的感知和认识，属于高级的计算机视觉范畴。

图像识别的关键技术：基于神经网络的图像识别技术和基于非线性降维的图像识别技术。

基于神经网络的图像识别是一种比较新型的技术，以传统图像识别方式为基础，有效融合神经网络算法。神经网络主要是指人类采用人工模拟动物神经网络方式的一种神经网络。针对基于神经网络的图像识别技术而言，遗传算法有效结合 BP 神经网络是最经典的一种模型，该模型可在诸多领域中进行应用。诸如智能汽车监控中采用的拍照识别技术，若有汽车从该位置经过时，检测设备将产生与之相应的反应，检测设备启动图像采集装置，获取汽车正反面的特征图像，在对车牌字符进行识别的过程中，就采用了基于神经网络和模糊匹配的两类算法。

非线性降维的图像识别技术，采用计算机识别图像是基于高维形式的一种识别技术，不管原始图片的分辨率如何，该图片产生的数据通常都具有多维性特征，这在一定程度上增大了计算机识别的难度。针对上述情况，通常采取图像降维方法，进一步提高计算机的图像识别性能。一般情况下，降维划分为非线性降维与线性降维两类，比如最普遍的线性降维方式就是主成分分析与线性奇异分析等，该方式的特点是简单、理解更容易等，再对数据集合采用线性降维方式处理求解的投影图像使该数据集合的低维最优。

（4）图像分割

图像分割是指把图像分成各具特性的区域并提取出感兴趣目标的技术和过程，此处特性可以是像素的灰度、颜色、纹理等预先定义的目标，可以对应单个区域，也可以对应多个区域。

图像分割是由图像处理到图像分析的关键。重点是在图像分析的基础上，进一步研究图像中各目标的性质和它们之间的相互联系，并得出对图像内容含义的理解以及对原来客观场景的解释，从而指导和规划行动。一方面，它是目标表达的基础，对特征测量有重要的影响；另一方面，因为图像分割及其基于分割的目标表达、特征抽取和参数测量的将原始图像转化为更抽象更紧凑的形式，使得更高层的图像分析和理解成为可能。图像分割是图像理解的基础，而在理论上图像分割又依赖图像理解，彼此是紧密关联的。图像分割在一般意义下是十分困难的问题，目前的图像分割一般作为图像的前期处理阶段，是针对分割对象的技术，是与问题相关的，如最常用到的利用阈值化处理进行的图像分割。

3. 自然语言处理

自然语言处理是一门融语言学、计算机科学、数学于一体的科学。自然语言处理是计算机具有的识别和理解人类语言的一种技术能力，研究人与计算机如何进行语言交互的方法理论，涉及计算机和人类语言的交叉应用的前沿领域。自然语言处理并不是一般地研究自然语言，而是研制能有效地实现自然语言通信的计算机系统，特别是其中的软件系统。语言思维是人和动物的鸿沟，也是人工智能的一个重要部分，甚至核心部分。计算机机器对自然语言的翻译、阅读理解和回答标志着人工智能对语言思维鸿沟的跨越。

自然语言处理，即实现人机间自然语言通信，或实现自然语言理解和自然语言生成。实现人机间自然语言通信意味着要使计算机既能理解自然语言文本的意义，也能以自然语言文本来表达给定的意图、思想等。自然语言处理包括自然语言理解和自然语言生成两个部分。

自然语言处理还需要相关的技术——数据稀疏与平滑技术。

大规模数据统计方法与有限的训练语料之间必然产生数据稀疏问题，导致零概率问题，符合经典的 zip'f 定律。如 IBM，Brown：366M 英语语料训练 trigram，在测试语料中，有 14.7% 的 trigram 和 2.2% 的 bigram 在训练语料中并未出现。

数据稀疏问题的定义：当分析包含从未出现在训练语料库中的配置时，就会出现数据稀疏问题，也称为零频率问题。 那么就不可能从观察到的频率估计概率，并且必须要使用可以从训练数据中概括（即配置）的一些其他估计方案。

人们为理论模型实用化而进行了众多尝试与努力，因此诞生了一系列经典的平滑技术，它们的基本思想是“降低已出现 n-gram 条件概率分布，以使未出现的 n-gram 条件概率分布非零”，且经过数据平滑后一定保证概率和为 1。数据平滑技术包括 Add-one、Good-Turing 和线性插值平滑技术。

Add-one 即加一平滑法，又称为拉普拉斯定律，其保证每个 n-gram 在训练语料中至少出现 1 次。其基本思想是利用频率的类别信息对频率进行平滑。调整出现频率为 c 的 n-gram 频率为 c*。

Good-Turing 估计是许多数据平滑技术的核心。它的基本思想是：将统计参数按出现次数聚类（计 #（xj ）=#（xj’），then θ [j] = θ [j’]），出现一次的多少，出现两次的多少，等等，然后用出现次数加一的类来估计当前类。

线性插值平滑技术，其基本思想是将高阶模型和低阶模型作线性组合，利用低元 n-gram 模型对高元 n-gram 模型进行线性插值。因为在没有足够的数据对高元 n-gram 模型进行概率估计时，低元 n-gram 模型通常可以提供有用的信息。

无论是 Add-one，还是 Good Turing 平滑技术，对于未出现的 n-gram 都一视同仁，难免存在不合理（即事件发生概率存在差别）现象，而线性插值平滑技术则弥补了二者的缺点，丰富了自然语言处理的平滑技术。

4. 语音识别

近些年来，随着人工智能的逐渐兴起，语音识别技术在理论和应用方面都取得重大突破。语音识别（听写器、语音寻呼和答疑）平台、自主广告平台，智能客服等）从实验室出发，走向五彩缤纷的市场，逐渐地融入人们的日常生活和诸多领域。

（1）语音识别技术的概念

语音识别技术就是将人类的语音输入转换让智能机器或设备听懂的语音的过程。它是一门涉及数字信号处理、人工智能、语言学、数理统计学、声学、情感学及心理学等多学科交叉的科学。这项技术可以提供比如自动客服、自动语音翻译、命令控制、语音验证码等多项应用。

（2）语音识别的参考架构

语音识别的本质是一种基于语音特征参数的模式识别，通过学习，系统能够把输入的语音按一定模式进行分类，进而依据判定准则找出最佳匹配结果，也即是模式匹配原理。基于模式匹配原理提出语音识别系统架构（如图 5-3）所示。

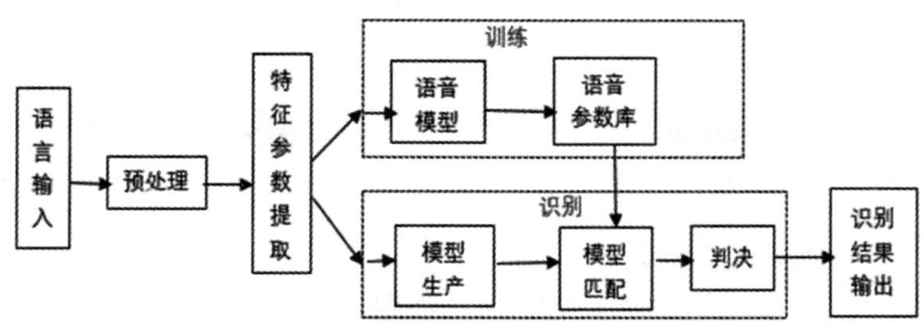

图5-3　基于模式匹配原理的语音识别系统架构

该模式语音识别架构包括预处理、特征参数提取、识别结果输出等基本模块。首先对输入语音进行预处理，其中预处理包括分帧、加窗、预加重等。其次是特征参数提取，因此选择合适的特征参数尤其重要。常用的特征参数包括基音周期、共振峰、短时平均能量或幅度、线性预测系数（LPC）、感知加权预测系数（PLP）、短时平均过零率、线性预测倒谱系数（LPCC）、自相关函数、梅尔倒谱系数（MFCC）、小波变换系数、经验模态分解系数（EMD）、伽马通滤波器系数（GFCC）等。在进行实际识别时，要对测试语音按训练过程形成语音模板和语音参数库，最后根据失真判决准则进行识别。常用的失真判决准则有欧式距离、协方差矩阵与贝叶斯距离等。

与此同时还要关注三个重点词语：

训练：预先分析出语音特征参数，制作语音模板（template）并存放在语音参数库中。

识别：待识别的语音经过与训练时相同的分析，得到语音参数，将它与库中的参考模板比较，并采用判决的方法找出最接近语音特征的模板，得出识别结果。

判决：依据计量语音特征参数矢量之间的“失真测度”标准进行研判。

（3）语音识别的核心技术

从语音识别算法的视角来看，语音识别技术主要有三种类型：模型匹配法，包括矢量量化（VQ）、动态时间规整（DTW）等；概率统计方法，包括高斯混合模型（GMM）、隐马尔科夫模型（HMM）等；辨别器分类方法，如支持向量机（SVM）、人工神经网络（ANN）和深度神经网络（DNN）等。

1）动态时间规整（DTW）

语音识别中，由于语音信号的随机性，即使同一个人发的同一个音，只要说话环境和情绪不同，时间长度也不尽相同，因此时间规整是不可缺少的。DTW是一种将时间规整与距离测度有机结合的非线性规整技术，在语音识别时，需要把测试模板与参考模板进行实际比对和非线性伸缩，并依照某种距离测度选取距离最小的模板作为识别结果输出。动态时间规整技术的引入，将测试语音映射到标准语音时间轴上，使长短不等的两个信号最后通过时间轴弯折达到一样的时间长度，进而使得匹配差别最小，结合距离测度，得到测试语音与标准语音之间的距离。

2）支持向量机（SVM）

支持向量机是建立在 VC 维理论和结构风险最小理论基础上的分类方法，它是根据有限样本信息在模型复杂度与学习能力之间寻求最佳折中。从理论上来讲，SVM 就是一个简单的寻优过程，它解决了神经网络算法中局部极值的问题，得到的是全局最优解。SVM 已经成功地应用到语音识别中，并表现出良好的识别性能。

3）矢量量化（VQ）

矢量量化是一种广泛应用于语音和图像压缩编码等领域的重要信号压缩技术，其基本原理是把每帧特征矢量参数在多维空间中进行整体量化，在信息量损失较小的情况下对数据进行压缩。因此，它不仅可以有效减小数据存储，而且能提高系统运行速度，保证语音编码质量和压缩效率，一般应用于小词汇量的孤立词语音识别系统。

4） BP 神经网络

BP 神经网络是这样一种神经网络模型，它是由一个输入层、一个输出层和一个或多个隐层构成，它的激活函数采用 sigmoid 函数，采用 BP 算法训练的多层前馈神经网络。

BP 算法全称叫作误差反向传播（error back propagation，也叫作误差逆传播）算法。其算法基本思想为：在所述的前馈网络中，输入信号经输入层输入，通过隐层计算由输出层输出，输出值与标记值比较，若出现误差，将误差反向由输出层向输入层传播，在这个过程中，利用梯度下降算法对神经元权值进行详细调整。

5）隐马尔科夫模型（HMM）

隐马尔科夫模型是一种统计模型，目前多应用于语音信号处理领域。在该模型中，马尔科夫（markov）链中的一个状态是否转移到另一个状态取决于状态转移概率，而某一状态产生的观察值取决于状态生成概率。在进行语音识别时，HMM 首先为每个识别单元建立发声模型，通过长时间训练得到状态转移概率矩阵和输出概率矩阵，在识别时根据状态转移过程中的最大概率进行判决。

6）深度神经网络 / 卷积神经网络 / 深信度网络—隐马尔科夫（DNN/CNN/DBN）。

当前诸如 ANN、BP 等多数分类的学习方法都是浅层结构算法，与深层算法相比存在明显的局限。尤其当样本数据有限时，表征复杂函数的能力明显不足。深度学习可通过学习深层非线性网络结构实现复杂函数逼近，表征输入数据分布式，并展现从少数样本集中学习本质特征的强大能力，在深度结构非凸目标代价函数中普遍存在的局部最小问题是训练效果不理想的主要根源。为了解决以上问题，基于深度神经网络（DNN）的非监督贪心逐层训练算法被提出，它利用空间相对关系减少参数数目以提高 ANN 的训练性能。

相比传统的基于 GMM-HMM 的语音识别系统，其最大的改变是采用深度神经网络替换 GMM 模型对语音的观察概率进行建模，最初主流的深度神经网络是最简单的前馈型深度神经网络（feedforward deep neural network，FDNN）。DNN 相比 GMM 的优势在于：① 使用 DNN 估计 HMM 的状态的后验概率分布不需要对语音数据分布进行假设；② DNN 的输入特征可以是多种特征的融合，包括离散或者连续的；③ DNN 可以利用相邻的语音帧所包含的结构信息。

CNN 早在 2012 年就被用于语音识别系统，并且一直以来都有很多研究人员积极投身于基于 CNN 的语音识别系统的研究，但从始至终没有取得大的突破，最主要的原因是他们没有突破传统前馈神经网络采用固定长度的帧拼接作为输入的思维定式，从而无法看到足够长的语音上下文信息。另外一个缺陷是他们只是将 CNN 视作一种特征提取器，因此所用的卷积层数很少，一般只有一到二层，这样的卷积网络表达能力十分有限。针对这些问题，提出了一种名为深度全序列卷积神经网络（deep fully convolutional neural network，DFCNN）的语音识别框架，使用大量的卷积层直接对整句语音信号进行建模，更好地表达了语音的长时相关性。

DFCNN 直接将一句语音转化成一张图像作为输入，即先对每帧语音进行傅里叶变换，再将时间和频率作为图像的两个维度，然后通过非常多的卷积层和池化（pooling）层的组合，对整句语音进行建模，输出单元直接与最终的识别结果比如音节或者汉字相对应。

（4）人机交互的语音识别技术

人机交互的语音识别技术架构（如图 5-4）所示。

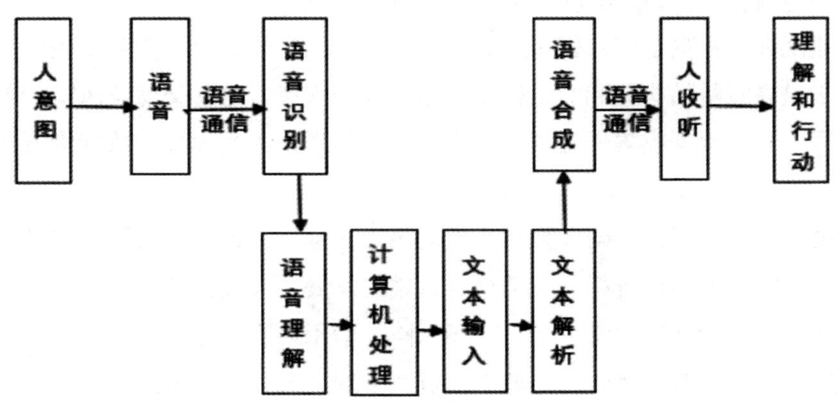

图5–4　人机交互的语音识别技术架构

计算机模拟人类交流信息的过程：首先，将大脑产生的思想转换成语言，即自然语言生成。其次，将语言转换成相应的语音，即语音合成。再次，通过语音识别技术来识别表达语言的语音内容。最后，对自然语言理解，理解语音所表达的语言意义。

语音识别的难点主要集中在噪声处理、鲁棒性和语音模型上。在输入语音时总是可能出现各种各样的噪声，提高对噪声的处理是提高识别准确率的重要一环。鲁棒性，现有的语音识别系统对环境的依赖程度较大，不同的环境中识别的准确性可能会有较大差别。语音模型的优化也是面临的一个重大问题，语言的复杂性毋庸置疑，语言的语义、情绪及语速等都会影响到语音的真实意义，所以优化语音模型的基础就是需要海量的数据。

5.3 人工智能的影响发展趋势、技术应用及愿景

5.3.1 人工智能的影响及发展趋势

随着语音识别与自然语言处理、计算机视觉技术相对成熟，在身份识别、智能客服方面已有较为成功的商业运作案例。人工智能技术已进入金融各领域，金融行业成为拥抱人工智能的领跑者，金融业被认为是人工智能技术的“风口”和商业应用的热点。人工智能的应用延伸到互联网小贷、征信、客户服务、智能投顾、保险等多个领域，这就标志着人工智能技术驱动传统金融向智慧金融发展。

1. 人工智能的影响

人工智能为强数据导向的金融行业的创新升级带来了发展空间，金融行业也被认为是人工智能落地较快的领域之一，智能金融被列入国家发展规划中。人工智能对金融行业产生了重大影响。

（1）人工智能提升海量数据处理效率，驱动精准营销发展，提高风险控制水平

金融行业沉淀的数据量相对较多且完整，这促使大批金融公司向数字化转型。人工智能技术有助于提高海量结构化和非结构化数据的处理效率，完善交易及风险管理等复杂数据的处理流程，形成数据收集—处理—分析的完整闭环，为实现金融数据价值变现提供了有力支撑。

精准营销和风险控制是金融大数据变现的热点。基于大数据、机器学习等技术，可以实现对金融客户的精准画像分析，驱动精准营销的发展，大幅提升金融营销收益。同时，金融行业存在着高风险性，通常包括了市场风险、信用风险及操作风险三类风险。在这之中，信贷领域存在的关联性风险，比如不良资产率的上升（信用风险），使得银行对提升自身风险防控能力的需求日益迫切。而人工智能技术可被应用于风险防控，比如通过欺诈风险量化模型可以更准确地进行风险预测，通过无监督机器学习模型可有效识别欺诈风险，制定应对措施，从而提升风险防范及风险处置的效率。

（2）人工智能提升金融业务运营的效率，重构金融行业生态

人工智能技术在金融领域的发展将部分取代人的功能，批量化和个性化服务客户，在金融服务的前台（客户服务）、中台（授信、投资决策）、后台（风险管理）影响金融行业的生态，传统金融难以覆盖到的长尾用户体验在人工智能技术的驱动下将有所改善。身份识别、量化交易、投资决策、客户服务等在人工智能的应用下将发生变革，人工智能将重构金融行业现有格局，银行、证券、保险、网贷等行业将变得更加智能化和个性化。在人工智能技术的驱动下，传统金融将向智慧金融、普惠金融方向迈进。

2. 人工智能在金融业的发展趋势

（1）智能投顾行业刚起步，智能化程度较低，未来市场空间巨大

中国的个人可投资资产在近年来呈现增长态势。根据CB Insights的数据显示，2006年中国的个人可投资资产为4万亿美元，2016年个人可投资资产为26万亿美元，10年间增长幅度达到550%。可投资资产存量规模较大，而财富管理初创企业在中国领先企业中的占比一直较低，近3年占比分别为：2015年，7.78%；2016年，1.52%；2017年，14.26%。中国的智能投顾市场从2015年才发展起来，目前还处于起步阶段。虽然有不少金融科技公司和垂直创业公司涌入该领域，但从整体上看，国内智能投顾市场与国外相比还有很大差距，体现为在国内基础金融产品体系及交易政策等方面不够成熟，基础技术薄弱，市场对量化模型的认可度不高，许多平台上线时间较短且仍处于开发阶段。如果能够有效解决技术问题，提高量化模型的认可度，形成清晰的商业模式，那么智能投顾的发展前景巨大。

（2）智能营销将成为主要营销方式，促进场景化服务和用户体验的提升

移动互联网的发展催生了新的金融服务模式和用户连接触点方式，为金融行业带来更多商机的同时也加剧了行业的竞争。金融机构要想提升客户黏性，降低获取客户成本，不断拓展客户群体，必须在海量人群中精准触达客户。金融机构利用大数据机器学习等技术进行客户聚类行为分析，判断和挖掘客户的需求，可有效提升金融机构的客户激活率，促进客户拓展和产品升级优化，提升存量客户的价值。随着大业务数据的不断积累和循环，场景化服务和用户体验将不断创新优化，整体营销效果会不断提升。

5.3.2 人工智能的应用场景

人工智能产业链由基础层、技术层、应用层构成。基础层的大数据、云计算等细分技术应用于金融征信、保险、理财管理、支付等金融细分领域。技术层：机器学习、神经网络与知识图谱应用于金融领域的征信与反欺诈、智能投顾、智能量化交易；计算机视觉与生物识别应用于金融领域的身份识别；语音识别及自然语言处理应用于智能客服、智能投研。应用层的认知智能应用于金融领域的智能风控。

具体应用场景有如下九种：

1. 智能营销

通过用户画像和大数据模型精准找到用户，在可量化的数据基础上分析消费者个体的消费模式特点，以此来划分客户群体，精确找到目标客户，进行精准营销。比如Marketin OS、力美科技、数据米铺、多盟、麦达数字、百分点、京纬数据、时趣、芝麻科技、宏原科技、诸葛io、美数科技等。数据技术是金融行业未来发展的核心方向，依托数据技术发展的精准营销将取得更大发展，依托精准营销的个性化服务和产品将会大量涌现出来。

2 征信与反欺诈

对各种结构化、非结构化数据运用知识图谱、深度学习等技术进行整合，分析上下游企业、竞争对手、母子公司的情况，发现可能存在的欺诈点。例如小视科技、现金巴士、维氏盾征信、外滩征信、冰鉴科技、数联铭品、聚信立、米么金服。随着大数据和人工智能技术的融合应用，征信反欺诈技术在金融征信领域的应用将会变得越来越广。

3. 智能投顾

根据投资者的风险偏好、财务状况，运用大数据、智能算法及投资组合理论，为客户提供智能化的投资理财服务。比如 Wealth front、Betterment、Personal Capital、积木盒子、蓝海智投、阿里旗下蚂蚁聚财、慧理财、微量网、平安一账通、量财富、弥财、阿法金融。随着算法技术的突破和应用的发展，以及智能投顾相对人工服务的成本优势，智能投顾的应用会逐步拓展，其标准化将使更多中小客户享受到专业的投顾服务。

4. 智能量化交易

数据及市场数据进行建模，分析显著特征，利用回归分析方法等算法机器学习、自然语言处理、知识图谱等人工智能技术，处理更大数据维度和更多模型变量的数据，解决复杂金融投融资问题。例如量邦科技、金纳科技、米筐科技、聚宽。智能量化交易是人工智能在金融领域应用的热点，未来发展空间巨大。

5. 身份识别

利用人脸识别、指纹识别、虹膜识别等生物识别技术，提取客户身份特征，对客户身份进行交易辅助认证。例如旷世科技、格灵深瞳、依图科技、商汤科技、云从科技、人人智能。随着人脸识别技术的成熟度不断提高，身份识别将同时成为互联网金融和传统金融交易过程中的主要身份认证形式。

6. 智能客服

主要利用语音识别、自然语言处理知识图谱等技术掌握客户需求，自动获取客户特征和知识库等内容，帮助快速解决客户问题。例如智齿科技、小 i 机器人、网易七鱼、环信、美洽、Udesk、小能科技。智能客服在人工智能各领域逐渐被广泛采用，降低了企业成本，在技术层面具有可实践性，但目前还处于弱人工智能阶段，依旧需要大量人力参与。

7. 智能投研

利用自然语言处理及 OCR（光学字符识别）技术对数据、信息、决策进行整合，实现数据的智能化关联，辅助甚至自动撰写投行及证券研究业务所需要的固定格式的文档。比如阿尔妮塔、鼎复数据、文因互联、因果树。国内智能投研处于自动化向智能化转变的阶段，随着非结构化数据分析技术的发展，未来智能投研的应用会加强。

8. 智能风控

利用“大数据＋人工智能技术”建立信用风险评价模型，关联知识图谱建立用户个人信用精准图像，对风险进行有效识别、预警、控制，提高风险管理能力。例如爱财集团、普林科技、同盾科技、邦盛科技、极融、誉存科技、百融金服、阿里云、百度云等企业或平台。智能风控在一定程度上突破了传统风控的限制，随着金融核心数据的逐步完善，智能风控公司将由起步发展向更成熟的阶段迈进。

9. 智能债务追收

利用人工智能（AI）和机器学习（ML）来分析消费者参与性数据。Attunely 是一个机器学习（ML）平台，已经为债权人进行了超过 10 亿次的债务人互动；Pairity 也是一个 AI 驱动的收债平台，利用 AI 快速简化组织中的所有数据，提高每次联系债务人的成功率。Kata bat 提供基于云的收债管理服务软件产品，其拥有十多年为全球银行和收债公司提供收债解决方案的经验，结合了收债和机器学习的专业知识来与客户互动并增加收债成功率。

5.3.3 人工智能在金融行业的技术应用和关注

1. 人工智能在金融行业的技术应用

（1）复合型 AI

人工智能在金融科技领域的应用已经有很深的积累，而且这些应用场景往往混合了不同的技术，这种趋势一定会继续下去。在此趋势之上，我们认为复合型 AI 将会成为未来的主流，比如以虚拟形象或机器人为主体，兼有语音、图像识别、情感分析等功能，在安全地保护用户信息的基础上，对用户数据进行深度检索挖掘，以极具个性化的方式与用户进行交互的复合型 AI。

（2）智能型 AI

人工智能的最终目的是达到接近人类的智慧水平，这就指明了未来人工智能一定是向着更加智慧的方向发展。这种智能型 AI 可以更准确地判断和巧妙地规避风险，更准确全面地勾勒用户画像，给出更个性合理的投资建议。

（3）安全型 AI

人工智能之所以可以达到现阶段的水平，有很大一部分原因在于数据积累达到了一定的程度，人工智能算法和软件可以很容易地获得和储存这些数据。例如 2020 年 5 月 Open AI 发布的站在“1750 亿参数量”基础上的 GPT-3，其“无敌的”文本生成能力背后是“大力出奇迹”的不变真理。

总而言之，人工智能技术在金融行业的应用，正在引领三个趋势：后端金融系统性业务数字化和自动化，前端金融产品在线个性化，金融全流程服务智能化和弹性化。

2. 人工智能技术的关注

（1）小数据

深度学习需要数据，而且模型训练都是在大量标记数据的基础上进行的。但出于多种原因，有很多情况下大量标记数据对某些应用场景来说并不适用。在这种情况下，有两种方法可以解决这个问题：生成合成数据，或者开发可利用小数据展开工作的 AI 模型。

合成数据是建立在真实数据基础上的，通过重复生成完全虚构的数据。这一技术在隐私需求限制或者数据量不足的情况下可以很大程度地扩增数据集帮助进行模型训练，使用基于小数据的 AI 模型。通过使用预先训练的 AI 算法来执行一个有大量标记数据的任务，然后将该知识转移到另一个数据很少的类似内容的任务上。

在传统的金融科技领域，比如人脸识别、保险反欺诈等，并不存在数据不足的问题。而金融科技企业提供的服务随着用户需求逐渐细化、个性化，必将出现数据不足的情况，解决小数据问题必将成为五年内金融科技企业所要面对的问题。

（2）自监督学习和自动因子

自监督学习是机器学习的一个分支，之所以称为“自监督”，是因为其数据标注不依赖外部监督（比如人工标注），而是通过训练模型学习来标注数据。从实现过程来说，通过故意隐藏部分数据，再通过模型预测缺失部分，来学习元素之间的关系。自动因子也关注特征工程，目的是在零人工干预的条件下实现自学习、自适应。

金融场景下，每时每刻都在产生海量的数据，人工打标签无法满足实时的速度要求，也会造成高昂的成本。通过自动因子或者自监督学习，能避免主观标注、避免信息滞后，将自监督学习和自动因子融合能较好地解决数据标注问题。

5.3.4 人工智能的愿景

“十四五”期间，人工智能技术和产业已经取得了长足的发展，产业规模持续扩大，一批发展潜力巨大的优质金融科技企业和产业集群大批涌现，成为引领经济高质量发展的重要引擎。追求技术创新、聚焦工程实践、确保可信安全逐渐成为未来人工智能发展的重要方向。近十年来目睹了人工智能发展历程，不难从中发现技术创新与工程实践相辅相成，算法和算力突破后带动了工具体系的发展，工具的成熟进一步又支撑了技术落地应用。

首先，在新技术不断探索的同时，更加注重通过工程化的方式释放技术红利，并且确保安全可信。人工智能企业能否快速赋能各行各业，响应多样化需求，其关键因素在于企业的工程化能力。与此同时，安全可信技术的需求越发重要，当前围绕着数据保护已经催生了大量从事隐私计算技术的企业，未来围绕着人工智能稳定性、公平性等方面的技术也将会形成重要的力量。

其次，在产业智能化进程中，传统行业的参与程度将越来越深入，甚至会主导整个产业的发展进程。产业发展重心已经开始从“人工智能+”向“+人工智能”转变。随着传统行业数字化进程的加快，将提供海量的数据和丰富的应用场景，为人工智能的应用打开新的空间。这些传统行业或领域中，人工智能渗透率更高的机构将会对整个领域内其他机构输出人工智能相关解决方案。

最后，人工智能持续健康发展，统筹治理和发展成为必需。人工智能切实关系到日常应用问题，已上升为国家层次上的战略高度。面临世界各国各地区不同文化背景、不同发展程度，如何有效的促进人工智能持续发展是重要的挑战。我国政府、行业组织、企业等已在人工智能治理方面率先开始探索，将安全可信的理念融入人工智能的全生命周期中，未来也将涌现出更多的实践范式。

第6章　金融科技的普惠机制

金融科技迅猛发展，云计算、区块链、5G技术等可能成为数字化转型的强力支撑，金融机构应积极借力金融科技赋能数字化转型。比如新冠肺炎疫情期间的“非接触”金融服务推动金融机构加快从传统网点走向线上，让客户享受边界线上服务，其本质上是金融机构科技能力的长期积淀以及与业务流程的深度融合。尽管金融业数字化转型不断提速，但是在金融运行机制上也存在一些短板。比如金融产品研发上延续传统项目管理模式，环节多、流程长、耗时久，导致成本高、风险大和金融服务边界狭小且供给不应求，难以适应市场快速变化的实际需求。构建长期有效的普惠机制，破解其短板，持续提高金融服务实体经济的能力，则成为重中之重。冠有“高大上”称谓的金融科技和人们的社会经济生活紧密相连，比如银行账户的存取款、线上线下扫码购物、投资理财。随着金融科技的不断发展，如何通过数字普惠金融实现我们所有人都能够用得起的金融服务将会是未来发展的关键。

6.1　金融科技普惠概况

6.1.1　从普惠金融到数字普惠金融

普惠金融，对人们来说既陌生又常见。什么是普惠金融？根据官方权威报道，普惠金融就是立足于机会平等的要求和商业可持续发展的原则，以可担负的成本为有金融服务需求的社会各阶层和群体提供适当有效的金融服务。简而言之，普惠金融就是借助金融的优势，让大量没有办法使用金融服务的普通人甚至穷人可以得到金融服务，改变自己的生活状况。

随着时间的推移，原来只有商业银行的VIP客户才能享受的实时转账和专业理财服务，现在已经能够走入寻常百姓家。正如恒昌公司CTO薛正华所言：金融正在借助互联网数字技术的优势，不断地降低成本，提高效率，衡量信用以及控制风险，不断拓宽金融服务的边界，并更广泛地提供综合化的金融服务。《G20数字普惠金融高级原则》中提出数字普惠金融的概念为：数字普惠金融泛指一切通过使用数字金融服务促进普惠金融的行动，它使得原来无法获得金融服务的群体，可以通过数字技术获得成本可负担的金融服务。

数字普惠金融通过利用互联网技术，借助计算机的信息处理、数据通信、大数据分析、云计算等一系列相关技术在金融领域的应用，促进了信息的共享，有效降低了交易成本和金融服务门槛，扩大了金融服务的范围和覆盖面，通过数字金融共享、便捷、安全、低成本、低门槛的优势，运用大数据、云计算、人工智能的技术，构建起基于数据的风险控制体系，从而全面提升了金融的风险控制能力。数字普惠金融很好地诠释了金融科技的初衷和目标——让长期被现代金融服务业排斥的人群享受到正规金融服务。

6.1.2　金融科技普惠市场的源泉

在我们的认知里，金融一直都是富人的游戏，对于我们普罗大众来说，金融实在是一件可望而不可即的事情。由于中国金融体系的特殊性，导致占据了中国金融业主体部分的商业银行都可以说是“富人的银行”，大多数普通人由于缺乏所谓的资产，又没有足够的信用体系，几乎不太可能在传统的商业银行中借到足够的资金，也不可能将这些资金进行扩大再生产。

从我国的市场现状来看，中国有 6000 万到 7000 万的小微企业主和商户，有 1.2 亿到 1.5 亿的低收入工薪人员，有 1.8 亿到 2 亿的农村居民，这些人是商业银行口中的长尾市场，他们缺乏完善的征信画像。没有足够有效的抵押物，再加上地域的高度分散，如果要提供金融服务必然需要投入巨大的人力，需要极为复杂的信息数据采集、中期信贷审核以及后期的贷后管理。对于商业银行来说，这样的客户单笔业务金额较小，成本却异常之高，相比于商业银行服务的大企业、大客户的单笔金额巨大有着很大的差别，这样就导致了商业银行几乎不愿意在普通小微客户身上投入成本。

然而，正是我们这些普通人才是最需要用金融来改变我们生存现状的，所以传统金融无法触及的地方便是普惠金融尤其是数字普惠金融的市场。

6.1.3　金融科技普惠的发展历程

在我国，金融科技普惠发展大致经历了三个阶段[1]。第一阶段是支付领域金融业务互联网化。随着互联网技术的发展和智能手机等终端设备的使用，部分线下金融业务转移至线上，移动支付快速发展。商业银行不断推出与支付宝、微信、银联在线等第三方支付平台相结合的移动支付业务，并借助手机银行，掌上营业厅等平台，为客户提供理财、缴费、转账等多元化服务。第二阶段是金融服务技术创新，利用大数据、云计算等数字技术拓宽了普惠金融服务渠道。从我国 P2P 发展情况来看，贷款活动呈日益普惠性特征，主要表现为小额借款人群增加且每笔业务贷款额高速增长，数字普惠金融发展迅猛。今金贷、51 信用卡、微粒贷、借呗、商业银行互联网贷款等成为 P2P 发展的典型代表，其中今金贷和 51 信用卡主要提供三农和小微企业贷款，数字普惠金融效果显著。第三阶段是数字普惠金融全面发展阶段，主要体现在资源可获得、交易成本低、风险防控和监管体制逐渐完善等方面，消费金融、供应链金融和互联网征信业务不断发展，余额宝理财业务、众安保险

[1]　唐宇，龙云飞，郑志翔 . 数字普惠金融的包容性经济增长效应研究 [J]. 西南金融 2020（09）：60-73.

业务、芝麻信用和腾讯信用等运用不断增加，但金融科技与保险业、银行业的创新和实践还有待进一步加强，需要对智能投顾、大数据理财与保险业务、区块链技术运用进行探讨，借鉴已有发展经验创新发展模式。

技术与金融的结合扩大了金融服务覆盖面并降低了金融机构运营成本，同时加强了金融风险防控。普惠金融的显著特点是为弱势群体提供金融服务，其难点则在于客户分散、单户收益率较低和成本较高、风险难控，根据实践情况来看，数字普惠金融可以有效解决该问题。一方面，通过技术可以有效提高普惠金融的覆盖率和可获得性，使各阶层群众都能共享金融改革发展成果。另一方面，通过技术可以有效解决普惠金融面临的风险难题，利用大数据和金融科技可以完善风控体系，尤其是建立信用体系数据库。在普惠金融服务过程当中，由于缺乏抵押产品和担保，用户多采用信用贷款的方式，如果没有健全的信用风控体系，金融机构为用户提供服务会变得十分艰难，而通过大数据和区块链等技术，对用户信用信息进行挖掘，可实现信息可视化和量化决策目标，确保对贷前和贷后各环节进行精细化控制，包括保险和证券行业也可以利用大数据进行内部风险防控和外部风险预测。

6.2　金融科技的普惠机制

6.2.1　金融科技普惠机制

1. 金融科技技术助力普惠金融发展

近几年来，随着互联网金融快速发展，传统金融业务开始与互联网“联姻”，众多互联网平台开始从事金融业务，比如 P2P、股权众筹以及互联网基金等。同时“互联网 +”不仅在提升传统金融效率，也不断地使中小企业、贫困地区居民以及中低收入阶层等各种各样的金融需求者得到满足，正是互联网技术和传统金融的相互融合，给普惠金融的发展带来了新的引擎和动力。

数字普惠金融的发展是一项恩泽民生大众、造福中小微企业的大事。传统金融机构是发展普惠金融的生力军，但是当前确实遇到很多困难。在贫困落后地区物理网点不足，很多业务难以开展，单户的收益较低，无法匹配高额的成本支出，导致传统金融机构发展普惠金融难以持续下去，而互联网技术的发展在一定程度上解决了这些问题。基于互联网技术构筑普惠金融体系架构，解决了传统金融机构在贫困落后地区物理网点不足的问题，使客户获得金融服务的方式更加便捷，不仅降低了获客成本，也降低了金融服务的价格，扩大了普惠金融服务半径和服务渠道。

金融科技普惠具有传统普惠金融所没有的突出优势，其原因是运用数字技术，提升金融服务的可能性、可得性及可控性。目前应用在普惠金融领域的数字技术主要有“ABCDT”，即人工智能（artificial intelligence）、区块链（block chain）、云计算（cloud computing）、大数据（big data）及物联网（internet of things）。

普惠金融备受各国关注，是因为它拥有一个运行良好的金融体系，具有广泛的包容性，能够赋予个人尤其是贫困人口经济和社会权利，使其能够更好地融入该国经济体系，积极参与经济发展并分享发展成果。但是，普惠金融客观上具有“风险大、成本高、收益低”三大特征，可负担和可持续的冲突，从始至终是普惠金融发展过程中无法回避的现实问题。

金融科技技术助推普惠金融发展，具体表现如下：

（1）金融科技技术促进普惠金融发展，降低金融服务的交易成本。数字技术颠覆性改变金融机构获取用户的成本、风险甄别的成本和经营成本，移动互联深刻地改变了人们获取金融服务的方式。技术的飞速发展，使金融基础设施也发生深刻变化，金融模式随之深刻改变。

（2）金融科技技术助力普惠金融发展，提升风险控制有效性。风险甄别的基础是信息，而大数据技术深刻改变了搜集数据、处理数据的效率。人工智能进一步提高了处理大数据的能力，云计算又大大提高了大数据和人工智能的效率，并极大地降低了数据处理成本。

（3）金融科技技术促进普惠金融发展，拓展金融服务供给范围，增加普惠金融竞争性供给，包括创新型金融服务供给增长以及传统金融服务与新技术融合带来的金融服务供给增长，通过金融服务供给侧变革，最终改善了普惠金融服务水平。

2. 金融科技技术提升金融普惠性的机制

驱动金融发展的关键技术主要包括大数据、云计算、区块链和人工智能等。关键驱动技术主要从规模、速度和准度三个维度提升数据处理能力，通过降低成本、提升风控能力和促进竞争，提升金融普惠性。

（1）金融科技技术提升金融普惠性的机制之一，是降低交易成本

①降低交易成本。交易成本过高，是阻碍金融服务于弱势人群和小微企业的主要障碍，数字化技术的应用，则可大大降低各类交易成本。一是大大减少一线服务人员数量，降低人工成本。二是数字化服务特别是手机银行等移动银行，不需要建设许多物理网点，大大降低物理成本。根据 McQuinn_（2016），专用 IT 基础设施的建设成本和维护成本，分别是传统银行的 60% ~ 80% 和 30% ~ 59%，人数只是传统银行的 10% ~ 15%。三是大幅降低信息处理成本，通过互联网和手机连接客户，金融机构从自己的渠道和其他服务渠道获得大量客户信息，通过大数据建模对客户进行数字画像，对客户的需求进行详细分类，提供个性化的金融服务，降低信息处理成本。

提高效率是数字普惠金融降低成本的重要途径。中国普惠金融研究院对中和农信数字化项目的调查发现（贝多广、李焰、莫秀根，201Z），有腾出更多时间进行营销；有 65.1% 的员工认为，其贷款业务量由此提升。与此同时，80% 以上的受访信贷员认为数字

化服务节约了交通工具的油耗、减少了上门放收款时间；超过 90% 的受访信贷员认为数字化服务，减少了去银行存取款的时间；信贷员同时更为关注现金放收款带来的安全问题，90% 以上信贷员认为，集中代付避免了保管大额现金、降低了自己收到假币的风险。

②降低风险管理成本

风险管理是金融服务的中心内容，在获客、放贷和贷后管理等环节中，都要围绕着风险管理来开展。在信用体系不健全的情况下，金融机构根据客户的个人信用，评估客户是否具有违约风险，并采取合适措施防范金融风险。金融机构之间的信息壁垒，形成的信息孤岛，使得恶意欺诈等问题经常发生。为了避免风险，金融机构只能投入更多的人力，层层把关，严格审批程序降低风险需投入较大成本，风险管理成本占据了金融服务成本的很大比重。

大数据应用的核心价值是风险控制。大数据不仅能了解客户的信贷情况，也能了解客户与信贷相关的经济活动、社交活动和生活消费行为等。依托丰富的数据，金融机构可以建立大数据风险控制体系，多维度全方位地进行风险管理、风险决策，提高审核效率，提升信贷业务质量，降低潜在信用风险和损失。

大数据风险管理体系对成本的影响有两个方面，一方面是减少风险管理中的人工成本。大数据技术能够收集和存储金融业务当中的各种数据，经过建模技术进行智能化的风险管理决策，因此减少人工成本。另一方面是提高了效率，由于大数据风险管理可以在几秒钟内做出决策，极大地提高了决策的效率。综合起来大幅度降低了风险管理的成本。

（2）金融科技技术提升金融普惠性的机制之二，是提升风险控制有效性

①提升风险识别效率。数字技术在风险识别方面显现出比较高的效率。金融机构使用数字技术进行风险识别：首先，进行身份证识别和认证。通过身份证识别系统、人脸识别系统、银行卡绑定和个人网络征信验证等，实现用户信息的交叉验证，有效识别用户的真实身份，确保用户账户的真实性和有效性。其次，反欺诈侦测识别。通过“黑名单”拦截系统、“灰名单”侦测、GPS 定位、IP/MAC 地址侦测、社交关系模型等反欺诈技术手段，对客户在线提交的各项材料，通过信息交叉检验甄别真伪。再次，用户信用评级。通过蜂鸟数据采集技术实现用户授权信息自动采集，迅速有效地识别用户信用级别，从而全自动地完成风险控制和风险评定。最后，运用监管科技（Reg-Tech）可以提高监管部门金融风险的识别能力。Reg-Tech 指采用新技术，以更有效和高效方式，为合规和监管要求提供解决方案，包括大数据分析和数据可视化技术，区块链技术不可更改的分布式账本技术，以及人工智能，在这之中包括任何自然语言和语义分析理解的深度学习。Reg-Tech 通过改进数据处理、客户身份识别、压力测试、市场行为监控和法律法规跟踪等环节，能够提升监管机构的监管能力和降低金融机构的合规成本。

②风险分散机制。缓解风险较为常用的方法之一，是分散投资。 数字技术的应用，不仅能降低风险管理成本，提高风险识别能力，更重要的是提供多样化的小额分散金融产

品，以供投资人选择更合适的金融组合降低风险。另外，数字技术也有利于信息透明。通过使用数字技术，金融服务机构可以提供：对特定产品风险相关信息进行查询，了解资产类别和行业等；基于模拟场景预测风险；根据历史趋势分析比较，帮助客户进行投资组合分析；生成投资组合，并对风险和回报进行预测分析；根据个人或公司对风险和长期投资回报率的容忍度提出建议等。

③风险处置效率。风险处置的基本方法包括规避、转移和接受风险。由于数字技术的应用，使得这几种风险处置方法更加有效。高效的风险识别、有效的风险预警机制、风险信息的透明等，让金融机构和客户能在进行金融服务的交易全过程中规避风险。与此同时，分散风险机制能总体减少金融机构的风险，小额金融服务也能使单一客户将风险控制在可接受范围内。

（3）金融科技技术提升金融普惠性的机制之三，是促进竞争性供给增长

一是增加多元化供给。数字金融服务实际上已经突破了地理边界，通过网络特别是移动网络，每一个客户可以了解和选择全国其他地方的金融服务，客户有更多的选择，可按照自身的喜好对服务组合进行选择。金融机构采用大数据分析，更加了解客户需求，对客户需求进行有效的细分，设计并提供更具针对性的产品，使金融交易更符合个性需求，与此同时也增加了金融机构回报和普惠金融服务的可持续性。

二是传统和新兴金融融合效应。经过几百年经验积累，传统金融形成了比较完善的金融服务特别是金融风险控制体系。实践已经明确证明，这些风险控制方法是有效的。但是，传统金融由于成本高、效率低、服务半径小、完成交易慢等原因，可能将中小微企业和弱势人群排除在外。数字技术的应用弥补了传统金融的不足，可以为中小微企业和弱势人群提供成本可承担的金融服务，而且服务质量大大超过传统金融，具有很高的包容性，大大提高了金融服务水平乃至经济发展的公平性。

6.2.2　金融科技赋能实体经济发展的机制

1. 金融科技赋能实体经济发展的直接传导机制

金融科技作为普惠金融与互联网技术的结合产物，是传统金融的有效补充。首先，金融科技可以利用大数据技术，降低信息不对称程度，有效缓解中小企业存在的融资约束，解决中小微企业融资难、融资贵的问题；其次，金融科技还可以有效打破地域限制，使得偏远地区的企业和贫困人口享受到金融服务，满足其资金需求，激发当地市场活力，增加就业机会。不仅如此，金融科技的发展，还可以在一定程度上抑制资本的盲目逐利，引导资金更加有效地流向实体经济领域，优化金融资源配置效率，提高对实体经济的投资效率，从而推动实体经济的可持续发展。

2. 金融科技赋能实体经济发展的间接传导机制

金融科技推动实体经济发展的间接传导机制主要体现在三个方面，即金融科技通过影

响传统金融发展、消费水平以及科技创新，进而影响实体经济的发展。

（1）传统金融发展的间接传导机制。传统金融机构由于其营利性要求、信息不对称等原因，通常无法为“尾部”客户提供其所需要的金融服务，而数字普惠金融的出现弥补了传统金融的固有缺点。数字金融技术使得传统商业银行的服务效率大大提升，提高了金融服务的覆盖范围。一方面数字普惠金融利用先进的互联网技术，提高传统金融的服务质量；另一方面，数字普惠金融也无法完全摆脱传统金融而独自发展。因此数字普惠金融与传统商业银行体系应相互融合，促进传统商业银行创新，帮助商业银行降低金融成本与风险，在缓解中小微企业融资约束的同时，提高金融服务效率，丰富原有金融体系的多样性。在数字普惠金融的推动下，利用传统金融体系，将使得更多资金更有效地注入实体经济。因此数字普惠金融可以通过影响传统金融发展水平的方式，进一步影响实体经济的发展。

（2）消费水平的间接传导机制。随着我国经济结构转型，消费对于 GDP 增长的贡献率逐步上升，从 2014 年的 51.2% 上升至 2018 年的 76.2%，投资对于 GDP 增长的贡献程度已从 2014 年 48.6% 下降至 2018 年 32.4%，我国以投资驱动的粗放式发展模式正在逐渐转变为以消费推动 GDP 增长的模式。数字普惠金融作为刺激和扩大消费的新推手，将有效促进我国消费模式的整体升级，从而达到拉动内需、推动实体经济发展的目的。一方面数字普惠金融的快速发展，缓解了消费的流动性约束，提高了将储蓄或投资收益转化为消费的便捷程度；另一方面，数字普惠金融也提高了金融获得的便利性，降低了金融成本，从而有利于降低消费成本，提高消费欲望，达到刺激消费的目的。因此，数字普惠金融可以通过刺激消费的中介传导机制来影响实体经济的发展。

（3）科技创新的间接传导机制。在新时代背景下，科技创新是实体经济高质量发展的原动力之一，但是由于科技创新具有周期长、风险高等特点，因此在寻求融资时常常面临较强的融资约束，而金融科技的出现则可以降低科技创新的融资门槛。可以运用大数据技术，创建更为全面的征信体系，尽可能获取更多企业的融资信息，提高信息透明度，降低创新型企业在融资时的难度，缓解其融资困境。通过金融科技普惠机制将资金注入创新产业，可提高科技创新产出，推动实体经济结构转型。长期来看，金融科技可通过科技创新的间接传导机制，进一步推动实体经济发展（如图 6-1）所示。

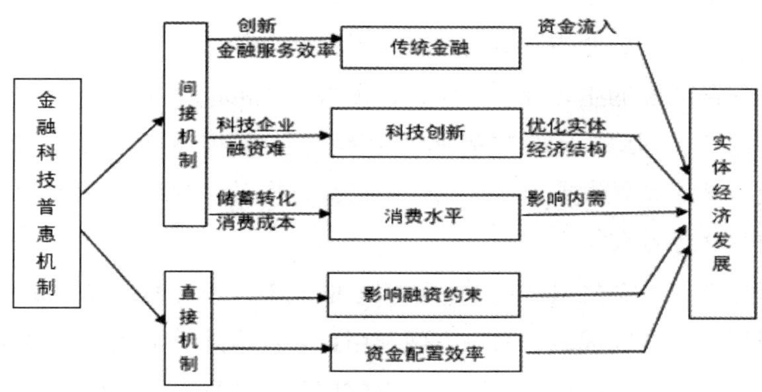

图6–1　金融科技促进实体经济发展的机制

资料来源：成学真，龚沁宜．数字普惠金融如何影响实体经济的发展：基于系统 GMM 模型和中介效应检验的分析 [J]. 湖南大学学报（社会科学版社），2020，34（5）：59-67.

6.2.3　金融科技促进经济包容性增长的机制

金融科技借助数字技术的优势，冲破传统金融服务的瓶颈，使被排除在传统金融服务之外的中小企业和低收入者获得适合他们的金融服务。在保证可持续性的前提下，金融科技可以降低金融服务的门槛和成本，使普惠金融活动惠企利民，通过数字技术和普惠金融形式，打破时间和地域限制，提高覆盖金融服务的客户群体空间，充分发挥出金融科技的功能作用，整合资源，优化配置，规避风险，有效地促进经济包容性增长。这些情况表明了金融科技促进经济包容性增长机制的重要性（如图 6-2）所示。

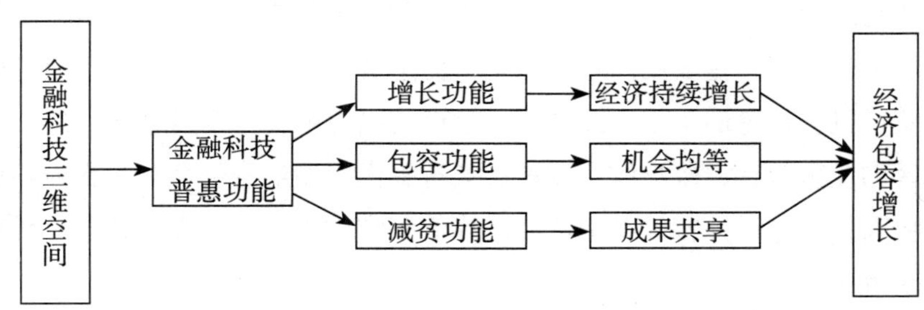

图6–2　金融科技促进经济包容性增长的机制[1]

1. 金融科技促进经济可持续增长的机制

要实现金融促进贫困地区经济可持续增长，就必须对金融科技的经济增长效应及机制进行准确把握：提高金融资源可获得性是基础，普惠金融和数字技术是有效手段，而金融发挥作用的市场机制和“造血”功能是落脚点。金融机构多通过普惠金融方式来支持产业项目，促进经济发展，产业发展程度决定了经济可持续性发展水平，而企业资金主要来自内源融资和外源融资；在经济欠发达地区，企业自身资本积累欠缺。因此，地区产业发展

[1]　唐宇，龙云飞，郑志翔．数字普惠金融的包容性经济增长效应研究 [J]. 西南金融 2020（09）：60-73.

程度与当地金融发展水平和金融资源的可获得性密切相关。金融科技可以更高效地支持实体经济实现包容性增长。金融的发展是经济发展的动力和手段，而发展中国家普遍存在着金融抑制现象，对高风险的生产性项目而言，很难获得银行贷款，且中小型企业和生产企业更难获得外部融资。因此，中小微企业融资难一直是实体经济发展面临的一大困境。而通过金融科技促进普惠金融发展可以丰富服务产品，提升风控水平，降低成本，疏通资金获取渠道，促进地区创业和技术创新。

金融科技还能够降低金融机构提供金融服务的成本：一方面通过互联网技术的“长尾效应”降低金融服务的边际成本，另一方面利用数字技术降低金融的获得成本和金融机构的运营成本。与此同时，金融机构可以通过大数据和云计算等数字技术获取更多信息，在提供金融产品和金融服务过程中，降低信息不对称导致的逆向选择和道德风险，提高商业银行效率。这在一定程度上有利于商业银行创新并推广数字普惠金融产品，提升金融机构和弱势群体参与普惠金融的积极性，增加两者收入，发挥普惠金融的减贫效应。

2. 金融科技促进获得机会均等的机制

随着互联网数字技术的发展，金融科技拓宽了金融服务边界，促使金融产品创新并降低金融服务门槛，借助数字技术的征信体系也为低收入群体获得贷款支持创造了条件。提高客户获得信贷的概率，使非自愿被金融机构排斥的弱势群体共享金融支持和服务，实现包容性增长，是金融科技的目标之一。缺少金融资源不仅影响落后地区经济可持续增长，还会影响落后地区获得教育、医疗和就业等机会。根据金融促进论，在经济发展过程当中，金融可以优化资源配置，通过产业催化功能促进实体经济发展；根据机会平等理论，因环境造成的劣势是阻碍机会平等的重要因素，需要利用数字普惠金融扩大服务边界，提高贫困地区的金融可获得性，盘活民间存量资金，促进贫困地区的资本形成和金融资源的优化配置，提升获得机会均等的水平。此外，通过信贷渠道解决中小微企业“融资难”问题，能够促进地区创业和教育、医疗体系发展；通过提供专项信贷资金和教育专项保险，能够提高受教育权利；通过设计特殊金融产品，降低医疗成本，能够提高就业、教育、医疗和保险机会的获得率。

3. 金融科技促进发展成果共享的机制

金融科技促进包容性增长除了通过帮助地区产业促进经济可持续增长外，还要重视贫困户的脱贫和发展问题，只有提高贫困地区的脱贫能力，扩大其生存发展机会和空间才能促进地区经济包容性增长。因此，需要对既具有生产能力又缺乏资金的群体提供金融服务，增加贫困人口收入，发挥金融科技的减贫功能，缩小收入差距，促进发展成果共享。与此同时，金融科技通过互联网技术能有效地将城市集聚的闲散资本引向农村，实现资源跨空间配置，满足贫困地区不同群体获得金融服务的需求，提高贫困地区财富收益率，最终实现区域经济协调和高质量发展。

6.3　金融科技的普惠边界

6.3.1　金融科技普惠边界扩展的影响因素与问题

1. 金融科技普惠边界扩展的影响因素

金融科技普惠的目标显然是填补商业可持续边界内的空白，扩展服务范围，在地域上向农村边远地区扩展，在收入人群上向老弱病残提供金融服务。其影响因素有如下 4 点：

（1）宏观经济

宏观经济和小微企业、农村客户乃至普惠金融有密切关系。危机对于富人无非是银行里存款数字减少，对穷人才是致命的打击，而且这种打击往往不能被普惠金融的手段解决。比如 1997 年亚洲金融危机中，有一些泰国出租车司机，孩子在美国留学，由于这场危机，孩子的学费没有办法提供。再比如 2008 年金融危机中大量底特律汽车工人失业。穷人在危机中受到的打击最重，这是普惠金融也解决不了的问题。

（2）金融政策与监管政策

许多人得不到金融服务，同时也有许多金融机构不能获得合理利润及以可持续的方式扩大服务覆盖面，原因在于利率管制，央行支农再贷款 2.8% 的利率很少被合理利用。事实上，农村贷款利率过低会扭曲市场，让真正想进入市场的人望而却步。例如，在精准扶贫政策下，西北某省给了当地农民极大的政策优惠：农垦区提供安格斯肉牛的种牛和养殖技术，省政府提供担保公司全额担保，金融机构提供零利率贷款，当地农民不付利息就能获得养牛贷款。在这样的情况下，农民得到了过度慷慨的资助。安格斯牛肉很适合做牛排，但国人的消费和生活习惯的改变是一个极其漫长的过程，有时需要外部的冲击，不可能很多国人突然爱上吃牛排。全省搞这个养牛扶持政策，可以想象，将来有可能会产生过度供给，同时有可能遇到来自海外的冲击。中美两国元首在佛罗里达庄园会晤的时候，达成的第一个交易就是进口美国牛肉，而这种牛肉的到岸价格只有西北某省供应牛肉价格的一半，海外进口牛肉的冲击也使得这种政策难以为继。

类似地，包括小贷公司、村镇银行在内的一系列金融机构，监管政策都在限制着它们的商业可持续边界。

（3）金融基础设施与征信体系

金融基础设施和征信体系对于小微企业和个人也可以产生约束并且降低信贷成本。比如《中华人民共和国民法典》明确规定，不允许拿动产作为抵押物，《中华人民共和国物权法》颁布以后有一定突破，应收账款和仓单可以抵押。

（4）公共政策

依靠动产抵押的登记、查询和处置方案，只有登记，农民才不会把动产重复抵押，并且可以查询，一旦不能进行偿还，还可以提供解决方案。因此，真正解决普惠金融问题——在可持续基础上扩大普惠金融覆盖面，关键在于完整的公共政策。

2. 金融科技普惠边界扩展的存在问题

（1）金融科技不忘普惠初心，回归金融本质

金融科技普惠目前的发展还存在几个问题，尤其是要认识到金融科技普惠应回归金融本质，但不忘普惠初心。金融科技普惠有别于政府扶贫，也不是慈善金融，而是实实在在的商业金融，其经营必须建立在"商业可持续"的基础之上。目前对金融科技普惠有很多错误认识，农业部门容易将其理解为扶贫金融，政府基本理解为政策金融，金融科技普惠首先是一种金融的服务方式，不应该被异化，不能做成政策性金融。

金融科技普惠要实现商业可持续，就要坚持"政府引导，市场主导"的原则。金融科技主要是市场起作用，而不是政府主导。个别地方政府强势要求发展金融科技而忽略市场作用，结果适得其反。没有商业的地方就没有金融科技普惠，政府应当进一步引导，而不是不能发展也非要发展。

商业可持续的金融科技有五个着力点：第一，加强金融基础设施建设；第二，完善普惠金融组织体系；第三，探索普惠金融的可持续发展模式；第四，规范金融科技发展，防范金融风险；第五，加强金融消费者教育，保护消费者权益。

（2）金融科技与传统金融行业"边界模糊"

还有一个重要的问题是普惠金融的边界非常容易模糊。特别是互联网金融与普惠金融结合、数字普惠金融发展以后，都说自己是金融科技普惠。比如现在的蚂蚁金服、京东金融、苏宁金融、百度金融等，注册的正规名称都是某某科技公司。金融是个专业名词，是受到强制性监管的，不能滥用，这就产生了新的问题。

如果做金融科技分不清什么是真普惠，什么是假普惠，消费者权益就非常容易受到侵犯。比如网上很多打着普惠旗号的消费贷、校园贷，就是假普惠，往往都干着侵害金融消费者合法权益的事，都不是金融科技普惠。所以金融科技的发展需要有边界。

6.3.2 金融科技普惠边界的界定与扩展

金融科技拓展了金融的普惠边界，而边界不可能可无限延伸。事实上，除技术鸿沟决定的能力边界外，按照成本与收入、风险与收益对称决定可负担与可持续基本平衡的原则，金融科技普惠同样存在风险边界和成本边界。

1. 金融科技的风险边界

金融服务的边界，首先来自风险有效识别基础上定价的有效性。尽管在理论上，按照

风险与收益对称原则，利率（定价）可无限覆盖风险，只要利率不受到管制，金融服务边界可无限扩大。

但事实上，囿于信息不可能完全对称，或识别成本过高，当利率上升到一定程度时，逆向选择和道德风险也会随之增大，由此信贷市场就可能产生不同程度的失灵。普惠领域的小微企业、“三农”融资难、融资贵，就是信贷市场失灵的典型，要么利率不可负担，潜在不良率上升；要么利率不能覆盖风险导致普惠边界难以进一步扩大。

数字技术对金融科技服务边界的拓展，首先在于风险识别以及管理效率的显著提升。比如，IIF和麦肯锡（2017）采用模拟办法推算发现，采用机器人和自动化的风险控制，可提高信用风险管理和风险预警功能的效率达10% ~ 20%；由于模型能够更好地对潜在不良率进行预判，可以减少信用风险损失5% ~ 10%；由于自动化减少了人为错误，改善了对员工不适当行为的监督，运营和罚款损失下降8% ~ 10%；由于资本配置效率增加，储备率降低，资本成本降低4% ~ 8%；信贷和风险加权资产的比例降低5% ~ 9%；随着数据管理的优化，用于风险管理的IT的效率可以提高10% ~ 20%。近些年来，实践中无论是金融科技企业还是传统银行，其对小微企业融资户数在短期内几何级数式的增长，无不得益于数字技术应用带来的风险识别效率的显著提升，以及在此基础上商业模式创新带来的协同效应。未来随着数字技术和商业模式创新以及竞争效应的深度融合，信用风险识别的有效性边界将不断拓宽，金融科技普惠范围也将不断扩大。

同时也要看到，金融科技的风险边界仍然存在。一方面，受制于技术本身发展的可靠性，以及信息可得性、成本可负担性等因素，数字技术应用以及数字金融商业模式的创新是一个动态过程，一定时期内风险边界相对稳定。尤其是在金融服务大片空白区，如个人短期消费信贷、小微企业主短期周转资金需求等被迅速填补后，风险边界的拓宽速度将逐渐下降；同时随着监管真空被逐渐覆盖，初期监管宽容的效应也会逐渐减弱。另一方面，由服务对象自身收入水平、生产率状况决定的偿还能力约束，是更为内生的风险边界。比如移动互联以及大数据技术的普及，理论上能够做到广大农村特别是落后偏远地区金融服务的全覆盖，但这里主要指物理范围限制上的消失。小农分散生产尤其是自然条件恶劣地区的农户，其低下的生产率甚至无法开展经营活动，金融科技同样无法解决，只能依靠财政或政策性金融。就特定时期特定人群而言，数字技术应用于消费信贷同样具有风险边界，如果超出其边界，则就会产生较高风险，甚至滑向伪金融创新的深渊。

2. 金融科技的成本边界

尽管金融科技技术能有效降低金融服务、运营等各类可变成本，并且随着规模经济和范围经济效应显现，成本节约优势更为显著。但同样需要指出，技术的成本优势并非可无限扩大。一是不违背规模经济原理。固定成本或不变成本较高，决定了基础设施铺设界限，移动终端也不能无限普及，即金融科技技术应用同样存在规模不经济问题。二是不能违背共享原理。数据共享是金融科技技术在降低信息处理成本上的优势，但无论是数据场景限制还是信息及隐私保护，都可能因数据可得性以及信息数字化障碍（比如有些软信息难以数字化或数字化成本过高）制约金融科技技术降低信息处理成本的效应。

3. 金融科技的能力边界

面对众多的服务群体、投资群体以及监管主体，金融科技技术应用的能力略显不足。数字金融对于使用群体的文化素质、金融素养及互联网的使用技能都有严格的要求。部分群体金融信息获取困难、金融素养普遍不高，对互联网金融不了解、不信任或不愿使用。从投资者角度分析，风险意识培育也需要一个漫长的过程，比如 P2P 本质上是直接融资，要求自担风险，这就会严格限制投资人参与范围及程度。

随着金融科技的发展，也会遇到监管能力的边界问题。纷繁复杂的金融科技技术应用及其商业模式创新，对监管理念和能力都提出了巨大挑战。既要有效区别真假普惠金融，防范非法集资、诈骗、变相“庞氏骗局”等非法金融活动，又要发挥其推动金融科技普惠的积极效应；既要促进信息共享和信息数字化，又要有效防范信息泄露和保护个人隐私；既要所有金融活动持牌经营，做到监管全覆盖，也要考虑监管成本和可操作性；既要在资本、流动性等监管指标上做到一视同仁，又要针对金融科技特点有所区别。所有这些对监管能力的挑战，都会在一定程度上制约金融科技普惠效应的发挥。近些年来，金融科技从兴起到很快陷入整治，其中就反映了监管环境的巨大变化。而这一变化其实客观上具有必然性，从观察到逐渐认识，以至按照技术中性原则构建适合的监管框架，需要一个过程。监管能力和监管资源的提升和培育，需要和技术发展大体同步，否则极易引发风险。

由此可见，金融科技普惠边界不是静态的不变，而是呈现动态的扩大。随着信息技术进步、商业模式成熟以及监管环境完善，更多群体金融科技能力提升，金融科技的服务边界将不断扩大，从而带来更多可负担、可持续的金融服务。

6.4 金融科技普惠的风控原理与实践

金融科技普惠的核心是风控技术。风控技术一般指综合应用大数据、人工智能、区块链和云计算等技术，通过建立模型对金融风险进行全周期管控，包括事前预防、事中识别及监控和事后追踪。风控包括多种业务模型，如信用评分模型、贷中监控模型、催收模型等。在这之中，信用评分模型涉及客户对象的评级及授信，是风控技术的核心。

6.4.1 金融科技风险控制的原理

金融科技普惠风控的主要原理，是相关性分析及大数法则。在这之中，相关性分析是主动型手段，确保单个客户风险降到相关性分析的最低点，是数字化风险控制的根本保障；大数法则是被动型防御，普惠金融本身的大数据样本，风险比较分散，违约概率通常呈随机分布，比传统信贷风险集中于单个、单类客户的概率要低。

1. 相关性分析

相关性分析是指对两个或多个具备相关性的变量元素进行分析，从而衡量两个变量因素的相关密切程度。相关性的元素之间需要存在一定的联系或者概率才可以进行相关性分析。数字化风控模型中的相关性分析，旨在分析授信额度、期限及利率与客户特征的密切程度。与传统人工基于概率和统计的相关性分析不同，基于大数据的相关性分析可以通过算法处理全量、多维度数据，把数千甚至上万的变量连接起来，挖掘其间的非因果性相关联系。

2. 大数法则

大数法则又称“大数定律”或“平均法则”，是指在试验不变的条件下，重复试验多次，随机事件的频率近似于其概率，即“偶然中包含着某种必然”。此法则的意义是：风险单位数量越多，实际损失的结果越接近从无限单位数量得出的预期损失可能结果。对数字化风控模型而言，样本足够多的情况下，风险暴露的频率接近于预期概率。因此在全量数据中，通过大数据算法对目标变量的概率分布函数可以无限逼近。例如运用机器学习中的循环神经网络 RNN（recurrent neural network），通过广义逼近定理，当数据足够多时，只要通过一个隐藏层的节点，就可不断逼近任何非线性动态系统。

6.4.2　金融科技风控的实践

风控技术原理在一些金融科技公司的实践中已有一些尝试，美国的 Capital One 是最早利用大数据分析来判断个人借款还款概率的公司。该公司使用了大量征信局数据和在自身平台上沉淀的客户数据，根据以往的客户的个人行为和违约记录，通过客户风险决策模型对客户进行评估，模型的效果比 FICO（财务数据）分数高 40% 以上。

1. 金融科技企业的实践

某金融科技公司的消费金融业务，自主搭建起了一套底层大数据风控和信用生态系统。目前，该机构已将数字化风控技术广泛应用于支付、消费金融、供应链金融等各项业务，风控体系优化成效显著，客户体验更加高效、智能。在信用风险管理方面，通过 App 采集用户应用过程中的 120 余项指标，拥有超过 14 亿个用户节点信息及相关的行为连接，其自主研发的 RNN 时间序列算法可用于用户行为路径学习。对风险用户识别的准确率超过常规机器学习算法 3 倍以上，这一算法已被收录入欧洲机器学习会议。

某金融科技公司基于网络、电商交易基本行为特征、第三方等数据，建立多种数据模型。首先通过对非结构化数据的相关性分析，计算一个概率，评定额度及基本利率定价；其次，建立风控政策分析模型，明确风控规则，包括准入规则、授信标准、授信额度等；再次建立精准化营销模型；最后实施对营销、审批、授信到用途的全过程监控，从而构建起全方位数字化风控体系。基于这一数字化风控体系，针对小微商家推出了“310”小额信贷服务，即：3 分钟申请，1 秒钟到账，0 人工干预。截至 2018 年 6 月，已为超过 1000 万家小微企业和个体户提供信贷服务，户均贷款余额小于 3 万元，不良率约为 1%，低于行业平均水平。

大数据模型的创新应用，是以传统风控模型为重要基础，实现更精细化的风险管控，数据既包括行为等大数据，也包括财务、信贷等传统数据。例如，某网络银行核心风控模型之一，就是 PD（probability of default，违约率）模型，该模型通过处理客户历史贷款信息和经营信息等传统数据，产生 PD 评分，评分越高代表信用越好、风险越小，这便体现了基于信贷、经营信息等传统风控思路。

2. 传统银行业的应用实践

不仅是金融科技企业，传统银行机构也在采用科技风控技术。例如，某大型银行在消费信贷审核中，运用神经网络技术预测客户信用违约风险，这就显著提升了风险识别的准确率。按照“凡是在该银行有过金融交易痕迹的客户，都应该有授信额度”的理念，目前白名单客户总量已达 1.44 亿户，累放贷款超过 1000 亿元。某股份制银行将数字化风控技术运用于小微金融的贷前、贷中和贷后全流程。目前，该行零售信贷审批中心是全国成功规模化运营——一个中心批全国、一个中心批全品种的信贷工厂。该中心日峰值产能达 3000 笔以上，在资料齐全的情况下，可 100% 实现“小微贷款 T+2 天审结”，小微贷款业务获得快速发展。

6.4.3 金融科技风控与传统风控的比较

1. 共同点

传统风控与金融科技风控在流程上相似，都是按照采集数据，分析数据因果及相关关系，产出结果并迭代的“三步走”模式。以信用评分模型为标判获取信用属性较强的数据，然后通过使用统计方法分析用户提交的信用数据，并评判出申请人的信用分数，最后利用评分判断出客户还款能力和意愿。金融科技风控模型则采集更加广泛的数据（包括用户申请提交的数据信息、使用过程的行为数据、平台上累计的数据及其他第三方数据等），然后利用大数据和人工智能手段建模分析数据，最终判定授信额度、期限及利率。

由此可见，金融科技风控丰富了传统风控的数据维度。在风控中，首先还是利用信用属性强的金融数据，判断借款人的还款能力和还款意愿，然后再利用信用属性较弱的行为数据进行补充，一般是利用数据的关联分析，借助数据模型揭示某些行为特征和信用风险之间的关系。

2. 不同点

与传统模型相比，金融科技风控模型有三大差异化特征：一是采集数据的数量、类型、时效性及可信度大大提升。与传统的财务数据相比，数字化模型数据具备 4V 特征：

量（volume）上每天生成T级数据，类型上申请数据、行为数据、社交数据等多种多样，速度上每分每秒都在生成，数据多源自客户自身行为，除非故意欺骗，质量上基本可以保证。二是分析方法更为丰富，传统模型以统计分析、线性回归为主，金融科技风控通常要加入非线性算法，如聚类分析、时间序列、神经网络、强化学习等。三是模型迭代不同，传统模型验证周期长，迭代慢，多用于事后分析，金融科技风控模型验证周期短，迭代快，可用于事前预测。

6.4.4 金融科技风控的展望

1. 正面效应

金融科技风控技术有利于提高风控效率、降低风控成本、覆盖广泛的无征信人群。

（1）覆盖广大缺乏传统信用的人群

通过数字化的金融科技风控手段，金融服务对象可覆盖更多长期无征信记录的人群，而且突破了年龄、行业、地域等时空限制。另外，数字金融共享、便捷、低成本、低门槛特点，在可复制性上具有显著优势。

（2）提升风控效率，降低风控成本

金融科技背景下的数字化风控技术的应用，不仅能覆盖更多无传统信用记录的人群，而且能防范恶意欺诈。某金融科技公司数据明确表明，约70%的信贷损失，源于借款人恶意欺诈、恶意不还。客户逾期或者违约贷款中，至少有30%可以收回，另外一些可通过催收公司催收，M2（两个月）逾期的回收率在20%左右。运用大数据等数字化风控技术，可更有效积累和识别“黑名单”。

（3）扩大应用场景的覆盖空间

数字化的金融科技风控除了可以识别出“坏人”，还可评估还款能力。传统金融依据借款人收入判断其还款能力，而数字金融依据银行卡消费、电商购物、公共事业费记录，大宗商品消费记录，头等舱乘坐次数，物业费高低，高尔夫球俱乐部等消费，游艇俱乐部会员费用，奢侈品、豪车4S店消费记录等消费数据，研判客户信用状况。随着数字化技术在更多消费场景的应用，金融科技风控效率提升和金融科技服务范围扩大之间能够相互促进。

2. 金融科技的风控问题分歧

（1）数据相关性分析与因果关系的替代性

金融科技风控的一个关键争论，就是数据与违约在统计上的相关性并不代表二者的因果关系，这是否会影响评分结果的稳定性。在实践上，金融科技风控模型之所以纳入因果关系并不明确的非传统因子，其实具有深刻的业务背景。由于主要客户群是被传统金融排斥在外的，而且缺乏工作单位、借贷记录等传统强金融风控因子，或传统信贷记录表现较差，金融科技服务机构不得不通过其他方式补充数据来源，挖掘数据相关性与有效性，以从多角度评估客户信用。

（2）数据的金融属性验证

目前一些金融科技企业已开始从非稳定场景中获取非传统数据。非稳定场景下的非传统数据由于缺乏统一的行业标准，坏账率、不良率、逾期率等多种指标的计算口径也不同，结果往往大相径庭。这些数据的金融属性有多强，仍然有待进行验证。

（3）反欺诈风控模型有效性

目前借贷行业采取单打独斗的方式，缺乏数据的共享平台，高效的风险管理模型和措施还没有充分发挥应有的功能。而相关的金融科技公司正在试图尝试建立反欺诈风控模型，通过足够多样本的客户画像，梳理黑产用户的相关性特征，从而建立起与之相关的反欺诈风控模型以实现“从被动应对到主动预防”的转变，提高反欺诈风控模型有效性。

（4）客户信息安全与风险防控的轻重

信息大爆炸时代，数据隐私保护备受重视，但过度保护也是资源浪费。从技术手段上，目前多采用“多方安全认证”和“零知识证明”解决上述挑战。

6.5 金融科技普惠生态系统与持续发展

6.5.1 金融科技普惠生态系统

随着数字技术创新应用日益广泛，中国科技普惠金融实践愈加丰富。2018—2019 年，在数字技术的赋能下，金融科技服务主体愈加多元，基础设施建设日渐成熟，在服务“三农”、精准脱贫、小微企业融资与智慧城市建设等场景，新服务、新产品相继涌现出来。

金融科技普惠已经形成以银行、非银行金融机构、互联网巨头、金融科技企业等为服务主体，以“三农”服务、精准脱贫、小微企业融资和智慧城市建设等为服务对象，以支付体系、信用体系、产权交易市场、资本市场等为基础设施，以政策体系、法律体系等为制度保障的生态系统（如图 6-3）所示。

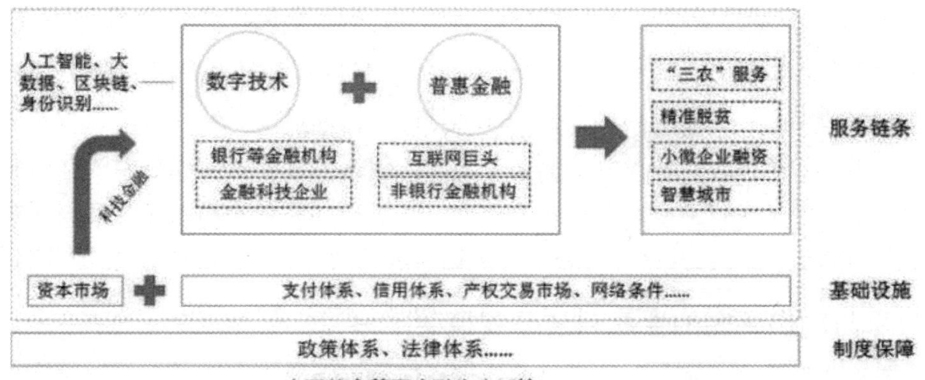

图6–3　金融科技普惠生态体系

6.5.2　金融科技普惠的可持续发展

金融科技普惠的可持续发展完全依赖于安全可靠的基础设施和数据共享机制、动态平衡的监管框架及有效负责任的消费者保护三大支柱。安全可靠的基础设施和数据共享机制是基础，是数字技术在普惠金融应用的前提；动态平衡的监管框架以及有效负责的消费者保护，则是防范数字普惠金融风险、促进其健康可持续发展的两翼。在普惠金融理念的框架下，三者以数字技术为重要载体，促进经济包容增长，共同构成一个市场化可持续发展的金融科技普惠生态系统。

1. 安全可靠的数字基础设施和数据共享机制

数字经济时代的典型特征是生产要素的数字化，相应的数字基础设施和数据共享机制的重要性不言而喻，也是政府在数字经济环境下，促进普惠金融发展最重要的责任和大有可为的领域。

推动金融科技普惠发展，首先要提升基础设施和服务的数字化水平，这其中政府的责任，除了必要的基础设施建设投入外，尤为重要的是创造有利于数字化发展的市场环境，以开放竞争包容的姿态，调动市场主体开发、应用数字技术并激发数据共享的积极性，进而通过不断创新的技术，不断降低成本、提高风控水平，克服普惠金融的可持续发展的障碍。

数字基础设施特别是移动终端普及率的迅速提升，毫无疑问是支付、储蓄等普惠金融服务领先全球的关键。大数据、云计算、人工智能等技术应用的显著提升，更是数字金融降低成本提升效率的关键所在。

其次是构建有效的数据共享机制。一是提升“政府＋市场”的征信服务能力，构建基于“政府＋市场”双轮驱动的征信框架和数据平台。数据平台通过数据接口开放给市场机构，但市场机构调用数据时，不进行数据转移，不存储数据。在开放公共信息与信息主体对个人信息的控制存在冲突时，可以比照个人信息使用授权的相关规定，要求市场机构重新获得用户授权方可使用。二是健全金融科技系统安全、技术应用标准。三是推动不良征信数据共享，建立反欺诈数据服务共享平台，防范和化解金融风险。四是明确数据资产产权，完善立法保护个人信息。数据也是一种资产，涉及主体间权利义务界定，数据产生、加工、披露、流转等活动，均应有明晰的产权和交易规则。比如借鉴国外经验，颁布《个人信息保护法》，出台《数据保护法及其条例》，明确大数据产权归属，规范大数据商业化、市场化应用。制定网络平台向政府开放共享数据、政府平台数据向私人部门有限开放共享的规则，在满足政府监管、公共服务等公益性数据需求的同时，激活政府部门的“沉睡数据”。

2. 公平与动态平衡的金融科技监管框架

从我国实践来看，数字金融监管更多体现了鼓励创新的包容性，在有效促进数字普惠金融发展的同时，也暴露出诸多问题。这些问题产生的背景较为复杂，既有金融数字化自身带来的新问题，但更多的是原来监管框架的缺陷在数字金融冲击下的加速暴露；既有监管框架不完善的问题，也有整体宏观经济和信用周期下行的影响；既有监管体制的缺陷，也有监管能力不足和道德风险。针对我国数字金融实践暴露出的新问题，我们需要加快构建动态平衡的科技监管框架。

在公平监督层次，结合数字金融线上、跨界以及数字化风控特点，加强功能监管、行为监管。一方面，所有金融业务都要持牌经营；另一方面，对具有同一经营性质和风险特征的金融行为，需尽可能统一监管标准。

在动态平衡监管方面，考量数字金融服务对象的普惠性和业务、风险技术的创新性，实施分类监管指标体系、梯度和方式的动态调整。例如，网络支付、互联网货币基金等已经是发展成熟的业务，风险基本可控，监管要求可基本稳定。网络借贷、众筹等新兴业务，风险积聚较多，业务模式尚未成熟，监管上应从严把握，框架需逐步完善。与此同时，行业内也要实施分级监管，达到“扶优汰劣”的目的。

3. 实施金融科技措施，提高保护消费者的责任

在数字金融环境下，技术、服务、供应商、渠道的快速革新，以及个人数据处理数量、速度和种类的显著提升，消费者在获得便捷服务的同时，也会面临各种各样的风险。例如产品和服务相关信息披露不全、系统安全性不足、代理商欺诈以及无法维护个人数据保密性和安全性等，严重情况甚至酿成资金损失或陷入难以自拔的债务陷阱。

针对上述消费金融风险，实施有效负责任的消费者保护，其要点主要有：一是服务商行为的规范，二是消费者自身能力提升，三是公众维权机制及渠道的畅通有效。从我国实践来看，一方面，数字金融尤其是消费金融近年来迅猛发展；另一方面，整体信用环境和监管框架还不完善，甚至出现一些打着互联网普惠旗号的骗子，风险暴露较为突出，消费者保护面临的挑战更为艰巨。以下方面应该作为完善消费者保护框架的重点：在服务商行为规范方面，构建责任追究和处罚机制。在消费者能力建设方面，需要明确服务商义务，通过消费金融服务培训平台，增强消费者的自我保护能力。在维权机制和渠道上，应确保投诉解决机制方便、易于理解、高效且费用最小化。同时健全消费者数据隐私保护机制。

第7章　金融科技助力农村普惠金融高质量发展

《推进普惠金融发展规划（2016—2020年）》的发布和2017年四大国有银行与四大互联网巨头（百度、阿里巴巴、腾讯、京东）合作协议的签署，把金融科技（FinTech）助力农村普惠金融的发展推向了空前的高度，备受人们的关注。农村普惠金融的发展先后经历传统普惠发展阶段和金融科技技术促进数字普惠金融发展阶段。由于人工智能、区块链、云计算、大数据、物联网等技术在金融领域的深入应用，金融科技正以迅猛态势改变着普惠金融行业的生态，为农村普惠金融发展提供了更广阔的空间。金融科技在传统农村普惠金融信息来源、风险定价形式、投资决策过程和信用中介角色等方面的深度渗入，使农村普惠金融交易的条件发生了革命性的改变。

7.1　金融科技助力农村普惠金融的发展困境

金融科技在为农村普惠金融创新提供新动能与新路径的同时，也带来了新风险、新问题。近些年来，从我国农村金融发展现状来看，农村金融市场实现了质的飞跃，金融机构服务效能、产品创新能力不断提升，普惠金融体系日益完善。但农村普惠金融依旧存在着农户贷款需求不能满足，金融服务甚至难以覆盖极度贫困户、农村资金外流、贷款普惠金融环境不佳、信贷产品创新不足、普惠金融供求错位和不当的利率和准入管制等问题。

7.1.1　普惠金融目标偏离，引致资金外流

由于中国农村地理位置偏僻，金融服务设施匮乏，再加上农村经济的脆弱性和风险性，诸多金融机构嫌贫爱富，不愿向"三农"提供全覆盖的有效金融服务。普惠目标锁定城市群体，疏远农村群体，即便设置农村营业网点，出于权衡风险和收益的利弊，并未提供相应信贷普惠金融服务，却发挥出了主要吸储功能，将农村吸收的资金应用于城市信贷业务，反而导致农村资金的巨大流失。

尽管最近几年制定并颁布的促进"三农"发展政策改善了农村金融服务现状，设立了面向农村金融需求的农村商业银行，但是这类银行由于发展时间较短，影响力较低，整体实力较弱，在面对"四大"银行等金融机构时，很难形成竞争力。加之农村信用环境较差，村镇银行在经营过程中出现了日益严重的不良贷款及不良率，导致经营陷入困顿，农民普遍持怀疑态度。

7.1.2 农村信贷普惠金融环境欠佳，引致农户贷款难以全部满足

目前，由于农村金融市场配套服务设施不够完善，贷款条件苛刻，金融机构和农户存在严重的信息不对称，再加上农户普遍缺乏抵押物和质押物，金融机构只能满足部分农户的贷款需求。因此，着手构建农村金融市场实际需求的信用体系，颁布具体有针对性的担保政策是重中之重。由于我国农村信用体系的构建尚未完备，导致信用贷款发展受到限制；虽然我国信贷惠农政策催生出诸多政策性担保公司，但是现有管理人员匮乏和服务意识以及能力较低，对农村金融发展形成了一定的阻碍。现有优惠政策，如贴息、减免税等，也体现出一定缺陷性，贴息极易导致市场秩序的混乱，不利于金融市场长期稳健发展；减免税收政策虽然对“涉农”领域实施较为宽松而优惠的各项税收措施，但由此导致金融服务方向出现偏差，农户通常无法享受到便利优惠的金融服务。与此同时，风险分担基金也未有效发挥其作用，更没有得到大面积推广应用。

7.1.3 惠农金融产品创新不足

目前农村金融信贷产品创新滞后、服务脱节，难以与农村经济发展的需求保持一致。惠农金融产品创新不足的具体表现为：信贷金融产品种类单一：信贷产品有农户联保贷款，农户小额信用贷款，抵押或质押贷款；惠农信贷金融服务的可得性失衡，小额和大额贷款占比较高，中等额度的信贷规模和比例偏低；惠农金融服务的成本不可负担，表现为贷款手续普遍较为复杂，造成较高的交易成本；风控水平有效性偏低，导致信贷主体对借款主体资格认证条件极为苛刻，借款期限一般较短，难以满足农村生产经营多样化的需求。

就农村居民而言，出现资金短缺情况主要表现为：重大疾病、学费需求及小规模经营急需等，资金缺口通常在 5 万元～10 万元，贷款期限一般为 1 年以内和 1 至 5 年间。就金融机构而言，为了保证实现最大利润，降低运营成本，通常采取设计面额大、期限长的金融产品策略，比如大额定期存单，面额为 20 万元，期限为 1～5 年，这种举措其实违背了金融服务农村居民的初心。尽管金融机构积极创新设计更小额的金融产品，以更好地满足农村居民的金融需求，但是受到地理环境、主观意识和数字金融知识等因素限制，导致农村居民中能够由此受益的人数非常有限。同时，以“土地承包经营权”等作为标的物的贷款不仅没得到农户的广泛认可，反而会遭遇农户的拒绝，这是由于农户普遍缺乏足够的标的物进行抵押或质押，无法通过传统金融审核，难以享受到相应金融服务。

7.1.4 普惠金融的供求错位

在农村金融市场改革过程中，金融机构缺乏对农村金融需求的顶层设计和统筹规划，导致农村金融机构明显短缺，运行质量和效率低下。随着数字经济的不断发展，农业产业结构的升级转型，农村地区对金融服务的需求日益强烈，并且表现出巨大的市场潜力，要求享受与城市数字普惠金融均等服务的待遇。尤其是在一些偏远贫困农村地区，金融机构

常常表现为熟视无睹，漠不关心，无法实现农村急需的普惠金融产品开发来满足农户的有效金融需求，更难以实现金融服务的精准发力。由此可见，由于我国农村人口占比较大，农村金融市场无边无垠，通过积极发展数字技术，加强农村数字金融基础设施建设。实现金融服务盲区与精准扶贫接轨，与农村特色产业相融合，提供精准的金融服务，提升农村普惠金融发展质量。

7.1.5　不当的金融市场准入管制导致农村金融发展遇到瓶颈

金融科技助力农村普惠金融的风险有：数字技术与数据安全风险，平台企业的垄断风险，金融科技的负外部性风险。金融服务的本质是对风险进行定价，在竞争性的市场条件下，当金融服务产品的利率能灵活调整并充分覆盖其风险和收本时，金融机构主体才会进行金融服务和产品的有效供给。尽管政府为促进农村金融发展出台了大量的政策措施，但是这些改革措施尚且设有触及有效配置金融资源的痛点——竞争性市场和利率。同时，政府为了走出农村金融“贷款难、贷款贵”的困局，要求金融机构既增加涉农贷款又降低融资成本，这无疑难以真正有效落实。

案例：互联网民营银行的兴起及困难——浙江网商银行

从 2014 年 7 月 24 日三家网商银行获批筹建，到 2015 年 6 月 25 日第五家网商银行正式开业，整整耗时 11 个月。漫长的开业之路，是民营银行机遇与挑战并存的真实写照。

蚂蚁金服的农村金融业务从 2015 年开始，初期主要配合村淘业务的开展，目前通过网商银行的支持逐步达到更大规模。截至 2016 年年末，网商银行资产总额约 615 亿元，同比增幅 103%。在这之中，贷款余额约 329 亿元，同比增幅 351%；截至 2016 年 12 月末，网商银行累计向小微企业发放 879 亿元贷款，服务小微企业客户数达到 277 万户，其中户均贷款余额达 1.5 万元。网商银行主要围绕阿里电商体系，经营“网商贷”“旺农贷”等产品，服务对象主要是小微企业与农户，网商银行在发展战略中也表示，其主要服务于小微企业、农村市场以及各类中小金融机构。

网商银行等大范围发力农村金融领域的互联网民营银行也面临着不小的问题，因为民营银行总体还在幼苗期，面临着比较严苛的监管，其中最重要的是不能远程开户。根据央行 2015 年的《关于改进个人银行账户服务加强账户管理的通知》，目前中国仍未放开远程开立全功能的 1 类账户，这使得互联网民营银行吸纳存款能力存在制约。远程开户是不设线下网点的网络银行取得成功的前提，远程开户不放开，会制约微众与网商等民营银行的吸储能力。

浙江网商银行将做成一家“纯网络银行”，不设实体网点，不经营现金业务，通过网络数据对个人信用进行分析，并完成网商银行的功能实现。

资料来源：北京大学数字金融研究中心课题组著，黄卓．数字金融的力量：为实体经济赋能 [M]. 北京：中国人民大学出版社，2018.

该案例表明：其他新型金融机构，欲进入竞争性农村金融市场，必须满足苛刻的准入条件。其带来的后果是，大商业银行缩减网点，抛弃农村拥抱城市，农村金融机构数量少，农商行在农村金融市场处于完全垄断地位，缺乏竞争，绩效较差。而民营银行同样受到监管条例的限制，通过设分支机构扩展业务规模的发展方式依然被约束。虽然民营银行的准入条件正在放开，但民营银行同样受到监管条例的限制，网络银行无法真正开展银行业务，同时民营互联网银行在农村金融市场的进一步发展也受到严重制约。

7.2 金融科技助力农村普惠金融发展的内在机制

普惠金融服务以“三弱”（即弱势人群、弱势产业和弱势地区）为重点对象，它的广泛包容性、可负担性、可持续性与农村金融客观上具有的风险大、成本高、收益低三大特征的冲突一直是普惠金融发展过程中难以克服的痛点问题。金融科技为普惠金融的大规模、可持续发展奠定了坚实的技术基础。

7.2.1 金融科技降低交易成本，扩大普惠金融服务边界

金融交易成本主要包括四方面：获客成本、风险评估成本、运营成本和资金成本。信息技术和互联网的发展深刻地改变了人们获取金融服务的方式，降低了金融机构的获客成本。科技的发展使金融基础设施发生深刻变化，促进金融服务模式的创新和优化，从而降低成本，提高效率，改变金融的服务边界。相关研究明确表明，移动和数字化银行专用电子科技（IT）基础设施的建设成本和维护成本，分别是传统银行的 60% ~ 80% 和 30% ~ 59%，人数只是传统银行的 10% ~ 15%。

传统的农村金融服务主要依靠铺设营业网点，人力、物力、场地等成本较高；服务流程复杂，风控合规严格，引致金融业务处理成本上升；生产分散，组织化程度低下，增加了金融机构对农户的监督成本；农村产权交易不畅，资产流动性差，农民收入不稳定，增加了金融机构违约风险处置成本。基于成本与收益严重错位，金融机构做出两难的抉择：提高农村金融产品价格或增加城市金融市场的供给。

而农村普惠金融通过智能化技术可以有效降低金融交易成本。数字普惠金融依靠网络延伸服务半径，在网络基础设施具备的条件下，其边际成本无限接近于零，网络效应带来农村普惠金融线上服务成本不断下降。通过金融科技使农村普惠金融的小额贷款流程化、批量化处理成为可能。金融科技以数据为核心、技术为主要驱动力和手段，对传统金融产品和服务模式进行了颠覆性改变。运用大数据技术能够减少业务的人工干预成本，实现对借款人的动态监控，降低监督成本，基于数字化信息评估农户信用风险，降低了金融机构的筛选成本。人工智能、区块链、物联网等技术的发展提高了交易真实性，更进一步提升了金融机构的信用评价能力和风险防控能力，拓展了新产品与新服务的应用空间，使得各

种基于金融科技场景的产品和服务直接触达农民，手续简化，交易透明，降低了农村金融交易的风险控制成本。物联网、生物识别技术等的应用降低了农村抵押品的监管成本，从而降低了金融机构的运营成本。这些途径带来的金融交易成本下降有助于供给方提供合理定价的金融产品和服务，减少由于价格原因造成的金融排斥。

金融科技能有效突破空间距离的限制，提升金融服务触达用户的能力，扩大基础金融服务覆盖面；网络的开放性和平等性有助于提升普惠金融的包容性，有效开拓农村普惠金融边界。具体表现：①金融科技的推广有助于实现客户精准营销，简化用户购买金融产品和享受金融服务的流程，延伸服务半径，拓宽服务渠道，提升农村数字普惠金融的可得性。②农村金融机构借助电子终端、移动互联网技术积极搭建面向三农的数字普惠金融综合服务平台，创新数字化服务模式，促进金融服务流程化、移动化、线上化，能够使金融服务获取更为便利。③金融科技企业以大型综合电商平台为基础，整合线上线下资源，运用电商的现金流、信息流和物流大数据优势，为农村居民提供转账支付、投资理财、融资支持等金融服务。④农业供应链金融服务商则以农业龙头企业为核心，借助信息技术对全供应链资源进行数字化整合，为链上农户提供金融支持。

7.2.2　金融科技消除信息失真，提升普惠金融风险控制有效性

第一，数字技术不仅能够降低风险管理成本，提高风险评估和识别能力，更重要的是能为农村提供多样化的小额分散金融产品，以供投资人选择更合适的金融组合来降低投资风险。

第二，数字技术有利于信息透明。大数据技术使农户的私人信息公开化，不易衡量的信息数字化，分散的信息集中化，带来农村金融市场可用信息数量增加，信息质量提高，降低信息不对称。通过数字技术的应用，金融服务机构可以提供对特定产品相关风险信息的查询，基于模拟场景预测风险，根据历史趋势分析比较并对风险和回报进行预测分析以及根据农村居民或小微企业对风险和长期投资回报率的容忍度提出建议等。

第三，数字普惠金融面向长尾客户，利用互联网平台获取长尾客户的消费、履约等行为信息并形成大数据。通过大数据技术对客户进行筛选和评价，将以往不可获得或不可加工的非结构化信息处理成可供识别的信息，如此，对农户的信用评价和风险识别更为精确。

第四，金融科技技术也使得农村普惠金融风险处置方法更加有效。人工智能技术提升了金融大数据的处理能力，高频海量的交易数据被用来进行精准客户画像，拓展信用评价广度深度；大数据算法模型有利于完善农户的风险识别和风险管理全过程。高效的风险识别和有效的风险预警机制，能让金融机构和农村客户在进行金融服务交易的过程中规避风险。

第五，分散风险机制能总体减少金融机构的风险，小额金融服务也能使单一农村客户将风险控制在可接受范围内。

总而言之，金融科技使信息获取渠道更广泛，信息处理更科学，信息收集和处理成本更低，有效缓解了农村金融市场普遍面临的信息不对称问题。信息对称促进金融交易和风险定价的效率，为农村普惠金融的市场化定价提供了重要基础，使市场配置金融资源的决定作用得以发挥，有利于消除行政部门的不当干预，激发农村普惠金融机构的内生动力，实现普惠金融的商业可持续发展。

7.2.3 金融科技构建风险共享机制，提升普惠金融供给效率

金融科技基于互联网交易产生的海量数据，利用大数据技术对农户进行更加全面动态的信用评价，降低信用风险，突破了传统信贷模式对抵押、担保和传统信用体系的依赖。人工智能、云计算等技术的发展进一步提升了算法能力，完善了风险定价模型，提高了风险预测的准确性。运用区块链、物联网、人脸识别等技术可以有效确保交易的真实性，识别并追踪违约客户，提高其违约成本；生物识别技术、土地遥感信息技术等的应用提升了生物资产、土地资产作为抵押品的可能性，降低了金融机构的抵押品风险，也为农业保险的定损理赔提供了强力支撑。金融科技与数字农业相结合，在解决融资问题的同时，还能够基于历史数据对农业生产进行过程监督和预测，强化金融风险防控，降低风险控制成本。

金融科技通过推动农村普惠金融服务供给侧变革，最终提高普惠金融服务水平，从而推动传统金融服务与新技术融合带来的金融服务供给增长。例如，金融机构采用大数据分析，更加了解农村客户需求，并对农村客户需求进行有效细分，设计并提供更具针对性的产品，使金融交易更符合个性需求。与此同时，也增加了金融机构的回报和普惠金融服务的可持续性。传统金融由于成本高、效率低、服务半径小、完成交易慢等原因，可能将农村小微企业和弱势人群排除在外。数字技术的应用弥补了传统金融的不足，可以为农村小微企业和弱势人群提供成本可承担的金融服务，而且服务质量大大超过传统金融，具有很高的包容性，提升了金融服务乃至经济发展的公平性。

7.2.4 金融科技提升农村普惠金融供给求耦合密度

传统金融机构农村金融产品供给单一，无法满足农户的差异化的金融产品需求，农村信用体系不完善进一步抬高了双方的搜寻成本，供求错位和较高搜寻成本导致农户融资难、融资贵。而金融科技在增加农村金融供给和拓宽供给渠道的同时，金融科技应用的场景化发展助力农村普惠金融供求耦合密度，降低了金融交易的搜寻成本。由于金融产品或服务渗透于各类场景，金融机构以场景为着力点，提高获客效率，获取用户的大数据，从而为客户进行精细画像，实现精准营销。 大数据技术使原来分散的难以获取的社会网络、个人行为、商业信用、消费交易等数据成为有效的数据资产，用于创新迎合农民需要的金融产品。 依托移动支付在农村的宽泛普及，支付机构不断拓展支付应用场景，满足农民多层次、个性化、便捷化的金融服务需求，为农业经营主体提供数字化运营、低门槛贷款等

增值服务。依托网络购物场景，电商平台消费金融不断下沉农村，使农户消费性金融获得渠道有效拓展。依托农业供应链场景，农村电商平台、龙头企业供应链平台等有效串联农业经营主体，将农业产业链各环节的数字足迹转化为信用数据，为供应链融资提供支持，有助于解决农户生产性融资需求。

综上所述，金融科技助推农村普惠金融发展的内在机制总结（如图 7-1）所示。

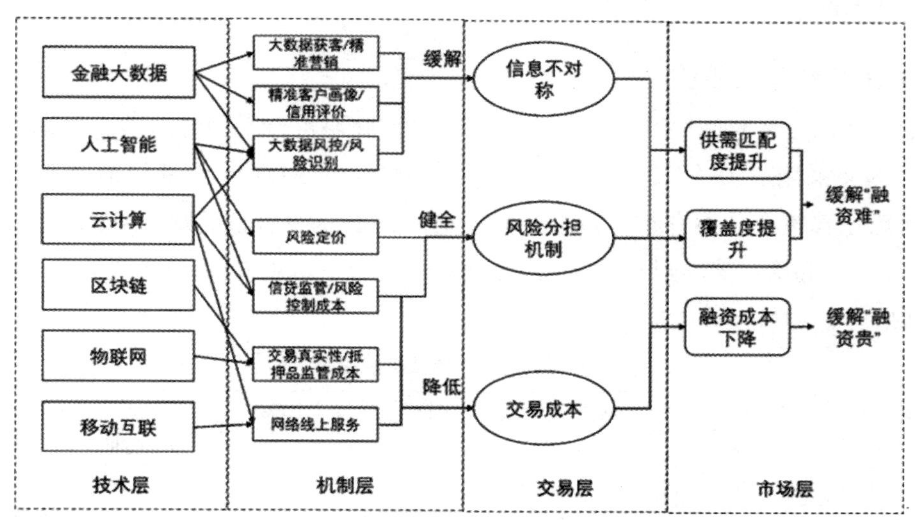

图7–1　金融科技助力农村普惠金融发展的内在机制

资料来源：付琼，郭嘉禹．金融科技助力农村普惠金融发展的内在机理与现实困境［J］．管理学刊．2021（03）：54-67.

7.3　金融科技助力农村普惠金融发展的实证分析

7.3.1　金融科技助力农村金融支农概述

有调查数据显示，目前“三农”资金缺口超过三万亿。在农村，由于征信数据的严重缺失，导致金融信贷风险难把控，因此金融服务很难延伸至“三农”领域。农村资金的匮乏严重制约了农业经济的发展。

近些年来，金融科技“三农”领域金融支持力度持续上升，农村中小金融机构支农贷款占贷款总额的比重不到 1/3。截至 2020 年末，银行业涉农贷款余额 3595 万亿元，较 2013 年末增长 682%，占各项贷款余额的 346%；其中农户贷款余额 1021 万亿元，较 2013 年末增长 90%；农村企业及各类组织贷款余额 1773 万亿元，较 2013 年末增长 341%。2020 年农业保险参保农户数量 313 亿户次，承保农作物 27 亿亩，占农作物播种面积的 851%，较 2013 年上升 407 个百分点；提供风险保障 68 万亿元，较 2013 年增长 110%。

7.3.2 实证分析

基于2013—2020年农村金融信贷数据，考虑到数据的可获得性和准确性，综合现有研究成果，以DKYE表示样本点范围内的农村商业银行贷款余额，YICHAN表示样本点范围内的一产增加值，首先以变量取对数的形式，来消除数据中存在的异方差，使数据更为平滑，易于建立模型。

1. 变量的平稳性检验

变量的平稳性是时间序列模型的重要前提，因此要进行平稳性检验，否则可能产生伪回归。本文采用ADF统计量检验变量的平稳性，如ADF统计量的绝对值大于临界值，这就意味着该变量不存在单位根，即平稳。根据赤池信息准则（Akaike Information criterion，AIC）和施瓦茨准则（Schwarz Criterion，SC），运用Eviews软件得到（如表7-1）所示的结果。

表7-1 ADF平稳性检验结果

变量	检验形式	ADF统计量	ADF临界值（10%）	P值	结论
LNDKYE	（C，t，2）	−0.92562	−3.51505	0.8988	不平稳
△LNDKYE	（C，t，2）	−4.41976	−3.87771	0.0667	平稳
LNYICHAN	（C，t，2）	−0.2065	−3.5905	0.9702	不平稳
△LNGDP	（C，t，2）	−5.7432	−3.87771	0.0252	平稳

注释：C代表含有常数项，T表示含有时间趋势项，2表示二阶滞后，△表示一阶差分。

贷款余额占比和一产产值的对数形式是非平稳序列，一阶差分后为平稳序列，即贷款余额与一产产值同阶单整，表示二变量之间可能存在协整关系。

2. 协整检验

尽管每个变量可能是非平稳的，但是它们的线性组合可能是平稳的，协整表示解释变量与被解释变量之间长期存在某种均衡关系，即一变量的变化会导致另一变量的变化。本文采用GE两步法，对回归方程的残差进行单位根检验，判断贷款余额与各经济变量之间是否存在协整关系（见表7-2）。

表7-2 协整检验结果表

变量	系数	R平方	残差ADF统计量（10%）	ADF临界值
LNDKYE	0.2597	0.8079	−2.31789	−1.60014

从表7-2可以得出，在90%的水平线上，残差ADF统计量的绝对值大于ADF临界值，表示LNDKYE与LNYICHAN存在协整关系，即存在长期的均衡关系。由于对数变化不改变原数据之间的关联关系，因此可以使用上述数据检验贷款余额占比与一产的格兰杰因果关系。

3. 格兰杰因果检验

格兰杰因果检验法可以检验信贷增长与经济增长关系的方向。格兰杰因果关系明确指出：如果在两经济变量 X 与 Y 在包含了过去信息的条件下，对 Y 的预测效果要好于只单独由 Y 的过去信息对 Y 的预测，即变量 X 有助于变量 Y 预测精度的改善，则称 X 对 Y 存在格兰杰因果关系，在检验农村金融发展是否是经济增长的原因时，可以构造格兰杰因果检验模型如下：

无约束回归模型（U）：lnyichant= α 0 +pi=1∑ai lnyichant-i + qi=1∑ β ilndkyet-Ii + ε 1t

有约束回归模型（R）：lnyichant= α 0 +pi=1∑ai lnyichant-i + ε 2

进行 OSL 估计，进而做如下假设检验：

原假设 H0 ：β 1 = β 2 =⋯= β q =0（lndkyet 不是引起 LNYICHANT 变化的格兰杰原因）

备择假设 H1 ：β 1，β 2，⋯，β q 不全为 0（LNDKYET 是引起 LNYICHANT 变化的格兰杰原因）

利用 Eviews 软件，对解释变量贷款余额与其他被解释经济变量进行格兰杰因果检验，根据 SC 和 AIC 最优准则，得到（如表 7-3）所示结果。

表7–3　格兰杰因果检验

原假设	滞后阶数	F值	P值	结论
LNYICHAN不是LNDKYE格兰杰原因	1	0.40275	0.54909	接受
LNDKYE不是LNGDP格兰杰原因	1	3.53688	0.10906	拒绝

即表示在 90% 的水平下，农村商业银行贷款余额与农业产值只有单向格兰杰因果关系，即农村商业银行贷款是农业发展的格兰杰原因，表明农村商业银行贷款占比是推动了我国农业的发展。从上面的协整关系可以从中看出，农村信用社对农业产值的弹性系数为 0.26，表明贷款扩张 1%，会引起农业产值 0.26% 的增长，说明农村商业银行信贷投入对农业产值的影响不显著，对农业发展的支持不力。

综上所述，我国农业的高质量发展，离不开金融科技的强力支持，农村商业银行的单枪匹马，难以完成金融服务“三农”的初心。只有通过金融科技技术（大数据、云计算、区块链和人工智能）减少信贷成本，创新金融服务模式和金融支农产品，才能促进农村金融普惠性的持续发展。

7.4　金融科技在农村普惠金融中应用与场景分析

目前驱动金融发展的关键技术主要包括大数据、云计算、区块链和人工智能等。关键驱动技术主要从规模、速度和准度三个维度提升数据处理能力。通过降低成本、提升风控能力和促进竞争来提升金融普惠性。

7.4.1 农村普惠金融发展场景

从普惠金融发展情况来看，互联网技术的运用为农村普惠金融的发展指明了道路，并且使得数字普惠金融由宏伟蓝图转变成实现。数字普惠金融的目标是让不在传统金融覆盖范围内的人群，或者传统金融不愿意服务的人群得到与其他人同等的存贷汇、理财、保险等金融服务。服务人群多是低收入者、偏远地区人群以及众多小微企业，由于传统金融机构本身效率不足，并且服务这些客户的成本过高。因此传统金融机构无法或不愿服务这些客户。互联网技术催生的众多互联网金融模式（尤其是在农村开展电子商务）解决了在成本、效率等方面的问题，帮助这些人群享受到多方位的金融服务。与互联网技术结合的商业模式天然具有低成本、高效率的特点，而普惠金融在互联网技术的加持下，服务变得更便捷、更高效，并能以更低的成本覆盖更多客户。

7.4.2 金融科技技术在农村金融中的应用[1]

如果说互联网与普惠金融有天然的契合性，那么，大数据、云计算与普惠金融可以说是有着共同的基因。大数据的庞大数据体量特性、云计算的资源共享及分配特点与普惠金融的普遍覆盖、全民享受优质金融服务的特点一脉相承。大数据的庞大数据规模不是少数人所能创造的，而是来源于普通大众，每个人在互联网上留下的痕迹形成了大数据，这是普惠金融的起点。而云计算则通过资源共享与合理分配的方式，解决了以往金融行业中信息不对称以及资源分配不均的问题。

大数据技术通过分析巨量非结构化数据进行预测，在征信方面可以帮助农村众多缺少信用记录的个人获得信用历史。在身份识别方面可以帮助金融机构更高效地鉴别欺诈，在投资方面可以为农户或用户提供更加合理的资产配置建议与投资策略，在监管方面可以帮助监管部门更有效地识别金融犯罪与金融风险。这些能力的提升，不仅拓展了金融的服务范围，还大大增加了金融服务效率与服务质量。

云计算技术最大的优势在于资源共享与合理分配，能够将传统大型金融机构的资源分配到小型金融机构中，并能借助平台的力量改善农户与金融机构之间信息不对称的问题。传统大型金融机构以自身资源为根本，设立金融云平台，并将自身的金融服务能力通过云平台分享给中小金融机构，不但有利于大型金融机构自身经营与发展，也将有利于中小金融机构的快速成长，从而能够使得国内金融体系在更广范围向用户提供金融服务。

作为金融科技（FinTech）或数字金融领域的一项重要技术创新，区块链（blockchain）被视为构建未来互联网业态的核心关键技术，可实现互联网从信息互联到价值互联的升级，尽管区块链在金融领域应用还处于初步阶段。作为未来金融科技的底层技术，区块链具有

[1] 黄国平 . 数字技术推动普惠金融高质量发展 [EB/OL].[2021-05-31].https：//www.financial-news.com.cn/ll/gdsj/202105/t20210531_219902.html.

很强的战略意义。在未来金融科技探索上，国内金融业应加强顶层设计，加快推动区块链技术研发、实践和扩大应用，让金融更好地为实体农村经济服务。

人工智能技术应用可为普惠金融的服务能力带来飞跃式的提升。例如，智能投顾就是人工智能应用于普惠金融领域的典型代表。相较于传统的服务方式，人工智能基于程序自动化决策服务模式有三个显著优势：一是服务成本低，服务效率高。二是可以通过海量数据信息分析做出科学决策。例如，人工智能应用于信贷领域，可以将很多传统信贷审批中未能使用或无法运用的行为数据、消费数据、社交数据等作为信用判别的重要依据。三是人工智能系统时刻学习升级，快速应对变化。例如，信贷行业遭遇的欺诈方式花样百出，证券行业交易行情瞬息万变，这些改变由人工智能系统来进行学习和处理，可以实现系统的不断进化，从而快速适应新环境并主动应对变化。

7.5　金融科技助力农村金融发展典型案例与建议

7.5.1　金融科技助力农村金融发展典型案例及其分析

案例一：京东数据农贷

京东金融科技提供产业链农村金融服务，创新推出数据化的“京农贷”产品，已覆盖生猪养殖、蛋鸡养殖、奶牛养殖和肉禽养殖四大板块。该产品的优势主要体现在两方面：一是数据化京农贷能够通过数学模型和养殖管理系统将特定的饲料在特定的时间按照特定的量投到特定的地点（定时、定量、定点、定向），实现资金的精准投放，这不仅加强了养殖的管理效率，同时实现了资金使用效率的最大化；二是打破了传统的以资产抵押产生信用的思路，通过对农业生产过程的深入学习研究、形成一套通过对农业生产过程进行评估而产生信用的体系，并将其用到养殖贷的实践中。以农业生产过程的数据化模型为重要基础，代入历史生产数据，对未来生产结果做出准确预测，再以预测的统计学结果产生信用，将农业生产过程量化分析的结果导出作为农民信用的重要凭据，这不仅帮助农户解决了养殖中的资金问题，而且帮助他们降低了养殖成本，控制了养殖风险，全面提升了养殖管理水平。

案例二：宜信农村金融的融资租赁

宜信是中国最早切入农村金融领域的创新企业之一，从 2009 年起就开始针对农民群体相继推出信用借款、融资租赁、保险、公益理财、能力建设等服务。随着农业产业化的步伐加快，宜信近年来又开始深耕农机融资租赁市场。宜信租赁的具体方式是农户自主选择设备，宜信租赁在对农户的作业能力和未来收益进行评估后，将机器购买下来租给农户。当农户付完租金后，设备所有权从宜信企业普惠转移至农户手中。宜信租赁在租赁前判断农户的还款能力，主要根据耕地面积、种植种类、作业周期、设备特点、当地状况等因素评判农户的作业能力，并计算出农户的未来收益情况。2016 年宜信融资租赁的服务已经覆盖近 200 个县，贷款金额高达 2.6 亿元，2017 年宜信普惠融资租赁的目标是贷款额达到 5 亿元。

通过对以上两个案例的探究和分析可知，数字金融的兴起和发展，颠覆传统的普惠金融服务模式，运用供应链进行数据化发放贷款、融资租赁和数字普惠技术解决农村金融的瓶颈问题，京东农村金融提供产业链农村金融服务，创新推出“京农贷”信贷产品。该产品以无抵押、低利息、放贷快等特点，解决了农户在农资采购、农业生产以及农产品加工销售环节中的融资难问题。京东金融的养殖贷打破了农户养殖融资难的困境。养殖贷下的养殖农户，不仅能够便捷地拿到贷款，还能够使用云端的免费养殖管理系统，将养殖风险和贷款成本降至最低，最后还能卖出一个好价钱，保证赚到钱。宜信创新业务助力农业现代化发展。宜信以融资租赁方式开拓农村金融，通过租赁农机和租赁奶牛普惠给农户，破解农村金融的短板，实现为农村实体经济发展服务和促进农村消费金融发展。

案例三：蚂蚁金服农村金融金字塔模式

蚂蚁金服在农村金融领域的探索很值得关注。根据客户的不同，蚂蚁金服的农村业务可分为三部分。第一部分是供应链金融模式，与传统供应链金融差异不大，主要将企业的生产经营资金都通过支付宝跟农户对接，这样更加透明方便。而在第二部分和第三部分，蚂蚁金服的做法尤其值得借鉴：第二部分的对象是小规模的种养殖农户，他们往往需要万元以上的贷款，并且在阿里体系内缺乏数据积累。针对这部分客户，蚂蚁金服选择布局线下，以中和农信 6000 多名信贷员、阿里 2 万多名村淘合伙人来补充线上所缺乏的征信信息。第三部分的对象是构成客户金字塔底层的用户，他们一般是农村消费者或回乡创业的大学生等。这类用户蚂蚁金服已覆盖 9000 多万人，以消费信贷为主，但资金需求小额分散，单笔贷款在几千元至几十万元。针对这部分用户，蚂蚁金服主要通过数据化平台模式征信与投信，通过花呗、借呗等产品放贷。

案例四：正邦依托产业链和数字技术服务农民

正邦集团成立于 1996 年，是农业产业化国家重点龙头企业，下设农牧、种植、金融、物流四大产业集团，在全国 29 个省（市、区）拥有 480 家分子公司、42800 名员工，广泛实行“龙头企业 + 生产合作社 + 基地 + 农户”的经营模式。在与农户共同经营的基础之上，正邦集团还依托自身优势为有资金困难的农户提供贷款担保的金融服务。

正邦传统的担保贷款流程为：畜禽养殖户提出养殖意向申请—养殖户按照正邦规划，投入一定资金建好栏舍—养殖户与正邦签订合作养殖协议，并提出贷款担保申请—担保公司和融资银行共同调查落实—担保公司和融资银行审批—养殖户办理贷款手续—养殖户委托统一管理贷款资金（专款专用）→正邦养殖有限公司统一提供畜禽苗、饲料、药品、技术服务，回收畜禽活体—正邦养殖有限公司与养殖户站算。这种方式虽然相对比较传统，但由于正邦作为龙头企业充分掌握了产业链上下的软信息，既为优质养殖户降低了成本，又为正邦集团带领农户共同发展打下了坚实的资金基础。

蚂蚁金服介入之后，上述贷款流程变得更加便捷：以养猪户为例，蚂蚁金服的网商银行提供利率为5.8%的纯信用贷款，中华财险加上0.9%的保险保障后，该笔贷款就可以通过农村淘宝的农资平台发放，利率达到7.1%，最后经销商再定向购买正邦特别指定的饲料，实际贷款利率约为8.4%（正邦提供农户贷款担保兜底责任，收取1.3%费用）。当生猪出栏后，正邦向签约的养猪户或合作社养殖户进行收购，收购款项将优先偿还蚂蚁金服的贷款；未来还将通过天猫等电商平台将其生产的优质农产品送到千家万户。在整个过程中，蚂蚁金服与中华财险联合，通过村淘平台的定向发放，依托产业链资金封闭运行，确保了资金安全，也完成了合理的资金成本分配。不仅为农牧产业龙头企业提供了新的解决方案，还通过保证保险增信方式获得低风险、高效率的融资。

通过对案例三、四的探究和分析可知，我国农村金融领域的需求具有多层次性特点：①资金需求量较大且信用好的农户群体；②资融资需求的普通农户或小微农村企业；③资金需求量小频率高且分散的个体农户。多层次的三农需求决定多层次金融机构的供给才能满足。只有将传统金融机构和新兴数字金融技术融合，才能发挥金融机构的优势，提升农村金融服务的供给水平。

蚂蚁金服农村金融的典型案例带给我们的启示是：依据农村金融多层次的特点，创新三大业务模式，即数据化金融平台模式、线上＋线下的熟人借贷模式与供应链及产业金融模式，满足三农用户的不同金融服务需求。一是数据化金融平台模式，对应农村金融需求主体的第三个层次，即农村消费者、普通农村种植养殖户、农村电商及村淘村小二用户的消费需求，客户数量大，但信贷资金体量整体最小。通过网络方式，为涉农用户提供综合金融服务，包括支付、保险、信贷等。蚂蚁金服的数据充分表明，截至2016年12月中旬，整体而言，蚂蚁金服在支付、保险、信贷方面服务的涉农用户数分别达到1.5亿、1.3亿、3300万。二是线上＋线下熟人借贷模式，对应的是农村金融需求主体的第二个层次，即中小型生产经营户、中小型农村种养植户、小微企业及个体经营户的经营性需求，其在客户数量和信贷资金体量方面居于金字塔中间部分。三是供应链及产业金融模式，对应的是农村金融需求第一个层次，即农业龙头企业或规模新型农业主体的生产需求，其客户数量较小，但是信贷资金体量最大。

7.5.2 金融科技助力农村金融发展的建议

为了促进农村普惠金融高质量持续发展，提高普惠金融数字化基础设施建设水平，提升金融服务的可能性、可得性和可控性，以及针对数字金融发展在促进我国农村普惠金融中存在的问题，提出以下三个建议。

1. 完善农村普惠金融基础设施的建设

要实现农村金融高质量发展，离不开完善的农村金融产业链的基础设施。建设和完善能够有效缓解信息不对称，降低金融服务成本，防范化解金融风险的金融支付体系、征信体系，是保障农村金融服务能够安全、有效进行的基础。

随着第三方支付的崛起和大数据风控技术的发展，基础设施的完善可以确保新型金融中介结构参与并改善农村金融供给的短板问题。数字支付是数字普惠金融普及程度的业务形式标志，一般是指第三方支付，即非金融机构支付。移动支付已成为主流支付方式，农村金融机构提供农村移动支付服务，可以满足农村居民的多种支付需求。与此同时，农村金融机构需要与第三方支付机构建立长期合作关系，推出快速支付、转账、取款等金融快捷服务，为农民提供更丰富的支付场景和更便捷、高效、安全的支付体验。

重构大数据征信体系，可以满足互联网和数字化环境下服务对象和征信主体多元化和个性化的金融市场需求。开展大数据征信业务的关键是深度挖掘高度非结构化和多元化的海量信息数据，通过整合和分析，获取有效的信息，消除信息不对称问题，满足大数据征信的基础条件。由于当前政策、制度和技术约束，数字金融市场远远没有成熟，信息不能共享，业务链条分割。监管当局应通过大数据技术打破大数据征信市场的信息孤岛，构建信息共享平台。与此同时，强化普惠金融数据信息治理和监管，完善以大数据征信为主体的市场化农村金融基础设施。

2. 普及农村数字普惠金融启蒙教育，充分利用数字金融技术和手段

以金融科技和互联网技术为手段，通过以有效增加金融资源供给为主线，来促进普惠金融和乡村振兴发展为目标，深入推进基层金融组织创新、机制创新、产品和服务方式创新，加强金融服务支撑体系建设，推动金融资源向“三农”倾斜。

3. 适当放松管制，鼓励金融机构创新数字普惠金融产品与服务模式

政府要充分利用数字普惠金融的理念与技术，探索新型农村金融发展的最佳路径，持续向农村地区提供融资服务。与此同时，逐步取消政策管制，鼓励并引导金融机构或金融企业，运用大数据和风控技术，针对农村金融领域的不同层次的需求群体，量体裁衣和创新开发普惠金融产品，扩充金融服务空间，提升数字金融在广大农村的普惠性和包容性，从而促进农村普惠金融高质量发展。

7.6 金融科技助力农村金融发展展望

7.6.1 金融科技助力农村数字基建，精准农村金融扶贫

随着我国网络强国建设进程不断推进，截至 2020 年底，全国农村宽带用户总数达 1.42

亿户，农村宽带用户占比达 29.3%，全国行政村通光纤和 4G 比例均超过 98%，电信普遍服务试点地区平均下载速率超过 70M，农村和城市实现“同网同速”。农村数字基建能力的不断提升，为农村金融的精准扶贫奠定了坚实基础。例如通过大数据平台，构建起贫困户的跟踪机制，精准提供小额信贷、农户小额信用贷款、创业担保贷款、助学贷款、康复扶贫贷款等金融服务，满足建档立卡贫困户生产、创业、就业、生活等多方面合理贷款需求。又如用物联网等技术手段对人、地、作物进行关联，依托卫星遥感摄像、光谱识别技术提供个性化贷款服务。用科技助力农村金融精准扶贫，充分体现了金融科技在推动共同术等进行大数据风控和预授信服务，为玉米、小麦、水稻、棉花、大豆等农产品生产经营富裕中的作用。

7.6.2　金融科技与农业生产融合，促进农村供应链金融深度创新

近些年来，我国农业呈现出产业规模逐步扩大、参与主体逐渐多样的特征，对产业链、信息链、物流链的有机整合与利用的需求不断提升。5G、物联网、大数据、人工智能、区块链等金融科技技术的应用，可有效嵌入农业供应链的各环节，基于数据的采集、挖掘、存储、分析，为农业供应链的资金流、商流、物流、信息流深度融合提供支持。例如以农业园区为主要载体，对农业生产资料供应商、种养殖商、加工制造商、批发零售商以及农业协会等主体深度分析，对技术、信息、资源、物流、销售等多环节进行关系挖掘。在此基础上提供多样化的融资产品，如园区建设融资、“企业 + 企业”的组合融资、“企业 + 基地 + 农户”的组合融资等。

7.6.3　科技冲破农村金融系统瓶颈，提升农民保障水平

根据 2021 年第七次人口普查数据显示，我国 60 岁及以上人口为 26402 万人，占总人口的 18.7%。在这之中，农村 60 岁以上人口占比约为 23.8%。农村老年人口、务工人员、留守儿童、留守妇女等弱势群体的社保、医疗、交通、缴费等公共服务的需求日益突出，“就近办、线上办、异地办”的适老化、特殊化民生金融服务成为刚需。目前，各地充分利用互联网、云计算、大数据等技术，建立起了农村民生服务平台，集政务服务、档案管理、基层党建、生活缴费、村民办事、数字信贷等服务功能于一体，在强化民生服务的同时提升农村金融服务能力，为农村弱势群体提供便利化的民生服务，以及更加适应农村弱势群体的金融服务。

第8章 金融科技赋能企业创新

中国经济经过多年的迅猛发展，已经步入高质量持续发展的新常态，原有模式难以满足经济高质量发展动能转换的需求，经济发展缺乏后劲。世界经济处于低速发展的徘徊局面。在这种背景下，如何实现实体经济的可持续发展和增长，为经济的持续发展输送新鲜“血液”则成为当下我们要重点思考的问题。然而，现有的金融机构在支持实体企业发展层次上资金错配，企业所需的资金不能得到有效的满足，小微企业借贷难问题一直未得到彻底解决，再加上经济欠发达地区金融机构撤销经营网点，资金外流，引致企业发展所需资金缺口问题依然凸显。对此，借助以金融科技技术为载体的数字普惠金融，解决企业与金融机构的信息失真问题，降低融资成本，助力企业创新，促进实体经济高质量发展就非常必要。

8.1 金融科技赋能企业创新概述

8.1.1 背景

双创（大众创业，万众创新）战略的出台，标志着促进创新创业大幕的拉开，它不仅为经济发展注入新鲜的“血液”，也为供给侧改革中的产业结构的优化升级，提高企业的竞争活力，打下了坚实的基础。金融是实体经济的血脉，中小微企业经济撑起了实体经济广阔的蓝天。为民而生，与民共生。初心不改，不断创新，为中小微企业提供全方位的金融服务，全面助力中小微企业茁壮成长，成为摆在具有社会责任感的金融机构面前的一道难题。

根据北京大学国家发展研究院截至2020年2月10日对2344家中小微企业的调查，受疫情的影响，70%的企业现金流短缺，其中近50%的企业现金难以维持3个月，14%的企业难以支撑1个月。有15%的企业打算裁员，其中25%的企业打算裁员30%以上。根据美团研究院2月初对30000多户餐饮商户的调查，约87%的企业表示资金紧张，其中26.8%的餐饮商户表示资金已经周转不开；37.0%的餐饮商户表示资金极度紧缺，只能维持1～2个月；22.9%的餐饮商户表示资金比较紧缺，能够维持3～4个月；一些中小餐饮商户已濒临倒闭，一些大餐饮企业也陷入困境。

基于上述情况，促进中小微企业创新创业发展，更离不开金融科技的大力支持。然而，由于企业创业的金融体系尚未形成和大部分中小企业缺乏翔实的信用记录，无法从传统金融体系获得有效的金融需求，从而使得创业企业和个人处于金融的“饥饿”状态。为了破解中小微企业融资困境，政府搭建互联网金融科技平台，以金融科技技术为主要载体，消除信息不对称状况，降低交易成本，推动创新创业持续发展。

8.1.2　金融科技助力企业创新创业的理论基础

1. 规模效应理论

从规模效应角度来讲，在企业发展的初期，企业效益会出现边际递增效应，小微企业从数字金融机构获得融资贷款后，其资产负债表首先是欠款增加，但之后该负债就转变为资产，故小额贷款壮大了其资产规模。通常，小微企业难以申请到贷款，所以小额贷款会带来资产规模递增效应。

2. 资产流动性理论

依据资产流动性理论，企业通常要保持财务的持续性，核心就是保证财务的资产流动性。小微企业从金融机构获得贷款就是获得现金流，那么确保现金流通畅的路径之一就是从金融机构获得源源不断的贷款，从而获得持续的效益。

3. 信用管理理论

从信用管理理论角度来看，小微企业的信用是依据自身的硬信息和软信息度量的。比如企业的资产规模、资产流动性、经营收入、利润等财务信息都属于是硬信息，而经营经历、专业背景、道德品质、敬业精神属于软信息，根据两者设计的基本指标和评议指标，就可以评价出小微企业的信用情况，数字金融机构以信用等级为重要基础，对小微企业进行授信，小微企业获得持续的流动资金，就会很好地改善其经营绩效。

4. 创新创业理论

纵观国内外许多专家和学者对创新创业的研究结果发现，创业、创新与经济增长三者之间存在正向关系，即创业—促进创新—经济持续增长。研究的角度分为微观、宏观和中观三个层次。微观层次侧重个人和企业创业的动机和机会，中观方面侧重于行业层次资源配置和效率，而从国家宏观层次主要侧重于创业环境。

创业环境是一个复杂系统，是多层次的有机整体，也是创业者及其企业产生、生存和发展的基础，更是创业生态链中的重要一环，在整个创业过程中起到了举足轻重的作用。从宏观角度来看，创业环境对整个创业链中的所有参与者都有影响，包括企业、科研机构、金融中介机构和政府机构。尤其是对于企业来说，需要一个健康有序的创业环境，在祥和的环境中释放出巨大的创新能力，良好的创业环境，需要社会、政治、经济、文化各方面的系统支撑。从创业环境看，只有满足企业家发挥才能的充要条件——创业所必需的金融、市场、人才、政策等支撑系统，企业创业才能平稳展开和有序进行。而从创新环境看，创新体现了经济发展水平和潜力，创新来自企业自主研发，而研发的回报受到潜在风险的影响，研发成功，收益满满，研发失败，其研发成本无法回笼，从而引致资金匮乏的企业“雪上加霜”，创新能力显著下降。因此企业创新程度和金融支持力度密不可分。只有通过不断地提升和加强创新能力，才能够对创业环境形成反哺，促进创新创业的共同发展。

企业的创新能力包括将产品推向市场的能力和实现科研成果转化的能力，是区域创新的首要因素之一。在区域创新中，企业扮演着决策主体、投资主体、促进科技成果转化和应用主体的角色。创新需要投入大量的人力和财力，同时科研成果的作用和价值只有通过市场才能得到最终体现，而企业一方面可以根据生产经验提炼有价值的科研项目，根据市场需求确定科研方向，另一方面也可以通过将科技成果转化为商品回收研发成本，培养和引进创新人才，加大研发资金投入，形成良性循环。

金融制度、金融机构给创新和创业带来深刻影响，主要表现为金融制度与创业创新的正向关系，金融机构对企业的融资约束，研究局限于正规金融，忽略了金融科技对创业影响。而金融科技在资金运作、信用缺失方面具有显著优势，弥补了这一企业融资真空，并成为正规金融的必要补充，为企业创新和创业提供了广阔的发展空间。

8.2 金融科技促进小微企业融资的分析

8.2.1 小微企业融资困境分析

在贷款的过程中，小微企业面临着信息不对称、缺乏抵押物等问题，导致小微企业想要在传统金融机构获取贷款非常困难，数字金融的出现，则有助于小微企业走出融资困境。

1. 信息不对称

数字金融模式缓解了信息不对称问题，资金供给方通过大数据筛选庞大的信息流，获得有效的信息，以此来判断企业的资信水平，并根据系统判断控制贷款额度。

2. 信贷配给

传统正规金融机构在内控制度的管理下，依据“三性”原则，要求降低风险，保证资金安全，选择贷款给规模大、信誉好、风险承受力大的优质大中型企业。这些企业有政府背书，在获得信贷配给方面有着得天独厚的优势，小微企业则处于劣势地位。实质上，从资金配置来看，数字金融服务的资金规模非常有限，其主要目标就放在小微企业。另外，数字金融采用公开平台操作，其利润增长主要依靠传统金融所不能覆盖的区域。

3. 融资抵押物

由于小微企业的属性关系，小微企业在银行机构难以获得贷款，而数字金融模式下的信用评价和联保贷款机制则有效解决了小微企业缺乏抵押物的问题。随着央行推广个人征信业务以及信用评价系统的完善，融资抵押物的作用也将逐渐被削弱。

4. 交易成本和融资渠道

小微企业的融资成本包括两方面，即融资的资金成本和时间成本。在传统金融机构贷款中，需要大量的信息审核，贷款周期长，资金效益的发挥也会受到影响。数字金融交易则压缩了交易的时间成本，也带来了多元化融资选择渠道，资金成本会变得相对比较低廉。数字金融交易模式下，融资企业能够掌握更多的金融产品服务，也能够迅速筛选大量有价值的金融产品，实现交易成本的最优选择，从而实现业务办理的高效性和快捷性。

8.2.2　小微企业的融资成本比较分析

1.P2P 模式

拍拍贷成立于 2007 年，是利用互联网技术把民间借贷中的投资方和融资方信息进行有效对接。资金需求方首先要注册个人基本信息、家庭情况、单位情况等，借款订单信息则包括借款用途、金额、期限、名称、内容等，提交平台进行最终审核。审核完成后，将标的置于平台进行竞标，投标时间 2 周，满标后审核 2 ～ 3 天，资金偿还采用等额本息按月还款的方式。从资金成本来看，交易费用包括资金借入者发布信息时的承诺贷款费用和网站收取的费用，贷款费用方面，贷款利息大约在 12% 左右，网站费用有手续费 120 元，增值服务费首次费用为 199 元，二次费率为 4% ～ 9%。从时间成本看，需要的最长时间是 20 天，包括竞标时间 2 周，审核时间 2 ～ 3 天。

2. 大额网络借贷

阿里小贷是阿里巴巴以电子商务的行为数据为基础，为网商提供小额信用贷款的服务，阿里凭借淘宝、天猫、诚信通等产品积累了大量的商户交易数据，使得小贷风险管理井然有序。包括了两种情况：一种是为淘宝、天猫 B2C 客户企业提供订单贷款和信用贷款，在该类贷款产品形式下，贷款可以用商户的订单作为抵押物或以网店经营信用为保证，淘宝卖家可用订单作为抵押，取得同订单金额一致的全额贷款。另一种是为阿里巴巴 B2B 客户提供无担保无抵押的信用贷款。在该类贷款形式下，网商小微企业申请人提交申请表，并提供银行流水账单、支付宝账号、银行卡卡号、企业财务为考量，对贷款企业进行审核并发放贷款。信用额度在 5 万元～ 100 万元，还款期限为 1 年，企业可以选择循环贷款，这样可以获得一定的授信额度，企业可以在授信期间内随意支配授信额度内的资金，利息按实际使用天数计算，可以提前还款，日利率为万分之六，年综合利率为 21%。从时间成本看，淘宝抵押贷款可以随时获得，信用贷款从用户申请到审核完毕要 2 ～ 3 天，获得贷款后，贷款金额的 80% 打入申请者的银行卡，另外 20% 打入支付宝账户。

3. 网络众筹

点名时间成立于 2011 年，初期主要发布以概念设计、科技产品、影视作品为主的项目，作为在线筹集资的平台，以“团购 + 预购”的形式筹集资金，每个项目在预设的时间内得超过预先筹集金额就算筹集成功。从成本角度上看，小微企业在发起项目时不需要费用，在项目众筹成功以后，平台收取募集资金的 10% 作为手续费。企业支付保证金以后，点名时间平台会在一周内将募集到的资金的 70% 支付给企业，用户确认收货以后，再将剩下 30% 及保证金打给发布项目的企业。

4. 各种融资模式的对比

（1）抵押担保方面，数字 P2P 和数字众筹是无抵押无担保的，融资过程中企业相对独立，阿里小贷需要商户联保后取得贷款，产业集聚性企业采用联保形式，该模式使企业间形成无形的信用体系，这种企业互信具有较强的稳定性。

（2）目标客户方面，数字 P2P 相对开放，任何小微企业和个人都可以进行融资，阿里小贷局限于贷款企业要在电商平台产生信息流、现金流和物流，没有做电商的小微企业很难获得阿里小贷的贷款。数字众筹形式的产品和方案需要有吸引人的手段和产品，例如科技型小微企业，而传统小微型企业则由于同质性比较强，难以众筹成功，不过现在股权众筹所展示的团购、预购，以及带来的股权分配和盈利对于投资者来说吸引力很大。从资金来源看，数字 P2P 主要源于个人投资者，在能够获得安全稳定收益的背景下，能够获得巨额的存量资金。阿里小贷模式主要受限于小贷公司的自有资金，数字众筹模式资金源自个人投资者和天使投资人，其获得的资金体量大于数字 P2P 的资金体量。

（3）业务流程面，数字 P2P 基于标准化的操作和信息审核过程，多为线上和线下同时进行，因此时效性要弱于阿里小贷，阿里小贷依托的是通过互联网技术、大数据分析企业的信息流、物流、资金流信息，可以以最快的时间放贷，缩短了企业的融资周期。数字众筹需要一定的期限展示和宣传众筹产品，时间成本要比数字 P2P 和阿里小贷稍高一些。从融资成本看，众筹以接近银行利率的水平使得资金融资成本最低，数字 P2P 没有自有资金，要吸引投资者参与，因此利率水平超过市场情况，但由于有时效性，一些小做企业也会通过该模式进行借贷。阿里小贷主要针对电商企业，这些企业为了追求流动性和现金的快速周转，也会承担较高的利率成本。

8.3 金融科技助力企业创新的机制

目前，随着互联网和计算机的普及和发展，金融科技在数字普惠金融领域发挥引擎作用，不仅提升了普惠金融的触达能力，还拓展了服务范围，为经济落后地区普及金融科技知识、促进金融科技的普惠发展和增加普惠性提供了可能，为广大中低收入者和弱势群体获得低成本的金融服务奠定了基石。

从理论上而言，金融科技对创新或创业的作用机制可以概括为普惠金融的发展，冲破传统正规金融供给不足的瓶颈，对经济落后地区的创业发挥普惠作用。同时应用金融科技技术对中小微企业进行风险评估，降低其融资成本和创业的门槛，为企业融资服务提供便利，从而提高企业创业效率。

具体而言，金融科技的发展将会对企业和个人（居民）的创业行为产生深刻影响，存在着不同影响机制。第一，数字金融的发展可以拓宽企业和居民的融资渠道，从而促进创业。数字金融借助互联网平台，实现数字或移动支付、转账、网络借贷等功能，既可以弥补传统金融机构服务的不足，又可以使融资具有便利性。融资的便利，对创新和创业都会产生积极的促进作用。第二，数字金融打破了正规传统金融服务的地域桎梏，包括落后地区银行网点的匮乏及 ATM 等基础设施的不足，依然可以通过终端设备（比如手机、电脑和第三方支付）满足其创业所需要的金融服务，提高数字金融普惠大众的效能。第三，数字金融可以利用贷款人在互联网上沉淀下来的大量行为数据等信息，以大数据分析手段，构建小微企业的信用评估模型，缓解小微企业信息不足的劣势，可以帮助小微企业跨越资金约束的创业门槛。第四，金融科技作为一种金融基础设施，为创新提供了基础。金融科技使得消费者与商家在线上完成交易成为可能，改变了商业模式中价值交付的环节，从而促进创新。第四，构建个人征信体系。利用大数据征信的实名体系为陌生人之间的经济关系提供保障，并承担部分押金功能，在一定程度上解决了共享经济饱受诟病的押金沉淀问题，部分消除了用户的疑虑。与此同时，共享单车的使用记录进一步为个人征信提供评估数据，进一步完善征信体系，构建了良好的信任闭环。由此可见，基于数字技术的金融科技，使原本不能获得资金支持的个体和初创企业也可以获得资金，这为创新和创业的进提供了发展空间。

8.4　金融科技赋能企业创新创业典型案例与分析

8.4.1　金融科技赋能小微企业创新创业典型案例与分析

1. 人人聚财金融信息服务有限公司简介

深圳市人人聚财金融信息服务有限公司创立于 2011 年，是中国最早的互联网金融平台之一。人人聚财在资产端坚持“深耕”和“下沉”两个策略，深耕指的是增加门店密度，扩大直营门店辐射人群。下沉是指直营门店延伸至三、四线城市，开发中西部地区市场，提高直营门店在全国的覆盖率，目的在于触达和满足更多自雇人群的小微金融需求。

2016 年，人人聚财提出“科技赋能”战略并将其运用到金融全部环节中，该战略的目标是实现营销全渠道化、风控数据化、运营自动化、贷后智能化，即实现从获客、运营、风控到贷后全流程的科技化装。实施该战略后，数据显示，人人聚财对于实体经济的支持力度大大加强。以2017年为例，人人聚财全年服务自雇人群数达72426人，比216年全年增加了14360人；扶持项目94250个，比2016年全年增加了24406个。

2. 典型案例

案例一：为卢先生购置印刷设备解资金燃眉之急

卢先生在四川乐山市开设了一家小型印刷厂。2015年8月卢先生为购置CTP制版机急需贷款，但因相关固定资产投资挤占了原有的流动资金，不得不向外界寻求资金支持。其最初向银行提供了相应资料，但是因为审核时间较长，且可申请的额度无法满足需要而放弃。后经朋友介绍，卢先生通过将自己所有的丰田锐志车辆进行抵押而从人人聚财获得了12万左右的首次贷款。卢先生的印刷厂发展快速，于2016年3月、2016年10月、2017年5月又通过车辆抵押从人人聚财分别获得了8万元、11万元、10万元左右的设备购置贷款。

在这三年多次的融资接触中，卢先生大致经历了人人聚财从纸质化办公到科技化、流程标准化、无纸化办公的过渡，不仅获得了人人聚财的资全支持，还感受到了科技化应用带来的便利与服务效率提升。放款时间大大缩短，越来越及时地解决了设备购置资金紧缺的燃眉之急。

案例二：助力汪先生餐饮创业

客户汪先生，湖北黄石人，原任团城山某火锅店的厨师长，月收入15000元。2006年9月，汪先生想创业开设鱼火锅店，在门店装修上遇到8万元左右的资金缺口难题，但他不想通过亲戚朋友借钱，汪先生原有个人征信等级相对较低，难以从银行等传统金融渠道贷款。后通过抵押已购1年左右的哈弗H6，从人人聚财获得适配额度的资金支持，人人聚财经过面审，并前往门店核实其创业需求，同时通过对抵押车辆状况、相关数据信息流、风险系数等评估，为汪先生开启了专项扶持通道，提升了其贷款额度，并省去了车辆GPS安装费、流量费相关费用，当天便为汪先生提供了8万元左右的资金支持，汪先生的鱼火锅店如期完成装修并投入运营。

案例三：为梁女士服装店进货提供资金支持

梁女士，湖北孝感人，在武汉打拼已超过十年，有一套房子与一辆一汽大众迈腾车。梁女士虽仅有30岁出头，但是已有丰富的创业经历。2017年，梁女士投资近50万元开了一家女装店，生意红火。就在她为新事业拼搏时，其母亲却生病住院。梁女士的母亲在女儿悉心照料下康复，但住院期间也花费不少。梁女士服装进货资金出现了10万元缺口。由于在武汉举目无亲，梁女士只好去银行借款，可是银行的服务效率与态度让梁女士很不舒服。当梁女士表达只借10万元并希望分期三年还钱时，更是受到了不尊重的对待。在供货商推荐下，梁女士找到人人聚财希望获得资金帮助。人人聚财为其筛选了几种合适的方案，并通过信息采集与分析发现梁女士在消费、社交等信用据上有着较好的体现，在抵押车辆匹配额度基础之上又增加了一定额度，成为人人聚财从“抵押逻辑”向“投信逻辑”转变下获惠的首批客户之一。很快梁女士的店里便挂满了崭新的服装。

3. 案例分析

由于目前针对小微企业的信用体系不健全以及小微企业规模小、经营不确定性等，以个体、小微企业为代表的实体经济中坚力量一直存在着融资难、融资贵等问题。对于这些问题，像人人聚财这样的平台，可以通过明晰客户群定位，降低融资成本，提升服务效率，提高服务覆盖率和对创业群体专项扶持等措施，切实支持实体经济发展。

（1）明晰客户群定位：面向 8000 万自雇人群市场，解决融资饥渴。要支持实体经济发展，P2P 平台往往需要有清晰的用户定位。例如，在群体选择上，人人聚财瞄准的是以中国 2000 万私营企业主和 6000 万个体工商户为代表的自雇人士。自雇人群是民间实体经济的中流砥柱：他们通常做小本生意，本分经营，社会关系稳定性强，既有良好的诚信，又有勤勉经营带来的收入保障，还有可抵押的核心资产，这些自雇人群广泛地分布于服务业、农业、建筑业等实体经济领域，是实体经济的中坚力量与毛细血管。他们由于创业、经营发展，有着真实、急切的融资需求，却很难享受到匹配的金融服务。新型的数字金融业务恰能满足这一需求，从而激发这部分群体的创业创新活力。

人人聚财通过挖掘大数据进行分析，为借款目标客户画像（如表 8-1）所示

表8–1　人人聚财借款目标客户画像

借款客户大数据	画像
年龄：25 ~ 40岁	青年和中年占总体58.3%
性别：男和女	以男性为主
学历：有和无	高中、大中专的客户占总体的83.1%
行业：建筑业、批发和零售业、制造业、住宿和餐饮业	服务业
单位：个体、私营、事业、机关	个体、私营经济约占2/3
收入：月收入 高于2万元和低于2 万元	月收入低于2万元的贷款客户占54.8%
借款用途：经营和消费	开店、进货、购置设备和个人消费
平均借款额度：10万元	7.8万元

由此可见，人人聚财的客户群体正是创业中的小微企业主。

（2）降低融资成本：减费让利，切实降低自雇人群融资成本。数字金融对实体经济产生支持，一个很重要的指标是让利实体经济，降低融资成本。以人人聚财为代表的互联网金融平台介入网络贷款领域后，创业企业资金成本已经从 5 年前的年化 40% 以上，降到了目前的 15% ~ 20%。同时人人聚财在相关手续费、评估费等信息中间业务费上不断精简，累计取消和精简整合服务收费项目十余项，以此来降低客户融资成本。随着科技水

平及管理水平的提高，融资成本还将继续下降。

（3）提升服务效率：金融科技赋能业务全流程，持续降低交易成本，提升服务效率。通过技术解决风控是互联网金融平台需要面对的一大挑战，但除此之外，更需要用金融科技赋能相关业务的全流程。例如，人人聚财近年确定了通过科技赋能贷款全流程的战略，建立了科技赋能都门，将大数据、人工智能等创新金融科技手段武装到获客、运营、风控、贷后全流程，一方面率先在网贷行业实行“抵押逻辑”“授信逻辑”的过渡，解决平台在自雇人群信息调查、审核评分上的信息不对称问题、挖掘更多潜在的有真实融资需求的自雇者。另一方面优化贷款流程，持续降低交易成本、极大提升服务效率，解决自雇群体“等不起、耗不起”等普遍性融资效率低下问题。在金融赋能全流程战略下，人人聚财报告自己已将放款时间从超过 3 小时缩短到平均不足 1 小时，最快 30 分钟，每位借款用户的人员投入从 8 人左右减少到 5 人以内。

（4）提高服务覆盖率：直营门店下沉三、四线城市及中西部地区，提高服务覆盖率。目前金融区域资源与服务配置不平衡问题明显。三、四线城市及中西部地区尤为突出。网贷行业对于实体经济的支持也多以一、二线城市为主，少有平台下沉至三、四线城市及西部地区。对于这一现实困境，并结合本地化、区域化资源，一些网贷平台通过下沉直营门店，来提高服务覆盖率。其中，人人聚财从 2015 年 5 月在镇江开设门店起，逐步向三、四线城市及西部地区布局作业。截至 2017 年底，在 210 家直营门店中，一线城市 6 家，二线城市 49 家，共占比 1/4；三、四线城市则占比 3/4。另外西部地区共开设门店 55 家，包含陕西 7 家、四川 11 家、云南 7 家、贵州 3 家、广西 11 家、甘肃 3 家、青海 1 家、宁夏 2 家、新疆 1 家、内蒙古 5 家、重庆 4 家。资产端的深耕和下沉策略极大地提高了服务覆盖率。与此同时，人人聚财根据三、四线城市同一、二线城市自雇人群在借款需求、贷款环境、风险点上的诸多差异，总结出了一套适配的风控流程与体系，更加有效地甄别老赖、骗贷等行为，让资金更为准确、可靠地流向有需要的人群。

（5）针对自雇创业群体提供专项扶持。据不完全统计，自雇创业者在人人聚财借款人群中的占比超过 29%。受到信息不对称、信贷服务成本高、风险补偿能力弱多种因素严重制约，金融对创业群体，尤其是自雇创业群体的服务积极性一直不高，相关金融服务产品，也存在额度低、期限短等问题。人人聚财针对自雇创业群体融资难的问题，制订了专项扶持计划，一方面严审借款需求，支持真实创业的群体，另一方面在风险可控的前提下，适当提升贷款额度，减免费用，降低创业成本，并通过探索性的本地资源联动机制，积极推进创业项目进行。

根据人人聚财的数据显示，截至 2017 年 12 月 31 日，该平台车贷直营门店已覆盖全国 29 个省市自治区，167 个地级市，总数超过 210 家，累计放款达 135 亿元，累计审批通过交易 172968 笔。其中逾 12 万自雇人士通过人人聚财的资金支持实现了经营发展，逾 5 万自雇人士通过人人聚财的资金支持实现了创业创新。

8.4.2　金融科技赋能企业供应链金融典型案例与分析[1]

1. 宜信公司翼启云服简介

翼启云服是宜信公司基于普惠金融的理念，于2015年推出的旨在帮助中小微企业提升金融力的金融科技云平台。该云平台的目标是依托科技和数据服务于供应链金融和产业链金融，并在此基础上依托开放式云平台为广大中小微企业提供从现金增值管理到财务增值的全方位服务。

翼启云服供应链金融业务是以核心企业的基础交易数据为中心、运用大数据和云计算技术，整合核心企业及其上游供应商或下游分销商的信息流、订单流、物流、资金流，通过"四流"进行风险识别。向供应链上下游链属企业提供融资、理财、财务信息化等全方位金融服务。翼启云服产业链金融业务的商超贷是基于零售商品供应商与全国及区域经营良好的大中型连锁零售企业的贸易数据以及稳定的贸易关系，为供应商企业法人提供的信用咨询和融资服务。

依据翼启云服的数据，其供应链金融和产业链金融业务于2016年7月正式面市，在截至2017年12月末的1年半时间里，累计为超过15个垂直行业的9700余家企业提供了整合金融服务，累计授信总额超30亿元，融资余额超6亿元。

2. 典型案例

案例一：供应链金融案例

国内某知名生鲜电商平台的上游供应商多为农户，他们普遍要求用现金采购，如果不能用现金采购，该平台将面临较高的采购成本。该平台的下游为个人消费者，资金回笼较慢。随着销售规模的不断扩大，平台面临较大的资金压力。

2016年9月，该电商平台引入翼启云服供应链金融服务，这项服务主要侧重分析平台与上游供应商之间的历史交易数据，并基于上游供应商与平台之间每一笔交易产生的应收账款，为上游供应商提供融资服务。

根据翼启云服的数据显示，从2016年10月开始，平台的上游供应商回款时间可以压缩到7天以内、较之前最长的60天账期限缩短了90%，供应商内平台的供货量比之前提高了70%；电商平台自有资金利用效率提高了50%，采购成本降低了15%。

案例二：产业链金融案例

北京某商贸公司是物美、家乐福、永辉、欧尚等商超零售企业的供应商，主营南北干货，年销售额6000多万元。每年重大节假日前后是南北干货的销售旺季，但商贸公司由于缺乏固定资产，很难从传统金融机构当中获取资金，往往会错失商机。

[1]　北京大学数字金融研究中心课题组，黄卓．数字金融的力量：为实体经济赋能[M]．北京：中国人民大学出版社，2018.

2016 年 5 月 4 日，该企业申请办理翼启云服商超贷业务，5 月 5 日翼启云服客户经理上门收集授信资料，安装翼启助手软件，自动采集客户发票数据。2016 年 5 月 6 日，通过系统大数据测算，给予客户商超贷授信 300 万元。

2016 年 7 月，客户根据往年经验，看好开心果在中秋、国庆的行情，提款 200 万元，以每箱 500 多元的低价提前备货近 4000 箱开心果。2016 年国庆、中秋节期间，客户以每箱 800 多元的价格销售了大部分开心果存货，收益 100 多万元。

案例三：跨境贸易金融案例

2017 年初，翼启云服和企业级数字化服务商 Trade shift 达成合作，围绕电子发票向供应链上下游延伸，帮助全球化的采购商和供应商建立更密切的贸易联系。2017 年 3 月，翼启云服旗下供应链金融服务产品“翼启融”以 App 形式嵌入 Trade shift 的开放式平台中，境内的卖方企业通过登录原有平台系统即可申请这一金融服务。翼启云服通 Trads shift 平台的数据来对供应商数据进行审核和风险评估，并根据评估结果给供应商授信。

在融资阶段，采购商和供应商在 Trade shift 平台进行交易确认后，供应商即可向翼启云服提出融资申请，审核通过后由翼启云服提前付款给供应商，采购商则依然按照规定时间付款给翼启云服，在保持采购商原有账期的前提下，帮助供应商提高融资效率。

3. 案例分析

中小企业创业过程中资金短缺是影响企业经营的最大障碍，但抵押物或质押物相对比较缺乏，使得它们很难获得传统金融的资金支持。通过数字金融技术，将供应链和产业链中的重要信息作为授信依据，使得企业获得了宝贵的经营资金，实现了创新创业的可能。数字金融带来的优势有三方面的体现。

（1）科技创新驱动供应链金融模式创新。数字金融云平台的供应链金融系统可以为包括核心企业及其链属上下游企业在内的整个供应链提供新价值。对于核心企业来说，上游企业获得融资能够保障上游供应稳定，下游企业获得融资能够增加销量。对上游企业来说，通过应收账款融资增加了资金流动性，有利于生产稳定和扩大；对下游企业来说，通过订单融资、货物融资增加了资金杠杆，有利于业务规模扩大。对于整个供应链来说，引入这类云平台的服务，可以为整个供应链提供增量资金，也可以帮助平抑供应链上不同企业由于结算造成的现金流大幅波动，为实现资源优化配置和提升供应链整体竞争力提供可能。

（2）结合行业经验，引领产业链金融方向。如果数字金融服务的核心团队有商超零售行业的丰富经验，就可以结合大数据、云计算和互联网科技，研发出针对商超等零售供应商的专属融资产品。商超贷产品以商超零售供应商与大中型商超企业稳定的贸易关系为基础，使用发票数据作为授信依据，通过云计算技术实时采集和监测供应商发票数据，结合企业征信数据、个人征信数据、司法数据、工商数据等第三方数据，运用大数据运算模型进行风险识别和风险管理。

（3）科技可以提升金融服务的用户体验。通过安全、高效的云端服务系统，企业客户可以通过网络在线完成融资申请、信用审查、授信额度调整、自助提款和自助还款等多种业务，提款和还款最快数分钟即可到账。这类云平台的服务还可以帮助将客户企业信息系统与云平台信息系统对接，实现实时数据共享和采集，进而降低企业融资成本。

现有的这类云平台，除了为中小微企业提供融资、理财等最基本的金融服务外，还为中小微企业提供涵盖了企业现金管理、成本预算管理、采购管理、财务流程信息化等功能的开放式服务，可以推动中小微企业提升信息化水平和经营管理水平。通过互联网连接到相应的云端服务器就可以享受与大型企业相媲美的信息化便利，可以帮助中小微企业节省大量信息化建设的硬件成本。

综上所述，通过对人人聚财和宜信公司几个案例的分析，可以得出结论：金融科技在支持中小企业的创新和创业中发挥了重要的作用。

8.5　金融科技赋能企业创新经验研究

谢绚丽等（2018）的研究结果充分表明：金融科技和创新之间存在显著正向关系，说明金融科技可能通过提高创新助力创业的同时，对微型企业有更强的鼓励创业的作用，彰显数字金融普惠性的特征。万佳彧、周勤、肖义（2020）在融资约束在金融科技与企业创新活动之间的中介效应的研究发现：金融科技的发展会显著缓解企业的融资约束，而融资约束放松会对企业创新产生显著正向影响，金融科技的创新激励效应对于中小企业和民营企业而言更强。罗新雨、张林（2020）采用固定效应模型和门槛效应模型实证检验金融科技发展对居民创业的影响效应的结果充分表明：普惠金融对居民创业具有十分显著的正向促进作用和区域异质性，且覆盖广度对居民创业的带动作用尤为显著。唐松等（2020）研究发现：金融科技的发展对企业创新具有显著的“结构性”创新驱动作用，特别是具有深度的数字金融发展对企业创新活动的裨益更为明显。

总而言之，本章通过理论、案例、融资困境与成本分析，探究了金融科技与创新创业之间的关系，还验证了普惠金融的发展对创新创业的正面影响的结论。借助以金融科技技术为载体的普惠金融，消除企业与金融机构的信息失真，降低融资成本，助力企业创新创业，促进实体经济高质量发展。同时还建议，为了促进企业，尤其是小微企业创业创新的发展，应采取促进普惠金融发展的举措，比如，促进金融科技技术和传统金融高度融合，完善金融服务的基础设施和征信体系等，以发挥其在助力中小企业发展，促进创新创业上的作用，实现金融科技的普惠价值。

第9章　金融科技助力区域实体经济发展

在以移动互联网普及、数字技术创新、大数据及人工智能技术应用的大背景下，金融科技创新步伐加快。发挥金融科技优势，推动实体经济发展，备受广大学者的关注。探究金融科技创新、经济结构优化与经济增长的内在逻辑，促进实体经济的持续发展，具有重大的理论意义与实践价值。

9.1　背景与意义

本章选取粤港澳大湾区11个城市1997—2018年间面板数据，运用FMOLS和Granger的分析方法，洞悉数字金融、经济结构与经济增长的动态关系及影响机制。结果表明，数字金融与经济结构匹配与否成为促进经济增长的关键。

粤港澳大湾区，由11个城市构成，是新兴的具有活力的世界四大湾区之一，GDP位居四大湾区第二位。粤港澳大湾区建设协议的签署，标志着全球性的城市群建设的空间载体平台已经最终形成，开创了新时代全方位改革开放的新格局，凸显国家开发战略的引领地位。建设湾区，既是新常态下培育新的经济增长极和技术创新动力之源的新理念需要，又是践行“一国两制”理论的新发展。

党的十九大报告和十九届五中全会明确指出，中国经济已经步入新常态，矛盾的转化聚焦于结构和效益的优化问题，致力于经济与金融结构的优化成为经济持续、高质量发展的重中之重，湾区经济发展也是如此。经济越是高质量发展，实体经济越强，综合国力的基石越稳固。没有社会实体经济的长效成长与发展，经济社会就不可能健康、持续、全面发展。实体经济是数字金融水平提升与经济结构优化的基础，没有实体经济的健康持续全面增长，数字金融与经济结构优化就缺乏强有力的经济支撑基础；金融科技与经济结构优化是实体经济增长驱动的“双轮”，没有二者的有效耦合，实体经济增长就成为“无水之源”。因此，粤港澳大湾区下金融科技、经济结构优化与实体经济增长的关系系统研究，对粤港澳大湾区的建设不仅具有重要的理论价值，而且有着促进经济高质量发展的重大现实意义。

9.2 区域实体经济增长的理论基础和影响因素

9.2.1 区域实体经济增长的理论基础

1. 金融与经济增长

自戈德史密斯提出金融结构理论后，Levine 等在研究金融发展与经济增长的关系问题时进行了修正和补充，并发展了金融结构发展理论，肯定金融结构对实体经济的非中性作用。

2. 经济结构与金融相互关系

新世纪伊始，国内外学者高度关注经济结构与金融结构之间的关系，比如 Beck and Levine（2002），Binh et al（2006），Allen et al （2016），主张：经济结构决定金融结构，金融结构对经济结构具有反向作用。殷孟波和贺国生（2001），以我国西南地区为标的，通过金融、经济结构的互动关系实证研究结果表明，与国外学者的主张保持一致。李茂生等（2001）研究表明：金融结构是个体，经济结构是整体，金融结构具有相对独立性，能推动经济结构优化，进一步驱动经济发展。方浩文（2013）认为，金融结构对经济结构的影响具有间接性和长期溢出效应。

李西江（2012）主张，金融结构与经济结构相匹配，区域金融结构发展失衡问题凸显。毛定祥（2006）主张我国金融结构、经济结构二者存在不协调关系。林毅夫等（2006）提出金融结构的最优理论，也即是金融与经济结构是否相互匹配。孙景德等（2012）认为，金融结构与经济结构具有匹配对称性。

董莹莹等（2013）对我国金融结构、经济结构与产业结构的关系进行协整、检验后，提出经济结构与金融结构耦合凸显良性互动，经济、金融和产业结构三者呈现单项因果关系。

9.2.2 区域实体经济的影响因素

King 和 Levine（1993）、Arestis（1997）、Rousseau 和 Wachtel（2000）、Bech 和 Levine（2004）等学者的研究表明：金融市场及其稳定性、市场回报率、金融结构等元素，与经济增长相互作用和影响，实体经济的特征决定金融结构的变迁和优化。

综上所述，通过梳理并分析研究经济与金融机构优化的不同文献，可以得出：对三者局部关系研究较多而整体研究较少，研究的理论框架体系还未形成，缺乏系统地研究数字金融与经济结构优化及其二者的耦合对实体经济增长的影响，经验研究处于起步阶段。

9.3 研究设计

9.3.1 构建经济增长、经济结构与金融科技水平的框架并提出假设和计量模型

1. 理论框架

以 $Y=AK^{\alpha}L^{1-\alpha}$（新古典理论）为基础，融入金融科技、经济结构因素，模型为：

$$Y=\sum Y_t(AKL)\sum Y_t(F)$$
$$=\alpha\text{ES}+\beta\text{DF}$$

其中 $\sum Y_t(AKL)$ 为经济结构（ES），$\sum Y_t(F)$ 为金融科技水平（DF）。

经济增长带动经济结构优化的动力是经济稳定增长，经济结构反过来推动经济增长的动因在于经济结构优化。经济增长带动金融结构优化的支撑点是化解经济金融风险，金融结构对经济增长的能动性是提高风险管理水平，基于要素利益诱致，驱动资源要素向新兴的产业部门转移。

2. 研究条件假定

依据上述文献总述以及基础理论构架，做出以下三个条件假定：

H1：经济结构优化与经济增长呈正向关系。

H2：金融科技水平提升有助于经济发展和增长。

H3：金融科技与经济结构交互项的耦合效应（呈正或负）。

3. 计量模型构建

经济结构转型和金融科技创新促进经济增长的枢纽是经济结构与金融结构的耦合。考虑经济发展的长期性和收入、制度等其他因素的影响，本文计量模型构建如下：

$$G_{\text{y}}=\alpha+\beta_1\text{ES}+\beta_2\text{DF}+\beta_3\text{ES*DF}+X+\mu$$

其中 G_{y} 为经济增长，ES 为经济结构，DF 为金融科技水平，ES*DF 为经济结构与金融科技的耦合效应，X 为其他因素。

9.3.2 数据来源、变量描述与研究方法

1. 研究方法

本文实证研究选择 Group Mean Panel FMOLS 法，分析大湾区下经济结构、金融结构优化与经济增长之间的动态关系，运用 Granger 因果关系检验经济与金融结构优化成为经济增长的驱动模式，但是可能存在一定程度的“错位”。

2. 数据来源与变量描述

数据来源于 wind 数据库、中国国家统计年鉴以及香港、澳门的统计年鉴。被解释变量用人均 GDP 对数表示，经济结构的衡量用第三产业占 GDP 的比例表示；金融科技水平使用北京大学数字金融研究中心发布指数。

9.4　区域实体经济增长的模式

对单位根与协整关系进行检验，是因为变量的时间序列的是否平稳、随意性的单位根存在与否和变量内部的是否存在协整关系。对实证分析带来无法忽视的影响（比如，若忽略时间序列的平稳性检验，会导致 OLS 估计结果、协整关系和因果关系检验失真），协整检验的条件是存在单位根和同阶单整，其目的是探究数据的特性、确认要构建的模型，充分肯定或否定因果关系。

第一，对单位根验证，要甄别变量序列的平稳性，如果该序列具有平稳性，则构建计量模型。第二，协整关系检验。如果不具有平稳性，需要进行对差分处理使之成为平稳的时序列，则依据其变化趋势、截距得的实际情况，*P* 值的大小以及原假设来判定是否服从 *n* 阶单整。如果所有的序列都符合同阶单整条件，则可以构建 VAR 计量模型，进行其协整验证并确定模型的内部变量之间的协整关系是否存在，也即是长期平衡关系是否存在。第三，Granger 检验，其前提是变量序列具有是平稳性，若是发现非平稳，则无法进行检验，否则失真。检验目的是说明 *Y* 的结果是否由 *X* 的变化引致。总而言之，平稳性检验具有；检验平稳性功能，平稳，则进行格兰杰检验，不平稳，则进行协整检验；协整检验中能够判定序列单整阶数功能；洞悉时间序列的数据特性功能。

9.4.1　单位根检验

考虑到地区的面板数据的异质性，在这里采用 ADF 等多种方法来进行一一验证，其结果（见表 9-1）。

表9-1　单位根检验

	LLC	Breitung	IPS	ADF	PP
G_y	0.413	2.318	−0.542	18.346	42.546
ΔG_y	-4.415^{***}	-1.431^{*}	-2.611^{***}	36.812^{***}	43.517^{***}
ES	−0.473	0.836	0.537	20.067	20.123
ΔES	-9.125^{***}	-5.225^{***}	-7.036^{***}	68.458^{***}	91.076^{***}
DF	23.678	−1.268	0.354	10.145	41.132^{***}
ΔDF	-9.458^{***}	-6.723^{***}	-8.161^{***}	81.437^{***}	183.651^{***}

注：Δ 表示变量的一阶差分；***、* 分别表示 1%、10% 的显著水平

结果表明，经差分处理后，变量为同阶单整，线性组合可能存在协整关系。

以 Kao 检验为参照标准，运用 Pedroni（1997）方式进行 T、P 值检验，结果（如表 9-2）所示。

表9-2 协整检验结果

方法	统计量	T	P
Pedroni	Panel v	7.842***	0.0000
	Panel rho	0.123	0.551
	Panel pp	−1.301***	0.0000
	Panel ADF	−1.598***	0.0000
	Group rho	−1.724	0.993
	Group pp	−1.405*	0.106
	Group ADF	−1.686***	0.0062
Kao	ADF	−1.607***	0.043
	Residual variance	0.020	
	HAC variance	0.029	

注：***、* 分别表示 1%、10% 的显著水平

结果明确显示，5 个统计变量支持原假设条件，ADF 的面板和组间统计量的关系呈现出显著水平，通过协整方程式，分析自变量系数，对比不同地区经济结构、金融科技水平变量对经济增长的影响。

9.4.2 回归结果分析

选择组间均值面板 FMOLS 法，进行计量回归，结果（见表 9-3）。

表9-3 回归结果

变量	模型1	模型2	模型3	模型4
ES	0.096***	0.156***	0.106***	0.147***
DF	0.425***	0.642***	0.642***	0.698**
ES*DF		−0.007***	0.007***	−0.016*

注：***、* 分别表示 1%、10% 的显著水平

模型 1 的结果表明，自变量在 1% 的水平上统计显著，充分证明经济增长源自经济结构的调整及金融科技水平提升，从而验证假设 1 和 2 成立。

模型 2 表明，由于粤港澳大湾区经济结构和金融科技水平的差异性，考虑到交叉相 ES*DF 后，而交叉相系数为负数且在 1% 的水平下十分显著，证实经济结构与金融科技作用负相关，即耦合作用为负数。

模型 3 是考虑 2018 年人均收入因素后，对高、低收入组分别回归得到。模型 3 显示高低收入组经济结构与金融科技的交叉相系数为正数，且在 1% 的水平下显著，说明经济

结构与金融科技水平之间的相互耦合程度达到“匹配”，实现经济高质量发展与增长。

模型 4 是考虑制度因素后，回归结果显示，经济结构与金融科技水平的交叉相系数为负数，且在 10% 的水平下十分显著，说明在经济结构与数字金融水平之间的相互耦合过程中，存在一定程度的“错位”。

9.4.3　金融科技、经济结构与经济增长三对 Granger 检验

经过差分处理使所有变量成为稳定序列，由此可以进行经济增长、经济结构和金融结构三对 Granger 因果关系分析，一一进行检验，如表 9-4、表 9-5 和表 9-6 所示。

表9–4　经济增长与经济结构的Granger因果关系检验

地区	ES≥G_y			G_y≥ES		
	F	*P*	*K*	*F*	*P*	*K*
香港	4.83136**	0.0465	2	4.79214**	0.0293	2
澳门	4.85013**	0.082	2	4.71053**	0.0297	2
珠三角	3.16814	0.1671	4	4.99103**	0.0361	4
内地	2.66821	0.1407	4	4.98131**	0.0332	4

注：** 表示 5% 的显著水平。≥表示“非 Granger 原因”，滞后期为 4。

结果显示，经济增长是经济结构优化的 Grange 原因，表明经济结构优化是经济增长的作用结果。

表9–5　经济增长与金融科技的Granger因果关系检验

地区	DF≥G_y			G_y≥DF		
	ADF	*t*	*k*	*ADF*	*t*	*k*
香港	14.8251***	0.0006	2	1.23013	0.3609	2
澳门	15.0022***	0.0102	2	1.25095	0.3720	2
珠三角	20.6015***	0.0017	4	1.6892	0.2832	4
内地	19.7257***	0.0007	4	1.66523	0.2605	4

注：*** 表示 1% 的显著水平。≥表示“非 Granger 原因”，滞后期为 4。

从经济增长与金融科技的关系上而言，所有地区呈单向因果关系，明确表明金融科技水平是经济增长的 Granger 原因。

表9–6　经济结构与金融科技的Granger因果关系检验

地区	ES≥DF			DF≥ES		
	F	*p*	*k*	*F*	*p*	*k*
香港	6.26121**	0.0261	1	0.00078	0.9813	1
澳门	6.56321**	0.0322	1	0.00107	0.9927	1
珠三角	1.95182	0.3463	2	0.21348	0.8967	2
内地	1.49564	0.2646	2	0.18025	0.8623	2

注：** 表示 5% 的显著水平。≥表示“非 Granger 原因”，滞后期为 4。

从经济与金融科技水平关系进行研判，香港、澳门的金融科技变化是经济结构优化引致的结果，而内地及珠三角则不存在上述 Granger 因果关系。

9.5 金融科技、经济结构与经济增长的机制分析

从宏观视角来看，假设社会经济由生产性的传统经济（即实体经济）部门和非生产性的新兴部门构成，当生产性的传统经济部门与非生产性新兴部门的合意资本比例匹配时，社会实体经济就会实现高质量的发展和增长。以此为主要条件，对经济与金融结构的内在机理以及对实体经济增长的影响进行理论分析，为经济、金融结构与经济增长的实证研究奠定理论上的支撑基础。

9.5.1 经济结构与金融科技水平作用的内在机制

在上述假定的基础上进行细分，传统的经济部门 M 由子部门 M1 和子部门 M2 组成，M1 为传统产业部门，M2 是传统金融部门。同理，新兴的经济部门 N 的构成与之相对应（如图 9-1）所示。

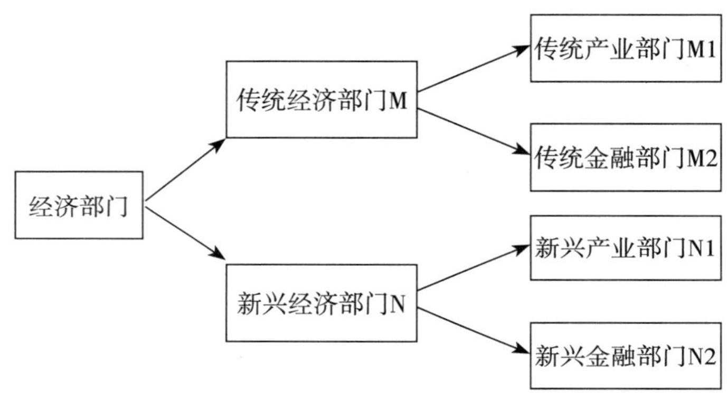

图9–1 社会经济不同部门

借鉴杨琳和李建伟（2002）的构建生产函数模型，考虑到资本存量与投资及折旧关系（$\Delta K=I-\delta K$），具体模型如下：

$$Y=F(K_m, K_n)$$

约束条件：$K_m+K_n=K$

$$\Delta K=I-\delta K$$

其中，$K_{m1}+K_{m2}=K_m$，$K_{n1}+K_{n2}=K_n$，K_{m1} 和 K_{m2} 分别是传统产业、传统金融部门的资本存量，K_{n1} 和 K_{n2} 分别是传统产业、传统金融部门的资本存量。

当实体处于均衡发展态势，且两大部门内部的合意资本匹配比例（$K^*_m=K^*_{m2}/K^*_{m1}$ 和 $K^*_n=K^*_{n2}/K^*_{n1}$）合理时，经济与金融结构稳定，且两大部门都呈现出稳定的增长态势。

随着实体经济的持续均衡发展，国民收入的增长，人们对新产品的需求不断增加，打破原有传统经济部门的产品、产业结构的稳态，迫使产业经济结构升级，引致实体经济结构的升级与优化。与此同时，新兴的经济部门亟待要求新兴金融部门提供更多的金融产品投资和规模较大的持续有效的多方位的金融服务，而传统的金融部门已无法满足需求。在

经济结构升级优化过程中，传统经济部门的资本存量 K_m 趋倾向于下降，新兴部门 K_n 的资本存量趋于上升。这就意味着新兴部门投资逐渐提高，传统部门恰恰相反。

依据经济学家休・T. 帕特里克的“需求追随”理论，经济结构的升级优化导致金融结构的变化和经济的大规模化，势必要求金融部门为经济主体提供多种新的金融产品和服务。由此可知，与传统的经济部门 M 相比，新兴的经济部门 N 需要更多的金融服务，也就是说部门 N 金融资本比例提高。

基于经济部门预算约束，在经济结构调整优化过程中，尽管部门 N 新的投资增量或资本存量受到制约，由于新兴经济主体对新的金融服务导向和金融要素利益诱发所致，社会资源由传统经济部门流入新兴经济部门，也即是具体的表达形式：

$$\Delta K_{n2}>\Delta K_{m2}; \ \Delta K_{n1}<\Delta K_{m2}$$

总而言之，经济结构升级优化导致金融结构相应的变化，资源从传统经济部门流出，流入新兴经济部门，而且内部的资本存量运动轨迹为：方向相反，流出流入数量不等。多余部分转移到新兴金融部门，流入新兴金融部门的资本量大于传统金融部门流出的资本量，由此表明，经济结构优化后新兴经济部门所需金融服务高于传统经济结构的需求。

9.5.2 金融科技水平与结构优化对经济增长的影响

依据上述分析可知，经济结构升级优化，生产相同数量产品的新兴经济部门需要增加投资，则新兴经济部门投资量 I_n 增加，传统经济部门投资量 I_m 会减少。与此同时，由于资本存量流向从传统经济部门 M 到新兴部门 N 转变，基于 $\Delta K=I-\delta K$，若不考虑折旧，则传统部门投资会减少同样的数量，新兴经济部门会增加等量的投资数量，即 $\Delta K=\Delta I_m=\Delta I_n$。

根据“投资 - 乘数”加速原理，新兴部门 N 只有增加 I_m，才能使产量增加，即 $\Delta Y_n=\frac{I_n}{1-I_n}$。同理，传统部门 M 产量减少，即 $\Delta Y_m=\frac{I_m}{1-I_m}$。

因为 $I_n>I_m$，且 $\Delta I_m=\Delta I_n$，所以 $\Delta Y_n=\frac{I_n}{1-I_n}>\Delta Y_m=\frac{I_m}{1-I_m}$。

即 $\Delta Y_n-\Delta I_m>0$，表明新兴经济部门 N 的投资增量所引致的产量大于传统经济部门 M 减少的产量，则整个社会经济产出增加，经济发展处于高速增长态势。

9.6 结论与建议

9.6.1 结论

综上所述，本文通过分析金融科技、经济结构与经济增长三者关联机制和上述假设的实证结果，得出如下结论：经济结构与经济增长成正比，金融科技水平促进经济增长和发展，经济、金融科技的耦合对经济增长出现正或负效应，构建经济、金融科技“耦合”机制，放大粤港澳经济发展和增长效应。

9.6.2 建议

为了促进粤港澳的建设和经济的持续、平稳、高质量发展，结合上述结论，提出以下政策启示：

第一，从经济结构与金融科技水平匹配角度看，构建粤港澳优势互补、协同耦合发展的有效机制。一是营造经济优化与金融科技水平提升的外部环境，实现经济金融制度的供求均衡，打破制度对经济与数字金融的桎梏。

第二，明晰三地经济发展的侧重点，确定经济与数字金融内部的不同合意资本比例，精准实施合意资本比例的动态监测和控制，回归二者的合理匹配与均衡。从金融科技水平视角看，以金融结构性供给侧改革为基点，提高金融科技服务实体经济的功能。一方面，优化数字金融融资结构、金融市场体系和金融产品结构，构建以政府引领与市场需求相结合的、多功能的、提供异质性产品服务的、数量众多中小金融结构的现代数字银行体系，满足实体经济发展的实际金融科技结构性的需求。另一方面，优化金融市场尤其是资本市场的融资结构，完善市场制度，化解金融风险，提高直接融资比例，大力发展科技金融，激活金融活力。

第三，从经济结构优化视角来看，着力促进产业结构升级转换。一方面，倾斜产业政策，培育战略性新兴产业，以数字金融技术为主要载体，实施由“制造业”向“智造业”驱动转换。另一方面，引导实体企业技术创新和改造，生产“高、精、尖”的优势产品，提高产业市场竞争力。

第10章　金融科技技术催生新的金融业态

金融与科技深度融合，深刻改变金融服务市场格局，对传统商业金融模式提出新挑战，催生新的金融业态。金融科技行业细分赛道众多，涵盖支付、借贷、投资、财富管理、保险、解决方案输出等业务形态，参与主体包括传统金融机构、互联网企业、专业领域金融科技公司等。

10.1　金融科技行业赛道

10.1.1　银行科技业态

数字化能获得快速发展，央行、商业银行以及银行金融科技子公司是主要推动力。近些年来，银行业发力金融科技领域，借助技术推动整体向数字化、智能化、生态化快速发展。银行持续加大科技投入力度，在平台建设、零售金融、公司金融等方面取得了一定程度进展。央行发起设立金融科技公司引领行业发展，商业银行与科技公司合作完善业务生态布局，大中型银行成立金融科技子公司发力转型。

银行金融科技应用快速发展，手机银行、智能柜台、交易银行、智能客服、智能投顾等增值服务全面推出，提升客户体验、降低运营成本，各业务协同形成正向循环。尤其是，金融科技在信贷业务领域应用广泛，目前大数据和人工智能技术已较为成熟，主要包括消费信贷、中小企业贷款及供应链金融。消费信贷具有小额、分散、高频的特点，内嵌于日常生活，与消费场景深度融合。中小企业抵质押物较少、价值较低，银行难以触达和有效服务中小微客户。随着金融科技和业务的逐步融合，在中小企业贷款以及供应链金融方面，银行可以通过金融科技提升数据收集能力、构建信用评级体系，极大提高支持中小企业融资效率。

10.1.2　保险科技业态

头部险企和互联网保险公司发展迅猛，传统互联网公司加速布局。保险科技市场主要参与主体有三类，分别为传统保险公司、互联网保险公司以及互联网公司。传统保险公司是当前推动保险科技运用的主力，互联网保险公司是保险科技生态的重要力量，互联网公司是保险科技生态的新生力量。保险业务的核心链条包括产品设计、销售、投保核保、理赔四个环节。以人工智能、云计算、大数据、区块链等新一代信息技术应用为代表的保险科技，正在深刻改变保险业务模式，重新塑造保险业务的核心价值链。

10.1.3 证券科技业态

金融科技投资大幅度增加，头部券商、互联网券商和软件服务商三分天下。证券领域金融科技参与者主要包括大型综合类券商、互联网券商和软件服务商。大型综合类券商通过自建团队、合作开发等方式，注重培育自主研发能力；互联网券商主打流量运营；软件服务商专注产品开发。

金融科技广泛应用于证券行业经纪交易等标准化业务上，在投行、合规风控等依赖人力和经验的业务尚未大规模应用。具体体现：以互联网、大数据升级移动终端、精准获客，以智能投顾增加客户粘性和服务附加值，以流程自动化 RPA 技术和数据仓库提高 PB 机构服务。

10.1.4 资管科技业态

规模庞大、背景多元，但是科技渗透比较低。资管行业参与者包括以基金、银行理财、信托等为代表的资产管理机构。基金行业以二级市场标准化产品投资为特色，金融科技辅助投研决策；以信托为代表的非标投资机构，金融科技水平较低，依旧处于探索期。

金融科技在资管行业的应用场景，除了系统改造降低成本、大数据获客等常规应用，在投研管理、被动产品开发、客户资产配置方面表现突出。被动投资方面，算法和量化模型实现低成本、大规模开发指数产品。

10.1.5 互联网金融科技平台

大型平台企业主导，细分市场众多。互联网巨头通过丰富场景、海量用户、网络信息技术渗透到支付、借贷、投资、保险等各个金融服务，形成金融科技头部平台。支付和借贷为主，逐步转向技术方案输出。支付层次上，第三方支付业务是互联网巨头参与金融服务的“敲门砖”，10 家样本企业均完成支付业务布局，通过数以亿计的用户构建金融生态。互联网借贷上，互联网信贷市场规模巨大利润丰厚，互联网平台普遍通过助贷、联合贷、赊销等模式开展借贷业务。互联网投资理财和保险层次上，互联网平台集合银行存款、公募基金、股票、保险等各类资产，试图打造一站式财富管理平台，为金融机构导流。科技输出上，头部互联网平台去金融化，增加对科技研发投入，提供金融服务解决方案。

10.2 金融科技业态细分

10.2.1 金融科技业态概述

金融数据和数字技术双轮驱动，引致金融业要素资源的网络化共享、集约化整合，其业务模式和业态在不断创新和发展，恰如雨后竹笋，呈现出丰富多彩的数字货币、支付、互联网贷款、智能投顾、证券科技、保险科技、数字理财等金融新业态（如图 10-1）所示。金融科技技术已经广泛渗透到人们的生产和生活中，逐渐成为加快金融数字化转型，促进金融模式创新，提升金融服务实体经济水平的着力点。

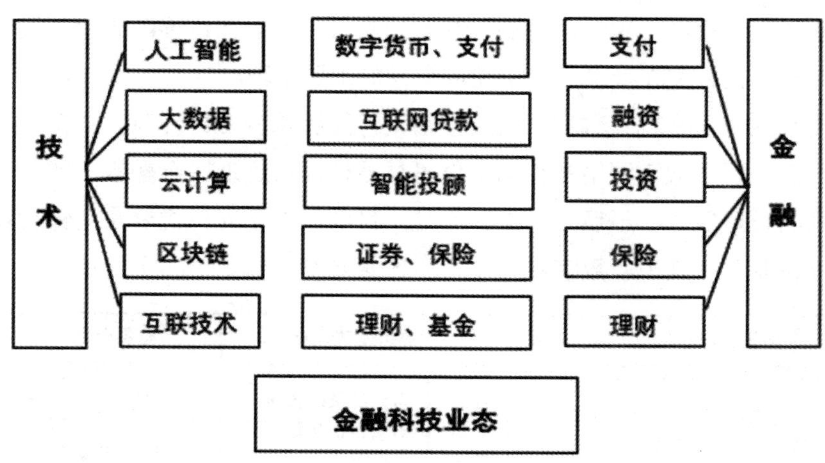

图10-1　基于技术和金融融合的金融业态

10.2.2　支付

1. 数字支付

（1）支付体系的演进

纵观世界支付体系，前前后后经历了实物支付、信用支付、数字支付三个发展阶段，支付介质经历了从物理到数字化的演变过程。

早期的实物支付，要求买卖双方必须同时把要交换的物品运输到同一地点，才能完成支付。一般等价物出现以后，物流和资金流在空间上可以相互分离，但一般等价物的便携性和标准化程度低，且普及性不足。私营和国营的信用中介的出现解决了上述问题，纸币和票据使得支付可以脱离真正的实物，而由信用的方式所表达，支付逐渐变成了一种信息的表达。但是由于信息不对称，买卖双方之间的时间、空间不一致等原因，经常会导致交易缺乏通畅，效率低下。电子支付的出现，使得支付方式的信息流动更为通畅，使得货物流动和资金流动能同时运转起来，从而大大提升了支付的效率。由此可知，支付体系演进（如图 10-2）所示。

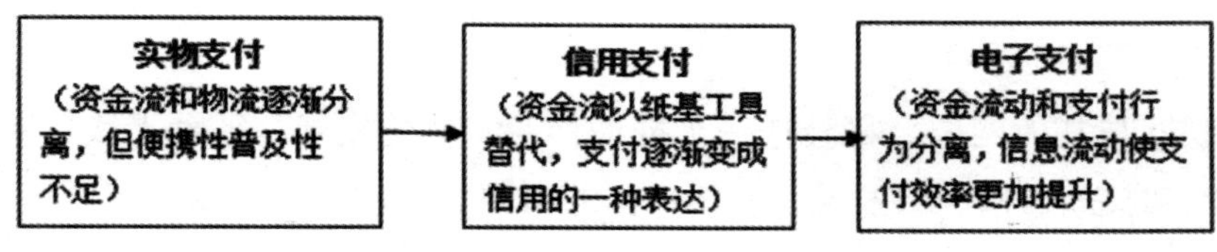

图10-2　支付体系演进

（2）数字支付的参与方

随着电子技术的不断发展，人们的支付方式从实物支付和现金支付演变为非现金支付、银行卡支付和电话支付。进入21世纪后，随着数字信息技术的不断发展，支付方式更进一步向互联网支付、移动支付方向发展，互联网支付、移动支付逐渐成为现代社会的重要支付方式，甚至还是人类在社会经济中完成交易的重要手段。

从支付便利性角度来看，数字网络及移动支付能够减少支付环节，降低支付成本。从支付可得性角度来看，数字网络和移动支付可显著提高偏远地区金融服务的可得性，解决农村偏远地区的金融服务“最后一公里”问题。目前，数字支付主要是由银行业和第三方机构来完成支付业务，其中，数字支付业务的各参与方（如图10-3）所示。

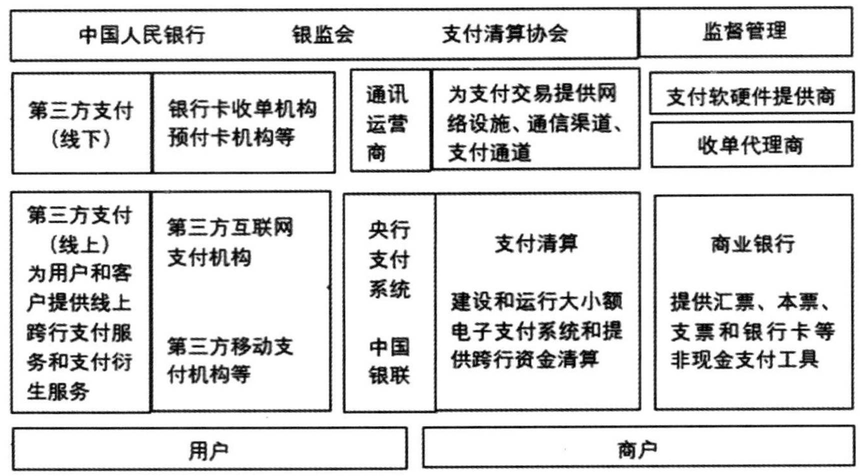

图10-3 数字支付的参与方

2. 移动支付

（1）含义

互联网金融的支付以移动支付为基础。移动支付是指移动客户端利用手机等电子产品来进行电子货币支付。移动支付的发展，体现出了支付的三大发展趋势：第一，终端离散化，从银行柜台到ATM机和POS机，再到无处不在的互联网和移动通信设备；第二，身份数字化；第三，服务通用化。移动支付的核心是，不是每个人都有银行卡，手机里有一个第三方支付账号就可以。因此，人类基本的交易方式发生了改变。

（2）现状

移动互联网与其他网融合将会进一步推动移动支付的发展。随着无线、5G等技术的发展，互联网和移动通信网络的融合趋势已经非常明显，有线电话网络和广播电视网络也将会融合进来。在此基础上，移动支付和银行卡、网络银行等电子支付方式进一步整合。未来的移动支付将更加便捷，更加人性化，真正地做到随时随地以任何方式进行支付。随着身份认证技术和数字签名技术等安全防范措施的发展，移动支付不仅能完成日常生活中的小额支付，也能完成企业之间的大额支付，完全替代现在的现金、支票、信用卡等银行结算支付手段。

云计算保障了移动支付所需要的存储和计算能力，尽管移动通信设备的智能化程度有所提高，但受限于便携性和体积的要求，存储能力和计算速度在短时间内无法与个人电脑（PC）相比。而云计算正好能弥补移动通信设备这一短板，可以将存储和计算从移动通信终端转移到云计算的服务器，减轻移动通信设备的信息处理负捆。这样，移动通信终端将融合手机和传统 PC 的功能，保证移动支付的效率。网络带宽与无线网络通信速度仍有很大的改进空间。基础设施的改进将推进金融支付结算效率持续提升。

（3）特征

在互联网金融环境下，支付系统具有以下特点：第一，所有人和机构（法律主体）都是在中央银行的支付中心下开立账户；第二，证券、现金等金融资产的支付和转移通过移动互联网进行；第三，支付清算完全电子化，社会基本不再需要现钞在市面流通，就算有极个别的小额现金支付，也不影响系统的运转；第四，二级商业银行账户体系将不再存在。互联网如是平的，一些中心节点将消失，此即所谓的金融脱媒。

（4）第三方移动支付交易规模与市场份额

2014 年第三方移动支付市场交易规模接近 6 万亿元，较 2013 年增长 391.3%。2014 年中国第三方移动支付的市场集中度更加明显，支付宝、财付通两家企业占据了 93.4% 的市场份额。其中，支付宝的市场份额为 82.8%，财付通的市场份额为 10.6%（见图 10-4）。艾瑞认为，移动支付代表着第三方支付行业最现金生产力，是将线下支付和线上支付融合一体的新型支付方式，目前移动支付的发展仍处于不稳定状态，整体行业增速主要依靠大型支付公司的亮点业务，国内还缺少硬件环境以及支付场景的普及，但各类智能设备和信息化城市的建设必然会将移动支付所需的基础设施逐步完善，当应用场景能够深入社会正常经济生活中时，个人乃至中小企业端的支付就全可由移动支付完成。

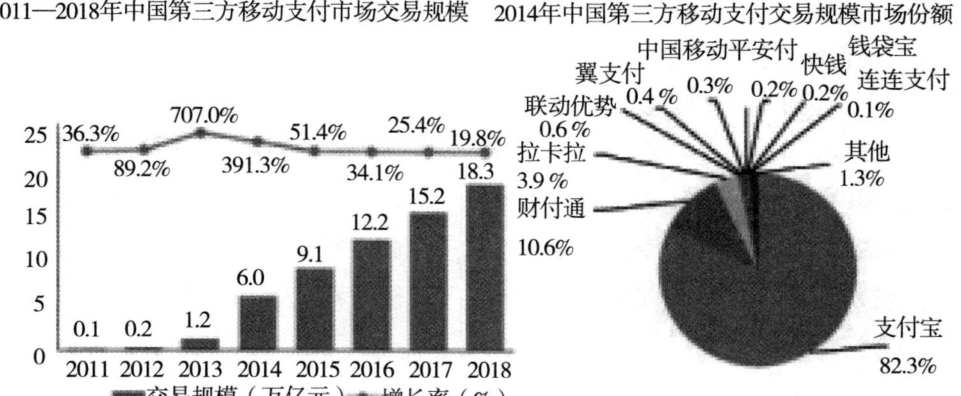

图10-4　第三方移动支付交易规模与市场份额

如果个人和企业的存款账户都在中央银行，将对货币供给定义和货币政策产生重大的影响，同时也会促使货币政策理论和操作发生重大的变化。但是，目前的社交网络已经在内部自行发行货币，用于完成网民之间的数据商品买卖，甚至实物商品买卖，并建立起了内部支付系统。也就是说，互联网货币已经产生。2015 年，从“比特币”的迅猛发展中，人们开始注意到了数字资产的巨大潜力。2016年新春伊始，国际市场上兴起一个叫“消费币”的数字资产深受投资者的热烈追捧。消费币的核心理念是“用价值连接世界”，致力于成为全球企业与消费资本市场之间最方便快捷的价值流通网络，创新数字金融体系。我国央行也召开了数字货币研讨会，深入讨论数字货币的发展潜力及数字货币所拥有的重大意义。会议还指出，在信息科技的不断发展之下，数字货币给现行货币政策带来了新的机遇和挑战。数字货币将带来一系列的正面作用，帮助解决目前货币政策中出现的问题，可以预见在未来的十年内，会有更多有实力的企业参与到数字资产发行与交易活动中来，优质企业以法币为结算基础发行的积分资产将以类货币的形式在市面上广泛流通，成为法币支付结算的有效补充部分。

3. 第三方支付

（1）第三方支付的含义

第三方支付是指具备一定实力和信誉保障的独立机构，采用与各大银行签约的方式，提供与银行支付结算系统接口的交易支持平台的网络支付模式。在“第三方支付”模式中，买方选购商品后，使用第三方平台提供的账户进行货款支付，并由第三方通知卖家货款到账、要求发货。买方收到货物，并检验商品进行确认后，就可以通知第三方付款给卖家，第三方再将款项转至卖家账户上。第三方支付作为目前主要的网络交易手段和信用中介，最重要的是起到了在网上商家和银行之间建立起连接，实现第三方监管和技术保障的作用。

（2）第三方支付的发展现状

中国最早的第三方支付企业是成立于 1999 年的北京首信股份公司和上海环迅电子商务有限公司。他们主要为 B2C 网站服务，在电子商务交易当中，银行若是逐一给数十万家中小商户开设网关接口，成本过高，得不偿失。第三方支付企业的作用就是通过搭建一个公用平台，将成千上万的小商家们和银行连接起来，为商家、银行、消费者提供服务，从中收取手续费。

目前，国内的第三方支付业务模式主要有三种类型：第一类是在银行基础支付层提供的统一平台和接口的基础上，提供网上支付通道。典型的企业有上海环讯、北京首信、云网支付、网银在线等。第二类是依托自身的电子交易网站，建立属于自己的支付平台。第三类移动支付。

（3）第三方支付的特点

在通过第三方平台的交易中，买方选购商品后，使用第三方平台提供的账户进行货款支付，由对方通知卖家货款到达、进行发货；买方检验物品后，就可以通知付款给卖家。

第三方支付平台的出现，从理论上来讲，杜绝了电子交易中的欺诈行为，这也是由它的以下三个特点决定的：

①第三方支付平台的支付手段多样且灵活，用户可以使用网络支付、电话支付、手机短信支付等多种方式进行支付。

②第三方支付平台不仅具有资金传递功能，而且可以对交易双方进行约束和监督。例如支付宝不仅可以将买家的钱划入卖家账户，而且如果出现交易纠纷，如卖家收到买家订单后不发货或者买家收到货物后找理由拒绝付款的情况，支付宝会对交易进行调查，并且对违规方进行处理，基本能监督和约束交易双方。

③第三方支付平台是一个为网络交易提供保障的独立机构。如淘宝的支付宝，它就相当于一个独立的金融机构，当买家购买商品的时候，钱不是直接打到卖家的银行账户上而是先打到支付宝的银行账户上，当买家确认收到货并且没问题的话就会通知支付宝把钱打入卖家的账户里面，支付宝在交易过程中保障了交易的顺利进行。

（4）第三方支付的交易流程

第三方支付模式使商家看不到客户的信用卡信息，同时又有效避免了信用卡信息在网络多次公开传输而导致的信用卡信息被窃事件，以BTOC交易为例的第三方支付模式的交易流程（如图10-5）所示。

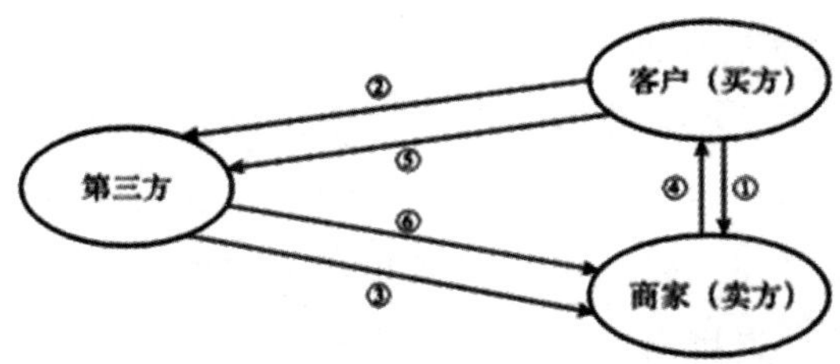

图10-5　第三方支付模式的交流流程

第一，客户在电子商务网站上选购商品，再决定购买，买卖双方在网上达成交易意向；第二，客户选择利用第三方作为交易中介，客户用信用卡将货款划到第三方账户；第三，第三方支付平台将客户已经付款的消息通知商家，并要求商家在规定时间内发货；第四，商家收到通知后按照订单发货；第五，客户收到货物并验证后通知第三方；第六，第三方将其账户上的货款划入商家账户中，交易完成。

4. 支付发展趋势

数字支付加速突破时空限制，与场景融合更加紧密。场景在我们日常生活中随处可见，当你身处某一金融需求场景之中，真正实现“当你需要时，它就在那里”。

随着5G、人工智能、大数据、区块链的发展，生物特征开始用于标识用户身份，生物识别进入支付领域，大大方便用户的支付过程，逐渐成为数字支付的趋势。刷脸支付的自助售货机，用户只需对着摄像头看一眼，全程5秒完成支付，无须移动设备，便已实现购买。

支付的快速发展，除极大地拓展了金融服务的触达能力和覆盖范围之外，还构成了一种金融生态圈，该生态圈以互联网支付为核心和先行者，包括投资、理财、借贷、融资、征信等，对传统金融服务形成了一个有效的补充。同时，数字支付的发展还存在一些不可忽视的问题，比如央行暂停发放第三方机构支付牌照，导致支付牌照在市场上奇货可居；目前的数字支付平台中，未落实实名认证账户比例较高，容易带来洗钱风险，还可能会成为信用卡恶意套现的工具；数字支付集中在四大机构（支付宝、财付通、银商、快钱），它们总共占支付市场比例为 87.3%，已经形成了巨大的规模效应，一旦发生安全和风险事故，很有可能会出现系统性风险；当然还有一些其他问题，数字支付加速了货币的流通速度和放大了货币乘数，形成了信用货币的竞争性供给，为货币供给的可控性增加了难度。结合 2015 年 12 月 28 日央行发布的《非银行支付机构网络支付业务管理办法》，我们认为应该鼓励对有条件的传统金融机构和互联网公司颁发支付牌照，制定技术标准，对具有不同重要性地位的支付公司进行分级管理，针对一些支付公司还有资金池、信用错配、资金托管等功能，需要从业务方面实施穿透式监管，从而共同维护好支付市场，甚至是整个金融市场的有效发展秩序。

10.2.3 P2P 网贷

1.P2P 网贷的发展历程

（1）国外 P2P 借贷的演进历程

2005 年 P2P 在英国诞生。Zopa 是世界最早的 P2P 网贷公司，2005 年 3 月成立于英国伦敦，并在美国日本和意大利推广。Zopa 目前有 50 余万会员，融资额 1.35 亿英镑。它提供的是 P2P 社区小额贷款服务，在 1000 ~ 25000 美元之间，利率完全由会员自主商定。他们运用信用评分的方式首先将借款人按信用等级分为 A*、A、B 和 C 四个等级，然后出借人可以根据借款人的信用等级、借款金额和借款时限提供贷款，当然借款人也可以相应地选择能够接受的贷款利率。为了降低风险，Zopa 会自动将出借人的资金分割为 50 英镑的小包，由出借人自己选择将这些小包出借给不同的借款人，借款人按月分期偿还贷款。

美国的prosper于2006年创立，其贷款业务曾在2008年遭到美国证券交易委员会（SEC）的禁止，后来获得相应的资格后于 2009 年重新开启业务。2013 年 11 月 13 日，Prosper 的日成交量首次突破了 527 万美元，借钱的人要说明自己借钱的理由和还钱的时间。Prosper 负责交易过程中的所有环节，包括贷款支付和收集符合借贷双方要求的借款人和出借人。Prosper 的收入来自借贷双方，收取借款人每笔借贷款 1% ~ 3% 的费用以及出借人年总出借款的 1% 的服务费。由于信用体制完善，Prosper 在身份验证方面的效率非常高，曾经有用户在通过验证的当晚就获得了一笔来自西雅图银行职员的 1.3 万美元借款。

2007 年 5 月在加州上线的贷款俱乐部 Lending Club，是第一家注册为符合美国证券交易委员会（SEC）的安全标准的个人与个人贷款平台。Lending Club 把贷款等归属关系，以及贷款继续转卖等交易形式正式纳入其运营模式，这也是对投资者最大的权益保障，即便出现严重债务危机，甚至 Lending Club 破产或者倒闭，贷出的款项，也会继续得到美国政府的资金保障。这使得 Lending Club 从真正意义上发展成为一个银行和交易平台。Lending Club 于 2014 年在纽约交易所上市。国外 P2P 网贷的演进历程（如图 10-6）所示。

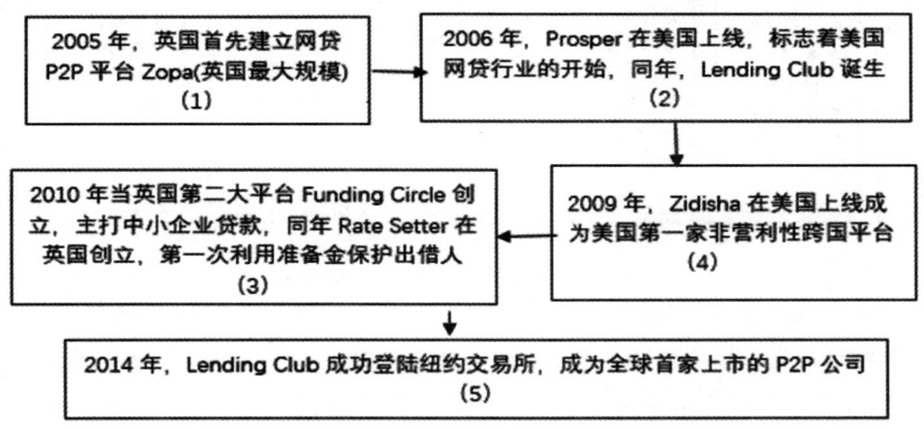

图10-6　国外P2P网贷的演进历程

（2）国内 P2P 网贷的演进历程

2007 年国内首家 P2P 网络借贷平台在上海成立，该平台的成立让很多敢于尝试互联网投资的投资者认识了 P2P 网络借贷模式，一部分具有创业冒险精神的投资人随之尝试开办了 P2P 网络借贷平台。基于以上问题的重复叠加出现，各个网络借贷平台于 2011 年底开始收缩借款人授信额度，很多平台借款人不能及时还款，造成了借款人集中违约。以信用借款为主的网络借贷平台于 2011 年 11 月—2012 年 2 月遭遇到了第一波违约风险。

2013 年起国内各大银行开始收缩贷款，很多不能从银行贷款的企业或者在民间有高额高利贷借款的投机者从 P2P 网络借贷平台上看到了商机，他们花费 10 万左右购买网络借贷系统模板，然后租个办公室进行简单装修就开始上线圈钱。这阶段国内网络借贷平台从 240 家左右猛增至 600 家左右，2013 年底月成交金额在 110 亿元左右，有效投资人在 9 万 ~ 13 万人之间。

2014 年起，国家明确表明了鼓励互联网金融创新的态度，并在政策上对 P2P 网络借贷平台给予了大力支持，这一举动使很多始终关注网络借贷平台而担心政策风险的企业家和金融巨头开始尝试进入互联网金融领域，组建自己的数字 P2P 网络借贷平台。国内 P2P 网贷的演进历程（如图 10-7）所示。

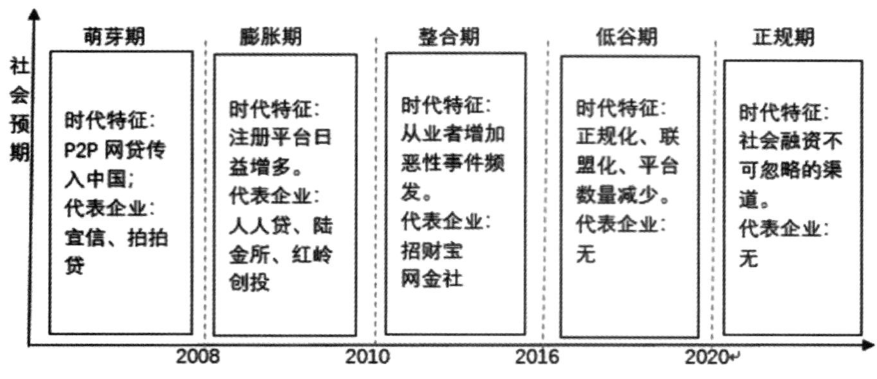

图 10–7　国内P2P网贷的演进历程

据网贷之家及盈灿咨询数据统计可知，近些年来，从 P2P 网贷成交量走势来看：2015 年之后 P2P 网贷成交量呈大幅增长趋势，并在 2017 年达到顶峰，2017 年全年成交量达到 2.8 万亿元；2018 年之后成交量出现大幅下滑，2018 年全年成交量为 1.8 亿元，较 2017 年同期减少了 36.01%；2019 年全年 P2P 网贷行业成交量达到了 9649.11 亿元，相比 2018 年全年 P2P 网贷成交量减少了 46.24%，从数据可以发现 2019 年全年成交量创了近 5 年的新低。至 2019 年底，P2P 网贷行业历史累计成交量约为 9 万亿元，单月成交量呈现上半年高、下半年逐渐走低的态势，四季度成交量维持低位，成交量逐步走低与部分大平台逐步转型、监管“三降”、出借人对行业谨慎的态度密不可分。随着成交量逐步下降，P2P 网贷行业贷款余额也同步走低。

从 P2P 网贷的贷款余额走势来看，与成交量走势基本一致：2017 年之前贷款余额呈稳步上升趋势，但 2018 年开始随着成交量逐步下降，P2P 网贷行业贷款余额也同步走低，这主要是由于 2018 年之后出现的问题平台中不乏贷款余额超亿元的中大型平台。2019 年底，P2P 网贷行业总体贷款余额下降至 4915.91 亿元，同比 2018 年下降了 37.69%。这主要是由于 2019 年行业清退力度加大，平台继续按照监管“三降”要求降低贷款余额，此外多家大平台开始业务转型，停止发标导致贷款余额急剧下降，诸多因素的影响导致行业贷款余额在 2019 年出现了明显的下降。

从 P2P 网贷平台数量来看，2012 年以前 P2P 网贷行业尚处于萌芽期，正常运营平台数不足两百家；2013 年开始 P2P 网贷行业正式进入了快速增长期；2014—2015 年迎来爆发式成长时期，2015 年底正常运营平台数达到 3576 家，相比 2012 年底增长幅度超过 25 倍；但从 2016 年后正常运营平台数呈逐级下降趋势，特别是 2018 年正常运营平台数量急剧下降，较 2017 年末大幅减少 55.47%，2019 年 12 月底，P2P 网贷行业正常运营平台数量下降至 343 家，相比 2018 年底减少了 732 家。2019 年底，正常运营平台数量排名前三位的是北京、广东、上海，数量分别为 94 家、69 家、28 家，浙江紧随其后，正常运营平台数量为 15 家，四地占全国总平台数量的 60.06%。由此可见，2019 年随着行业清退的力度加大，正常运营平台数量出现大幅度下降，导致全国所有省市正常运营平台数量均跌破百家。而出现平台数量急速下降这一现象主要有两个原因：其一是由于监管明确指出2016年8月24日后新设立的网贷平台在本次网贷风险专项整治期间，原则上不予以备案登记，故新上线平台数量大幅减少；其二是受监管政策趋严和雷潮爆发影响，停业及问题平台数大增。

2.P2P 网贷的特点

相比于传统的银行贷款，P2P网络借贷呈现以下4个特点：

（1）借贷双方的广泛性。

（2）交易方式的灵活性和高效性。

（3）风险性和收益率双高。

（4）互联网技术的运用。

3. 国内 P2P 网贷的主要模式

（1）纯线上模式

纯线上模式，意味着P2P网络借贷的客户获取、信用风控、交易放款等全部流程都在互联网上完成。这一模式的“鼻祖”是美国的Lending Club。

（2）线上＋线下模式

线上＋线下相结合的模式，是指P2P网贷公司在线上主攻理财端，吸引出借人，并公开借款人的信息以及相关法律服务流程；线下强化风险控制、开发贷款端客户，P2P网贷平台自己或者联合合作机构（如小贷公司）审核借款人的资信、还款能力。

（3）担保公司担保模式

P2P网贷公司去自身担保后，目前担保主要有四种：一是引入第三方担保，二是风险准备金担保，三是抵押担保，四是引入保险公司保障。

（4）风险准备金担保模式

该模式是指P2P网贷平台建立一个资金账户，由银行或第三方支付机构存管，当借贷出现逾期或违约时，网贷平台会用资金账户里的资金来归还投资人的资金，以此来保护投资人利益。

（5）抵押担保模式

该模式是指借款人以房产、汽车等作为抵押来借款，如果出现逾期或者坏账，P2P网贷平台和投资者有权处理抵押物来收回资金。

（6）保险保障模式

P2P与保险公司合作的方式大致有四种：一是平台为投资者购买一个基于个人账户资金安全的保障保险，保障资金安全；二是基于平台的道德风险等购买保险产品；三是为担保标中的抵押物购买相关财产险；四是为信用标的购买信用保证保险。

（7）P2P+ 票据理财合作模式

P2P 平台与票据理财合作能够提高保障程度与拓宽资产端优质资产来源。

（8）P2P+ 供应链金融合作模式

P2P+ 供应链金融模式，本质上是将产业链上下游的中小微企业在核心企业的信用提升下，获得 P2P 网贷平台更多的金融服务。P2P 网贷平台围绕供应链核心企业，参与上下游中小微企业的资金流和物流，把单个企业的不可控风险转化为供应链企业群整体的可控风险，通过获取各类信息和数据，进而将风险降到最低。

4. P2P 网贷存在的问题

数字 P2P 网贷作为舶来品已经在国内盛行已久，它的高速发展无法掩盖其背后的种种问题，这其中有内部因素问题，也有外部环境问题。

（1）流动性和准备金不足

由于 P2P 网贷行业市场竞争激烈，网贷公司为了获客，提升网站交易知名度，人为的错配贷款期限和金额，来保证公司贷款资金流动性，引致网贷的重大风险——流动性风险。网贷公司通常采用提取准备金的方法来规避流动风险。 但它们提取风险准备金的金额总量和比例则相对较低。既不愿披露风险准备金的来源及用途，也不愿意构建风险准备的监管机制。

（2）担保失真

P2P 网贷公司采取担保形式来保护投资人的利益避免遭受损失。然而担保机构与网贷平台存在较高的关联利益。打着 P2P 平台的幌子为自己融资。这些平台提供的担保本质上是自我担保。

（3）组织架构存在着天然的缺陷，风险管理经验不足

风控部门是 P2P 平台的核心部门，不同的风险理念会导致不同的风险意识。一些 P2P 平台只擅长营销，不擅长风险管理，这会给投资人带来很大的风险。其次，P2P 平台的员工职业素养良莠不齐，也是目前 P2P 平台的普遍现象。

P2P 网贷平台的风控手段单一，只有实地考察、要求借款人提交抵押物、引入担保公司、缴纳风险准备金这几类。各家 P2P 平台都没有风险动态评估系统和风险量化指标，这导致风险管理手段过于零散化、简单化、不系统。

（4）信息披露及信息安全问题

网贷平台并不愿披露其自身的真实财务状况，仅仅发布其逾期贷款情况，但投资者不能准确判断公司的坏账率、平台流动性等关键性决策指标；有些 P2P 网贷公司为了吸引风投资金，刻意去隐瞒有关借款者信息，进行虚假披露。另外投融双方的信息安全问题也值得关注，现在有些平台存在泄露客户个人信息的问题，甚至会存在人为出售投融双方个人信息的现象。这些问题给 P2P 网贷的有序健康发展都带来不利的影响。

（5）征信体系和法律体系不够完善

由于个人征信体系还处于初级阶段，缺乏统一的信息查询和审核系统，P2P网贷平台都无法接入征信系统，这使得P2P平台的贷款质量和效率存在着严重的威胁。比如，借款人拿抵押物重复抵押，在不同的平台申请贷款。

5.P2P网贷对金融业发展的影响

（1）规范民间借贷，抑制高利贷。

（2）促进直接融资发展。

（3）加速“影子银行”市场化。

（4）推动征信体系建设。

（5）创新金融业风控手段。

（6）促进金融监管理念改革和监管方式创新。

10.2.4　众筹

众筹最早起源于西方，当时一位名叫陈佩里的音乐人想要搞一个音乐节，但由于全球经济危机，他拉不到赞助。在此情形之下，陈佩里萌生出了向往届音乐节观众众筹资金的想法。在经过漫长的等待之后，全球第一个众筹网站——Kickstarter诞生。而我国众筹行业的发展经历了三个阶段：萌芽起步阶段、爆发增长阶段和行业洗牌阶段。

1. 众筹的概念

众筹，即大众筹资，本意指用团购＋预购的形式，向网友募集项目资金。当代数字众筹是指由项目发起人利用互联网和SNS（社交网络服务）传播的特性，发动公众的力量，集中公众的资金、能力和渠道，为小微企业、艺术家或个人的某个项目或创办企业提供必要的资金援助。众筹项目既包括新产品研发、新公司成立等商业项目，还包括科学研究项目、民生工程项目、赈灾项目、艺术设计、政治运动等。

数字众筹由三部分构成：①发起人，有创新创业能力但缺乏资金的人；②支持者，对筹资者的故事和回报感兴趣的，有能力支持的人；③众筹平台，连接发起人和支持者的互联网媒介。

2. 众筹的特点

众筹具有基于网络、门槛低、多样性、短周期、低成本和高效率的特点。具体内容如下：

（1）基于网络

众筹投融资的全过程都是基于互联网的。首先，发起人提供项目信息，制作项目视频，在互联网网站上公开展示其项目；其次，浏览该网站的潜在支持者可以通过浏览该网站的所有众筹项目，与发起人进行在线的信息沟通与交流，根据自己的经济实力、兴趣爱好、专业特长、生活需求对这些项目进行赞助、支持和投资；再次，资金的划拨也是基于互联网完成的；最后，投后的管理和回报也是通过互联网进行沟通与反馈的。

（2）门槛低

众筹对于发起人创业投资来说，投资门槛低。任何人无论身份、地位、职业、年龄、性别，只要有想法、有创造能力都可以发起项目。对于支持者来说，门槛相对较低，最低低至几元、几百元，都可以支持发起人的众筹项目。

（3）多样性

众筹项目具有多样性。目前国内众筹网站上的项目类别包括设计、科技、音乐、影视、食品、漫画、出版、游戏、摄影、教育、医疗、健康住宿、旅游餐饮等，因此项目无论是属何种类别，只要能够打动支持者，均可以获得相应的资金支持。

（4）短周期

众筹项目筹资周期短。支持者通常是普通的民众，虽然单人投资额很小，但是经过大量用户的汇集，总投资额却十分可观，能够积沙成塔，帮助急需资金的个人或组织迅速获得低成本的资金来源。一般来说，目前国内各众筹平台上众筹项目筹资期为 1 个月左右，快的项目一两天即可完成融资目标的筹资。

（5）低成本

基于社交网络的众筹相对于传统融资方式的突出优势就是低成本：低启动成本，发起人可以仅拥有自己的创意（设计图、成品、策划等）即可将该项目提交给众筹平台进行审核；低营销成本，发起人将众筹项目发布在众筹平台上，任何浏览该网站的人喜欢该项目便可支持或者帮助推广该项目；低交易成本，项目发布、信息沟通、交易执行等环节都是在互联网上进行，大大降低了交易成本。

（6）高效率

基于互联网的众筹消除了传统融资的中间环节，通过互联网众筹平台将投资者和融资者直接连接起来，双方可以直接、频繁地进行沟通、交流与反馈，使得支持者更加便捷地了解项目，从而能够更加快速地做出支持决策，明显提高了融资效率。此外，交易的执行也是通过互联网平台完成的，大大提高了交易效率。

3. 众筹的模式

众筹包括捐赠众筹、回报众筹、债权众筹和股权众筹等四种模式。

（1）捐赠众筹

捐赠众筹是指投资者以捐款、慈善、赞助的形式为项目或企业提供财务资助，不求实质性财务回报。捐赠众筹主要用于公益事业领域，捐赠众筹模式下支持者对某个项目的出资支持更多表现的是重在参与的属性或精神层面的收获，支持者几乎不会在乎自己的出资最终能得到多少回报，他们的出资行为带有明显的捐赠和帮助的公益性质。捐赠众筹的典型代表平台包括创意鼓、积善之家和新公益等。

（2）回报众筹

回报众筹是指投资者对项目或公司进行投资，获得产品或服务。回报众筹一般是指依旧处于研发设计或生产阶段的产品或服务的预售，与团购（已经进入销售阶段的产品或服务的销售）有所不同，回报众筹面临着不能如期交货的风险。回报众筹的目的主要是募集运营资金、测试需求，而团购主要是为了提高销售业绩，回报众筹鼓励个人和小型创业团队的创意和创新行为。这些创意或创新经常充满失败风险，很难利用传统融资渠道，在熟人圈子中获得充足的启动资金。而众筹平台汇集了一批支持创新、鼓励创意的人群，普遍具备宽容、乐观、慈善精神，其投资兼具商品预购与资助、捐助性质，旨在帮助普通人实现梦想，显著降低了创业团队的心理与经济压力，有助于促进其实现创意，促进整个社会创新氛围的营造。回报众筹的典型代表平台包括 Kickstarter、点名时间和爱创投等。

（3）债权众筹

债权众筹是指投资者借钱给一个项目或企业，取得其一定比例的债权，以期望获取利息收益并收回本金。债权众筹可以简单理解为“我给你钱，你之后还我本金和利息”。由于出借人是大量的个人，借款人也是个人，这种借贷模式通常称为 P2P 借贷。债权众筹的典型代表平台包括玖富、宜人贷和人人贷等。

（4）股权众筹

股权众筹是指投资者对项目或公司进行投资，获得其一定比例的股权。随着互联网金融的发展，股权众筹逐渐成为众筹的一种主流模式。

股权众筹的主要参与主体包括：① 筹资人，又称为发起人，是指融资过程中需要资金的创业企业或项目，通过众筹平台发布企业或项目融资信息以及可出让的股权比例；② 出资人，又称投资者，出资人往往是数量巨大的互联网用户，他们利用在线支付等方式对自己觉得有投资价值的创业企业或项目进行小额投资，待筹资成功后，出资人获得创业企业或项目一定比例的股权；③ 众筹平台，是连接筹资人与出资人的媒介，其主要职责是利用网络技术支持，根据相关法律法规，将项目发起人的创意和融资需求信息发布在网站上，供投资人选择，并在筹资成功后负有一定的监督义务；④ 托管人，为保证各出资人的资金安全，以及出资人资金切实用于创业企业或项目和筹资不成功的及时返回，众筹平台一般都会制定专门银行担任托管人，履行资金托管职责。股权众筹对资金供需双方都起到了积极作用：一方面，对于筹资人来说，可以帮助其解决项目或者企业的资金短缺问题，促进促进小微企业的创立和发展；另一方面，对于普通个人投资者而言，增加了一种投资渠道即投资于项目或企业，使得其也能通过小额投资分享初创企业的成长收益。当然由此引起的风险也值得关注，但是专业人士认为股权众筹是众筹模式中最具有魅力的一种，也代表着众筹的发展方向。股权众筹的典型代表平台有 Upstart、人人投、大家投和天使街等。

股权众筹平台的盈利模式包括中介费 / 佣金模式、股权回报模式和增值服务费模式等。

具体内容如下：

①中介费 / 佣金模式。这是现阶段最常用的收费模式。具体操作方式是：平台在项目融资成功之后，向融资者收取一定比例的成交中介费（或称为佣金、手续费等），通常是融资额的 3% ~ 5% 不等，视各家平台实际情况而定，没有固定比例。人人投、众众投、众投天地等实体店股权众筹平台是这类模式的最典型代表。该模式的优势在于能够获得现金回报，收益明确。但是由于现阶段众筹的项目数量和融资规模都十分有限，仅仅依靠收取佣金、中介费，平台的收益都很少。可以说，这种收费方式其实浪费了众筹的好模式。

②股权回报模式。这种模式是众筹平台获得在其平台上成功融资的项目的部分股权作为回报收益，实际上是股权投资行为。有的平台不仅收取融资顾问费，还要求获得融资项目的部分股权；也有平台仅仅只获取股权回报，而不收取其他中介费用。大部分服务于种子期、天使期的平台往往采取这种模式。该模式的优势在于不仅能够在佣金之外增加回报收益，而且能够以此分析企业的预期，项目一旦成功做大，平台获利空间就比较大了。但由于采用此模式的平台多是类似初创型的公司，退出股权获得收益往往无法在短期内兑现，平台的现状还是难以改变。实际上，现在大多平台的普遍做法是将佣金模式和股权回报模式结合起来，收取佣金后将部分或者全部佣金作为资金投入项目之中，获取比例不等的股权，以此来增加收益。但实质上的大改观还是没有能够出现。

③增值服务费模式。所谓增值服务费模式其实是股权众筹平台为众筹融资方提供各项创业的增值服务并对这些服务收取费用，主要包括创业孵化、财务、法务等服务。该模式的优势在于这部分交易匹配、撮合之外的增值服务，能够真正解决创业企业和项目的痛点。这种模式的收费可以算是未来股权众筹平台的主要收入来源和盈利点。该模式的劣势在于创业孵化服务的成本较高，现阶段平台难以支持。目前，足以支撑此成本的只有资本雄厚的大平台。

4. 众筹平台类型

众筹平台按照业务种类的不同可分为以人人创、众筹客为代表的股权型平台，以点筹网、淘宝众筹为代表的权益型平台，以维 C 物权、智仁科为代表的物权型平台，以水滴筹、腾讯乐捐为代表的公益型平台，以及以苏宁金融、众筹网为代表的综合型平台，如表 10-1 所示。

表10–1 数字众筹平台类型

平台类型	代表平台	平台特色
股权型	人人创、众筹客、第五创、众筹中原	公司出让一定比例的股份，面向普通投资者 投资者通过出资入股公司，获得未来收益
权益型	点筹网、淘宝众筹、开始吧、摩点网	奖励类众筹，又称商品众筹，指投资者对项目或公司进行投资，获得产品或服务
物权型	维C物权、智仁科、钱车网、e资产	通过互联网面向大众筹集资金，用于收购实物资产，通过资产值变现获取利润，其回报可分为经营分红、租金分红以及物权的未来增值收益
公益型	水滴筹、腾讯乐捐、绿动未来、米公益	不以营利为目的，通过互联网或其他媒介向不特定大众募集资金，用于救助灾害、救济贫困等公益事业
综合型	苏宁金融、众筹网、聚募众	众筹平台上项目类别较丰富，包含智能科技、影视娱乐、音乐书籍等类别的项目

5. 众筹的现状

（1）在运营中的平台只有100余家

从在运营中平台数量走势来看，2016年在运营中的众筹平台数量达到顶峰，共有532家，其中物权型平台有155家，在五种类型中数量位居第一。从2017年开始，各类平台数量开始急剧下降，截至2019年6月底，在运营中的众筹平台仅有105家。其中股权型平台数量最多，有39家，占比37%；权益型平台次之，共32家，占比31%；综合型平台14家，占比13%；物权型平台13家，占比12%；公益型平台数量最少，只有7家，仅占比7%。2016年下半年，汽车众筹全面爆发，大量平台上线，使得物权型平台一度在各类型平台中占比最高。但是随着行业快速发展，汽车众筹爆发出诸多问题，不断有平台下线，导致目前物权型众筹平台的数量远不及股权型平台和权益型平台。

（2）数字众筹融资金额逐年增加

虽然近年来众筹平台的数量骤减，但众筹成功的项目及融资额都呈直线上升趋势。2018年上半年，共获取项目48935个，成功项目数为40274个，成功项目融资额达到137.11亿元，与2017年同期成功项目融资总额110.16亿元相比增长了24.46%，成功项目支持人次约为1618.06万人次。

2019年6月，人人创、投哪儿、第五创和众筹中原四家股权型众筹平台共成功10个项目，成功项目总融资金额约9335.51万元。其中人人创成功项目7个，数量最多，成功项目融资金额为8665.01万元。

2019年6月，点筹网、京东众筹、演娱派、开始吧、聚米众筹、摩点网、苏宁众筹、淘宝众筹、小米众筹和乐童音乐十家权益型众筹平台共成功1155个项目，成功项目总融资额为3.43亿元。其中，摩点网众筹成功项目最多，数量为685个；小米众筹成功项目融资金额最高，为14788.61万元。

6. 众筹存在的问题

尽管数字众筹拥有融资速度快、增强项目支持者的参与感和有利于项目宣传推广的显著优势，然而数字众筹融资也存在如下问题：

（1）众筹融资额普遍较低。这个融资额度可以满足部分小型初创企业的实际需求，但是对于许多初期投入较高的科技类、制造类企业来说，显得力不从心。此外，许多国家对众筹的融资上限有规定，例如美国就硬性规定不得超过 100 万美元。

（2）数字股权众筹只适合从未进行过融资，或者只进行过少量对外融资的企业。众筹模式决定了企业在众筹之前必须建立清晰的股权结构，如果初创公司在此之前已经接受过风险投资，股权结构相对复杂，通常会对后续股权扩充和转让附加一定的约束，因此很多平台明确规定不接受已有风险投资的公司进行股权众筹融资。

由此可知，数字股权众筹的应用范围局限于种子期、尚未拿到投资的企业，或者已经拿到天使投资，但是还需要进一步融资的创业企业。事实上，很多公司都是通过天使投资获得启动资金后，再去股权众筹平台进行新一轮的宣传和融资。

7. 众筹发展趋势

（1）监管制度逐渐完善，行业发展更加规范化

《股权众筹试点管理办法》即将出台，国家和证监会对众筹行业的发展愈加重视，随着社会信用体系建设的推进，对“老赖”的打击力度将会越来越大，征信体系的不断完善将推动众筹行业规范化发展。

（2）各类型平台发展不均衡，资源聚拢，平台由多到精

从近年来各类型众筹平台数量占比情况来看，股权型众筹平台发展势头最为迅猛，所占比例逐年增加，在 2018 年超越权益型平台成为数量最多的平台类型。而物权型平台数量占比逐年下降，从 2016 年的 29.14% 下降到 2019 年的 12.38%。

虽然股权型众筹平台发展势头迅猛，但是其众筹项目融资金额和成功数量都排在给类型平台的下游。2018 年上半年，物权型众筹平台成功项目 27976 个，占比 64.64%，成功项目融资金额达 69.13 亿元，占比 50.42%；权益型众筹平台成功项目 7169 个，占比 16.57，成功项目融资金额 53.14 亿元，占比 38.75%；而股权型众筹平台成功项目 875 个，占比仅为 0.58%，成功金额约 12.99 亿元，占比仅为 9.47%。

除了公益型众筹平台之外，其他类型众筹平台的盈利情况都与融资金额挂钩。股权型众筹平台利润较少，但数量较多，或许会面临新一轮洗牌，走向集中化。

2017 年、2018 年两年，众筹平台暴雷现象频发，物权型众筹平台暴雷尤为严重。然而行业成功项目数和融资额都呈现上升趋势，行业头部显现，资源聚拢于头部平台，平台将由多向精发展。

（3）平台垂直类行业细分化，产品复杂化

除公益型众筹外，其他三种众筹模式本质上还是一种投融资行为，专业化和细分化是投资行业的典型特征，差异化发展才能在激烈的市场竞争中占据一席之地。未来众筹项目会呈现出多元化，垂直领域也会更加细分化。

（4）区块链等技术助力，行业透明化

区块链技术的点对点、可追溯、不可篡改等特点，可以使众筹项目资金流转完全公开透明，从而减少行业的信息不对称。通过智能合约，可以将众筹资金的用途完全规定，最大化保障投资人利益，除此之外，通过股权上链，投资人可以链上转让股权，从而创建高效的退出机制。

10.2.5　保险

近些年来，随着各类金融科技的深入发展，保险科技的产业机遇逐渐从依托产业互联网浪潮的上半场进入以智能化为主题的下半场。利好政策的出台以及整体市场趋势的发展使得保险科技的创新成为近几年中国保险业发展的大趋势之一。互联网保险公司、基于互联网的中介平台、为其他机构赋能的技术服务公司，以及各类“跨界”科技巨头纷纷加入保险布局，依靠保险科技打造多维度的保险行业生态圈。科技深度赋能保险业成为明显趋势，也预示着保险从“互联网保险”时代跨入“保险科技”时代。

银保监会明确了互联网保险经营规则、机构及人员管理、监管范围等，并且多次提及“技术”“创新”，保险机构应在风险可控、安全隔离的前提下，积极运用互联网、大数据、人工智能、区块链等新技术，探索互联网保险业务、服务、创新，提高保险经济效率，改善保险消费体验，构建从保险产品研发、销售到客户服务、风险管理和资产管理的互联网保险业务发展和保险科技应用的数字化生态系统，促进互联网保险行业向智能化转型。

1. 保险的内涵和特征

保险是保险公司或第三方保险机构以互联网技术或大数据技术为工具支持保险销售的经营管理活动。网络保险是指实现保险信息咨询、保险计划书设计、投保、交费、核保、承保、保单信息查询、保全变更、续期交费、理赔和给付等保险全过程的网络化。数字保险强调互联网的创新精神，利用大数据、云计算、区块链等互联网技术革新服务模式、销售模式、商业模式，数字保险具有下列主要特征：①虚拟化；②直接化；③电子化；④信息透明化。

与互联网金融相类似，数字保险的内涵概括为：保险为本、创新为魂、互联为器。数字保险的本质仍然是保险，同样具备保险产品风险保障与管理的核心功能，但是在渠道、场景、商业模式等方面实现了创新，并充分利用了互联网新技术，满足了投保人个性化、定制化需求。

2. 保险运营模式

（1）保险公司直销模式。该模式下，保险公司自建 B2C 电子商务网站，以保险客户为对象，将本机构设计的保险产品直接在线销售给保险需求客户。

（2）互联网企业、电商模式。该模式指除了保险公司自营网络平台外，以电商企业自身互联网渠道、场景为资源，为保险消费者和保险机构提供支持辅助销售的网络渠道式平台。例如和迅保险、淘宝保险。

（3）互联网保险公司模式。互联网保险公司是指经保监会批准设立，依赖于互联网和移动通信等互联网线上技术，保险业务全程在线，完全通过互联网线上进行承保和理赔服务的保险从业公司。当前获得牌照的互联网保险公司包括众安保险、泰康在线、百安保险、易安保险、安心保险等。

（4）专业第三方互联网保险平台模式。它是保险类网络平台，以独立第三方的角色，为保险消费者和保险企业提供产品销售和专业服务，能够起到中间制衡作用。平台聚合资源能力强大，具备专业服务优势，主要包括 O2O 模式、B2C 模式以及 O2O 和 B2C 相结合模式三种。①慧择保险网是 B2C 模式的典型代表，其本质是在线金融超市。②大家保险是 O2O 平台，它本身并不从事保险销售，而是通过“客户需求导向模式”为客户提供保险机构、保险产品的深度信息“搜索 + 比价”服务，其本质类似于垂直搜索平台融 360。③大童网是一家兼具 O2O 和 B2C 模式的保险产品平台，是我国规模最大、品种最全的网上保险超市。

3. 保险产品创新

（1）产品渠道创新。将传统线下产品销售渠道改造为互联网来实现，或者开发适合互联网渠道销售的新产品，是数字保险产品创新的“抓手”。在此基础上，通过互联网实现保险售前、售中和售后的互联网化。2015 年 7 月 22 日，保监会出台的《互联网保险业务监管暂行办法》规范了互联网保险，规定保险机构依托互联网和移动通信等技术，通过自营网络平台、第三方网络平台等订立保险合同、提供保险服务的业务。

（2）场景创新。场景化是互联网保险产品创新的重要特征之一，互联网新的生态环境为保险公司产品设计提供了新颖的场景和丰富的地标。通过场景创新推出互联网保险产品，特别适合互联网企业电商网站模式。在该模式下，以 B2C、O2O 电商平台为主的场景嵌入式渠道，能够借用互联网交易场景关联销售各种保险产品，实现以场景化和定制化为主要特征的互联网保险产品创新。

（3）商业模式创新。数字互联网保险商业模式创新，一是通过构建生态圈来实施跨界竞争、客户迁徙，通过基础平台推出“爆款”互联网保险产品来吸引目标客户，实施“交叉营销”保险产品来获取利润。二是以区块链技术为载体，打破传统定价模式，促进商业模式的升级，例如推出精确定价、动态定价的 UBI 车险。

（4）“云”端保险创新。依托阿里云，众安保险推出了云计算保险、数据安全险；依托腾讯金融云，安心保险成为国内第一家全业务系统都在“云”上的保险公司，实现了从营销、渠道、产品乃至运营的全业务链条的互联网化。“云”端保险运用云计算、云存储、区块链、大数据等创新技术与方法，有利于解决传统保险产品风险查勘和理赔环节互联网化的难题。

4. 不同时期我国保险发展的特征

（1）近5年来保险行业累计保费收入大幅度提升

数据显示，2016年我国保险行业保费收入为30904.15亿元，2020年保费收入为45257亿元，与2016年相比，增幅高达46.44%。随着消费者使用互联网消费的意愿不断提升，以及保险公司不断推出新的互联网保险产品，行业渗透率将会进一步提高。

（2）保险投融资数量呈下降趋势

数据显示，2016—2020年中国互联网保险的融资事件数量呈下降趋势，2020年中国互联网保险行业融资事件数为37起，融资金额123.13亿元。从投融资情况看，互联网保险产业的融资数量虽然有下降，但是单笔融资金额却保持增长，这意味着行业的头部企业得到了更大的发展潜力。

（3）保险服务水平显著提高

依据App、小程序、H5等新情况，构建新的家庭智能理财规划系统。在互联网保险行业中，运用智能算法模型，致力于保险服务，形成了较高的用户转化率。2021年7月谱蓝新发布的“暗能—隧穿—跃迁”系统，给互联网保险行业的智能化带来了新的产品、为客户的一站式解决体验带来了新的体验。

（4）保险行业欣欣向荣

2020年全球新冠疫情期间，保险搜索量大增，互联网保险迎来利好。一方面，疫情大幅度地推动了健康险发展，有效提升了互联网健康保险的转化。另一方面，疫情影响下，占比有较大增长，并且疫情大幅提高了互联网保险的转化率。

5. 我国保险业的生态体系与典型案例

（1）数字保险产业生态体系

在资本支持、产业链不断完善的情况下，数字互联网保险已经细分了垂直平台、流量平台和智能金融服务解决方案等不同的细分领域。传统保险在垂直平台以及流量平台中发力，与此同时，形成了如谱蓝、明觉等互联网保险的解决方案类的新模式。

垂直平台由里程保、ok车险、携程、车险无忧和海绵保等平台构成，流量平台由人众安保险、同白葵、保险岛、蚂蚁金服、泰康在线、大特保组成，二者均属于传统产业平台，而由谱蓝、明觉和平安构成的智能金融服务平台提供了新保险模式。

（2）典型案例——谱蓝

谱蓝，成立于2011年，注册资本5000万元，在互联网保险代理领域深耕十余年。在公司的多年发展下，与昆仑健康、瑞华健康、横琴仁寿和爱心仁寿等保险公司达成合作关系，为企业产品迭代及发展奠定了基础。谱蓝主力推广“横琴臻享一生”“小金罐”等产品，在业界具有一定的认可度，在2020年12月，谱蓝新单保费突破1亿元，从产品销售情况看，谱蓝的跨品类复购率达40%，实现了从增量市场到存量市场的迭代。

人工智能和大数据的发展为金融业的革新带来了契机，互联网保险也向智能化方向发展，因此相关企业也在试图通过新技术实现产品的智能化转型，以达到适应市场发展的需要。谱蓝作为较早探索国内互联网保险智能化的企业，依托“量化模型”和“智能算法”，形成了“暗能—隧穿—跃迁”一体化的业务链条系统，实现了产业的前期、中期和后期的全链条的覆盖。

基于数据挖掘和智能算法形成的“暗能—隧穿—跃迁”系统，可以全链条覆盖产业的前期、中期和后期，具有先进性和全面性，数字化性质贯穿全过程。首先，在数据湖中找到相应的数据；然后，通过暗能系统提供决策支持并人为下达决策；其次，通过隧穿系统传达决策并跟踪执行，运用跃迁系统进行深层次规划；最后，隧穿与跃迁中的数据反馈到数据湖中以待下次使用。

在当前的社会结构和消费模式变化背景下，互联网保险用户面对新的需求和痛点。例如“80后”“90后”群体面临较大的家庭压力，对合理规划财产并实现财产升级的需求迫切。因此，互联网产业需要适应新的用户特点，通过新的挖掘和转化模式来获得新的客户。在此背景下，谱蓝新产品进一步发掘数据模型的应用潜力，通过算法实现了精准定位、精准推荐。系统把握了互联网时代的先进性，运用算法的观察、行动和想象能力，挖掘新的客源，并充分维护此客源。

6. 我国保险行业的发展趋势

（1）用户需求推动建立互联网保险行业一体化服务

目前，互联网保险行业的目标核心用户覆盖的年龄范围较大。这些消费者群体不仅要面对疾病、意外等带来的自身风险，同时还需要承担子女教育、赡养老人的责任，以及社会角色的交替，这使他们对现有或未来的风险更加敏感，从而催生出对于不同类型保险的需求。目标客户的预期风险的多样性，将会驱使互联网保险行业的业务往更加完善的方向发展，并逐步形成一体化服务模式。

（2）监管体系建立带动互联网保险健康化发展

随着互联网保险的发展深化，行业从单纯的渠道更迭阶段逐渐发展到了生态体系的建立阶段，服务链、监管体系等的逐步完善使得行业生态正朝着健康的趋势发展。由于互联网保险涉及资产安全、用户隐私等多个环节，通过依托四个原则建立的监管体系作用，能有效提高市场经营管理水平，带动行业转型升级，促进互联网保险业务健康发展。

（3）创新获客及用户服务模式成为行业新风向

创新获客及用户服务模式是指智能投顾模式，既能够帮助客户解决问题，也能够帮助互联网保险企业解决获客难的困扰。利用大数据技术，整合B端和C端资源，为企业和客户提供有效的解决方案。随着数据量的沉淀以及模式在互联网保险业逐渐普及，智能顾投模式将成为行业的新发展方向。

（4）完善互联网保险产品的重点方向

第一，完善标准化个险产品；第二，探索区块链技术在互联网保险产品交易中的应用；第三，推进定制化产品设计和服务创新，满足网络客户个性化需求；第四，积极开发投资理财类互联网保险产品；第五，强化互联网保险产品的风险防控。

10.2.6　基金

1. 我国基金的演进历程

纵观基金的历史长河，我们可以知道，基金的发展依次经历探索阶段、规范阶段、繁荣阶段、徘徊阶段和多元化阶段。

（1）探索阶段

1991年10月，“武汉证券投资基金”成立，这是我国第一家面向国内投资者的投资基金。1993年，中国人民银行总行发出紧急通知，要求省级分行立即制止不规范发行投资基金和信托收益凭证的做法，基金发展暂时停滞不前。

（2）规范阶段

1997年11月，国务院颁布《证券投资基金管理暂行办法》。1999年3月，证监会宣布逐渐对老基金进行清理规范，2000年10月，证监会发布《开放式证券投资基金试点办法》。

（3）繁荣阶段

2001年9月，华安基金管理公司成立了我国第一支开放式证券投资基金——华安创新。2005年6月，工银瑞信基金成为中国第一家由国有银行直接发起设立并控股的合资基金管理公司。2007年6月，证监会颁布《合格境内机构投资者境外证券投资管理试行办法》。

（4）徘徊阶段

2008年次贷危机，证券市场下行，公募基金规模大幅下降，2012年6月，中国证券投资基金业协会成立。

（5）多元化阶段

2013年6月，国内首支互联网基金“余额宝”上线，6月1日，新基金法实施。2014年，《私募基金监督管理暂行办法》颁布，私募基金采取登记备案制。2019年，公募资金投顾业务试点开展，嘉实、华夏、易方达、南方、中欧五家基金公司获得试点资格。

2. 基金的概念与分类

数字基金是以云计算、大数据、社交网络等现代信息技术为主要支撑，通过互联网渠道实现交易，降低参与资金门槛，费用低廉，并具有民主金融性质的新型基金销售模式和新型金融业态。

在实践过程中，数字基金一般指的是货币基金通过互联网化渠道创新开发的各类“宝宝类”理财产品，具体分为互联网系、基金公司系以及银行系三大类。

（1）互联网系宝宝产品

2013 年 6 月 17 日，阿里巴巴旗下支付宝创造性地推出了第一款互联网系“宝宝类”产品——余额宝。

（2）基金系宝宝产品

基金系宝宝产品是基金公司、证券公司等传统金融机构为了应对互联网系“宝宝”的竞争而推出的互联网基金产品。

（3）银行系宝宝产品

以余额宝为代表的互联网理财的迅速崛起，在短时间内吸引了大量资金，不仅抢走了曾经忠实的银行理财客户，还引发了存款“搬家”现象。为此，各家银行纷纷反击，包括民生银行“如意宝”，平安银行“平安盈”，兴业银行“掌柜钱包”和“兴业宝”，工行“薪金宝”，中行“活期宝”等陆续出炉。

3. 基金的特征及优势

数字基金开创互联网模式进行投资理财的模式，具有以下特征是：①效率高、成本低。②操作便捷，人人参与。③信息对称，供求匹配。

基金的优势：①数字基金跨界创新基金业态，实现数字科技与基金平台的高度融合。②数字基金开拓产品服务和客户体验上的新格局，满足新兴客户群体投资需求。③数字基金运用现代信息技术降低了门槛和理财风险，并且费用低廉，具有极强的流动性，避免挤兑风险的发生。

4. 基金的主体架构和业务流程

（1）基金的主体架构

数字基金涉及互联网平台公司、基金公司和互联网客户等三个主体。互联网平台公司是掌握一定互联网入口的第三方机构，为其互联网客户提供基金购买的平台和接口；基金公司是基金的发行和销售者；互联网客户是互联网平台公司的注册客户，是基金的购买者。

以余额宝为例，余额宝在运营过程中涉及支付宝公司、天弘基金公司和支付宝客户等三个直接主体（如图 10-8）所示。

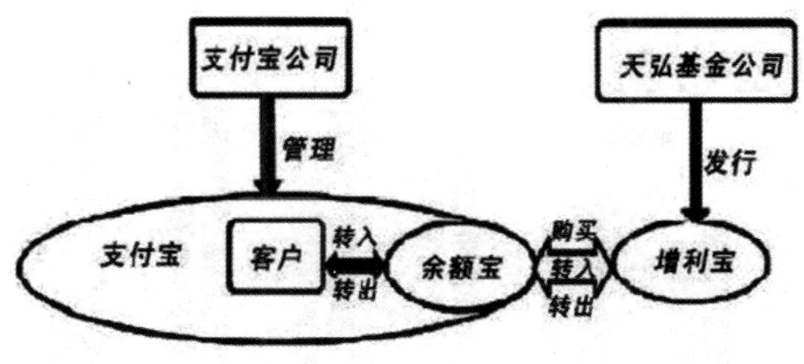

图10-8　余额宝的主体架构

（2）基金的业务流程

数字基金业务流程完全通过互联网平台操作实现，主要包括用户注册申请（对于非互联网平台公司的注册客户）、利用银行卡进行实名认证、绑定银行卡、用户申购、申购确定和用户赎回。

5. 基金管理现状分析

（1）数字基金管理方向不断拓展、主体格局完善

我国数字基金管理业的参与主体主要包括基金持有人、基金管理机构、基金托管机构、基金销售机构、基金投资顾问机构以及份额登记机构在内的基金服务机构等。其中基金管理公司负责基金的投资管理和运作，以申购赎回费、管理费和业绩报酬为驱动。基金管理机构主要分为公募和私募两大类，和公募基金相比，私募基金投资范围更为广泛，可以分为私募证券投资基金、私募股权及创业投资基金、私募资产配置基金、其他私募投资基金四大类。

公募基金的主体包含基金管理公司、证券公司、证券和保险资管公司等；私募基金管理机构则根据基金的投向分为四大类基金管理人。随着基金行业的不断发展，基金管理方向广度不断扩展，参与主体格局接近完整。

（2）基金规模稳定增长

根据中国证券基金业协会公布的数据来看，2015 年到 2020 年第二季度，我国公募基金管理规模和私募基金管理规模均保持平稳增长态势。截至 2020 年第二季度，我国公募基金管理规模达到 16.9 万亿元，私募基金管理规模达到 14.9 万亿元，如图 10-9 所示。

随着资管新规打破刚兑以及“房住不炒”要求的明确，居民投资将更多回归股票、债券和基金等各类净值型产品；同时我国居民可支配收入增长、财富年龄结构转向“80 后”“90 后”，在网络媒体传播的影响下，我国居民投资观念在发生转变。在供给和需求两端的调整下，基金行业有望迎来更加广阔的发展空间。

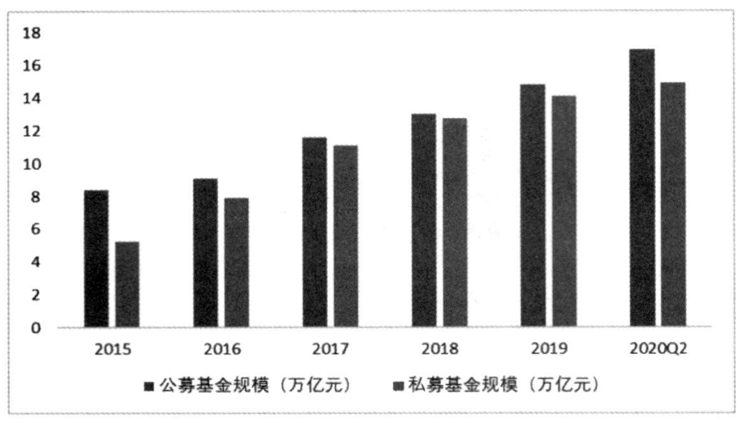

图10-9　2015—2020年我国基金规模

资料来源：中国证券投资基金业协会

（3）基金投资专业化日渐趋显

从（表10-2）中的数据可以看出，基金管理公司管理下来的投资长期回报率明显高于市场指数收益。这反映了近些年来国内主动管理型公募基金能够持续为投资者获取超额回报，基金公司的主动管理能力逐渐获得投资者认同。同时也在一定程度上说明我国基金行业的主动管理能力较强，基金管理人对宏观经济和各行业趋势的总体把控也更为精确。

表10-2　2010—2019年基金指数与市场指数收益率对比

累计收益率（%）	基金指数			市场指数	
	股基	混基	债基	沪深300	中总财富
过去1季度	7.45	6.57	1.6	6.33	1.42
过去半年	11.88	12.88	3.1	7.08	2.83
过去1年	38.15	30.98	6.09	36.07	4.37
过去5年	38.93	56.95	25.46	15.93	23.71
过去10年	70.03	78.16	65.98	14.57	48.8
10年年化平均收益率	7.63	7.21	5.32	3.83	3.66

资料来源：Wind 前瞻产业研究院整理。

10.2.7　智能投顾

1. 智能投顾概述

（1）智能投顾的含义

根据广发证券发布的《机器人投顾：财富管理的新蓝海》中阐释，机器人投顾（robo-advice）又称为智能投顾，是一种新兴的在线财富管理服务，它根据个人投资者提供的风险承受水平、收益目标以及风格偏好等要求，运用一系列智能算法及投资组合优化等理论模型，为用户提供最佳的投资参考，并对市场的动态和资产配置再平衡提供建议。

资配易创始人张家林首次提出智能投顾有别于机器人投顾。他认为，机器人投顾的核心是人＋机器人学习在＋web 服务，而智能投顾的核心则是人工智能（AI）＋云计算，二者是有区别的。

普华永道对智能投顾做出如下定义：智能投顾（robo-advisor）是指通过使用特定算法模式管理账户，结合投资者风险偏好、财产状况与理财目标，为用户提供自动化的资产配置建议。蓝海智投创始人刘震则认为，智能投顾是一个机构投资的理念方法模型，通过互联网的方式，以专户的形式给个人管理资产。

多数学者认为，智能投顾以ETF作为主要投资标的。尽管智能投顾技术诞生于2010年，时间短暂，但是已经获得国际主流成熟市场的认可。智能投顾（robo-advisor）是一种结合人工智能、大数据、云计算等新兴技术以及现代投资组合理论（MPT）的在线投资顾问模式，因其服务过程能够实现全部或绝大部分自动化操作管理，所以被称为智能投顾。

综上所述，智能投顾是指利用大数据分析、量化金融模型以及智能化算法，根据投资者的风险承受水平、预期收益目标以及投资风格偏好等要求，运用一系列智能算法，投资组合优化等理论模型，为用户提供投资参考并监测市场动态，对资产配置进行自动再平衡，提高资产回报率，从而让投资者实现“零基础、零成本、专家级”动态资产投资配置。

（2）智能投顾与传统投顾差异

智能投顾的出现，暴露出了传统投顾在财富管理上存在的缺陷：一是覆盖的用户有限，管理收费较高，主要面对小部分的机构投资者或高净值客户；二是资源配置效率低，获得客成本较高；三是理财顾问能力参差不齐，知识结构单一；四是传统投顾服务有较高的道德风险，大部分理财经理不希望客户长线持有单一的理财产品，以免佣金收入下降。

智能投顾与传统投顾在服务人群、投资门槛、服务模式及管理费用等多个方面的区别，客观的说明了智能投顾与传统投顾的互补作用，为解决传统投顾服务费用高、覆盖面小、难以满足不断增长的中低收入人群财富管理需求问题提供了解决路径（如表10-3）所示。

表10–3 传统投顾与智能投顾的差异

	传统（人工）投顾	智能投顾
客户范围	仅针对高净值客户	覆盖包括高净值客户在内的大多数类型投资者，以普通投资者为主
投资门槛	比较高，国外一般要求除自住房产外的净资产高于25万美元	极低，可以实现零门槛
服务模式	线下一对一服务	以线上为主，提供有限人工服务或不提供人工服务
服务内容	全方位、多方面服务涵盖资产配置、税收顾问、遗产规划等服务	以资产配置和自动化投资为主
资产类别	基本覆盖所以可投资的资产类别	底层资产多为ETF和场外基金
投资方法	基本面投资	量化投资
收费水平	高，平均费率在1%~3%，可能存在超额收益奖励	低，平均费率在0.25~0.5%，不收取超额奖励费用
风险控制	可能存在行为偏差	基于现代投资组合理论，基于数据模型控制风险
监控效率	依赖人工，无法做到全程实时监控	高，可以做到7/24小时监控
收益来源	Alpha收益与Beta收益	主要是Beta收益
用户体验	流程较为烦琐	简单便捷

资料来源：智能投顾发展现状及趋势研究报告（2020）。

（3）智能投顾投资服务流程和技术流程

招商证券的报告指出，典型的智能投顾服务流程主要包含以下步骤：①客户画像。系统通过问卷调查评价客户的风险承受能力和投资目标。②投资组合配置。系统根据用户风险偏好从备选资产池中推荐个性化的投资组合。③客户资金托管。客户资金被转入第三方托管。④交易执行。系统代理客户发出交易指令，买卖资产。⑤投资组合再平衡。用户定期检测资产组合，平台根据市场情况和用户需求变化实时监测及调仓。⑥平台收取相应管理费。

综上而言，智能投顾平台用户进行投资服务的流程大致相同，大致包括风险测评、获得投资方案、连接账户、进行投资、更新方案、完成投资六大程序或步骤。而智能投顾的核心技术流程体现在现代投资组合理论（MPT）、投资策略生成（ISM）、量化投资策略、智能代理（I A）四个维度，通过人工智能以及大数据技术将四个维度衔接，使之成为一个有效的投资决策系统，并对投资组合进行动态优化调整。与传统意义上的量化交易不同，智能投顾的投资模型参数可以做到实时变动，进而达到自动优化的理想效果。

（4）智能投顾平台分类或模式

根据服务对象和服务方式，智能投顾细分为纯智能化平台、人工投顾协助平台、机构服务平台和传统金融机构的综合服务平台四类。

①纯智能化平台。这类平台通过完全自动化操作帮助客户完成用户画像、资产组合建议、组合交易、动态调整和分析报告，全过程无人工干预。其特点是智能化程度高、产品迭代快速、费率最低，其客户群体更多定位于年轻用户、科技爱好者。这一类平台的典型代表性是 Wealthfront 和 Betterment。

②人工投顾协助平台。这类平台将智能投顾与人工投顾相结合，为所有用户免费提供财务状况分析、投资风险评估、投资组合建立与优化等服务，具有强大的工具属性，能很好地随时跟踪用户理财以及费用支出等方面的行为，可以帮助用户更好地实现理财目标，同时也向有需要的客户提供收费的私人投资顾问服务。这一类平台的典型代表性是 Personal Capital。

③机构服务平台。这类平台为传统机构以及独立第三方财务顾问提供智能投顾解决方案，并不直接面对客户。其特点是满足第三方机构研发能力不足的需求，极大降低了自身获客成本，可以致力于研发更具创新型、智能型的投顾产品。这一类平台的典型代表性是 Myvest 和 nextcapital。

④传统金融机构的综合服务平台。传统金融机构利用自身资源以及规模优势，同时为用户以及顾问群体提供服务，不仅利用智能投顾作为特色吸收了公司原有平台客户以及新增客户，还可以为依托平台的传统财务顾问提供智能投顾产品以便于其更好地服务客户。其特点是，传统金融机构平台自身拥有丰富的产品线，可以自主发行和管理不同的 ETF 产品，提供交易、清算等一系列多样服务，而实现全产业链整合，为客户提供全方位周到的服务。这一类平台的典型代表性是 Vanguard 和 Charles Schwab。

按照平台业务模式，国内智能投顾平台分为三类，分别是独立建议型、混合推荐型和一键跟单型。

独立建议型的智能投顾平台和国外 Wealthfront、Betterman 等知名平台相似，通过调查问卷的方式，对用户的年龄、资产、投资期限和风险承受能力等方面进行分析后，经过计算，为用户提供满足其风险和收益要求的一系列不同配比的金融产品。这类智能投顾平台只为理财用户提供建议，并代销其他机构的金融产品，平台自身并不开发金融产品。平台推荐的金融产品大多数是货币基金、债权基金、股票基金和指数基金等，有些平台还配置有股票、期权、债券和黄金等。

混合推荐型平台在业务中融入了平台自身特有的金融产品，推荐与用户风险相适应的基金或其他理财产品，即向用户推荐的投资组合中，部分金融产品是平台参与开发的。该类型平台仍然通过调查问卷的方式，对用户的年龄、资产、投资期限和风险承受能力等方面进行分析。与独立投资型平台不同的是，混合推荐型平台在经过大量计算后为投资者推荐的产品分为平台特有金融产品和其他机构金融产品两类。例如，一些混合推荐型平台会为用户配置一些平台参与开发的 P2P 网贷产品、票据理财产品、固收理财产品等。与此同时，平台还为用户配置其他机构的金融产品来满足用户需求。

一键理财型智能投顾平台的用户不直接参与具体的金融产品配置方案的制订，用户只需要选择“智能投顾”这项业务，平台就会根据用户的需求和以往的行为数据自动配置产品。即帮助用户管理资金并进行投资，通过第三方平台存放资金以保证用户资金安全。

简单来说，这类智能投顾平台简单明了地给用户“收益率”这个结果，采用机器人进行资产配置的过程，用户不参与其中。比如，有的平台会根据用户行为分析用户资金的转出概率，给每个用户配置流动性需求不同的资产组合，并设置不同的现金保留比例，最后通过机器高效匹配来实现用户间的债权转让，从而保证没有资金池和较好的客户体验。

2. 智能投顾的特点

与依靠理财师、投资顾问实现的传统投顾服务比较，智能投顾具有多方面特点。

（1）大数据、人工智能。大数据和人工智能是智能投顾最核心的技术，也是与传统投顾相比较的最大优势。用户行为大数据与金融交易大数据是机器学习的“养料”，被它们驯化出来的人工智能是整个智能投顾的核心。

（2）门槛低、费率低。传统投顾只服务于中高净值人群，而且每年收取的咨询费率昂贵，智能投顾大大降低了门槛和费率，让投顾服务触达长尾市场。

（3）透明化、便捷化。智能投顾的投资组合完全公开，服务流程标准、简洁，以互联网为服务窗口，实现了 7 × 24 小时便捷服务。

人工智能的优势在于具备自主增加认知的能力，机器学习辅助大数据分析后，能够显著提高其投资管理的认知能力；基于技术可快速识别客户风险偏好、资产流动性；实时跟踪市场涨跌、账户资产、收入水平等因素的变化，对风险偏好的实时动态计算，使得客户分析更加高效，投资建议相对理性。但是目前国内部分宣称开展智能投顾业务的平台对大数据的挖掘并不深入，利用率较低。且从本质上看，各平台在金融产品种类、金融产品配比、大数据运用上实力悬殊较大，并非所有智能投顾概念的理财平台都可以真正做到智能投顾。

3. 智能投顾行业的发展情况

（1）国外智能投顾状况

2008 年金融危机过后，美国传统金融机构还在忙于应对公众巨大的信任危机和严苛的监管政策之际，以 Betterment 和 Wealthfront 为代表的智能投顾创业公司成长起来，它们通过互联网信息技术手段，降低投资门槛，为用户提供个性化、低费率、透明化、便捷化的财富管理服务，成为行业的一股清流。

根据 Credio 数据显示，美国智能投顾行业资产规模从 2014 年的 43 亿美元，上涨至 2015 年的 1218 亿美元，然而 2016 年资金管理规模飙升至 3000 亿美元左右。另外，根据咨询公司 A.T.Kearney 预测，2020 年美国智能投顾行业资产规模或将会达到 2.2 万亿美元。

受益于人口结构变化、人工智能技术发展和监管法规等因素，智能投顾管理的资产规模日益扩张，智能平台数量也随之增加。

从参与主体和进入时间的角度来看，美国的智能投顾公司可以分为独立创新公司和传统金融机构两类，前者以 Betterment、Wealthfront 和 Personal Capital 为代表，后者以 Vanguard 和 Charles Schwab 为代表（见表 10-4）。

Betterment 和 Wealthfront 作为行业创新标杆，通过快速迭代产品，不断开发出新的理财产品来保持其领先地位，到 2016 年年中，它们管理的资产分别达到了 50 亿美元和 35 亿美元。

Vanguard 和 Charles Schwab 是布局智能投顾较早的传统金融机构，截至 2016 年 6 月，Vanguard Personal Advisor Services 和 Schwab Intelligent Portfolios 管理的资产分别达到了 310 亿美元和 66 亿美元，成为市场最大的两家平台。

除此之外，2016 年以来，德意志银行（Deutsche Bank）、TD Ameritrade、美银美林（Bank of America & Merrill Lynch）以及高盛（Goldman Sachs）等也大举进入智能投顾领域，还有更多的传统金融机构跃跃欲试。

由此可知，虽然这些传统金融机构的智能投顾平台成立较晚，但是依靠其庞大的客户群体、强大的产品线、优质的品牌形象以及多元化而全面的服务的优势，一方面吸收了公司原有平台客户以及新增客户，另一方面还为依托平台的传统投资顾问提供智能投顾产品以便于其更好地服务客户。

表10-4 美国智能投顾平台比较

单位：美元

	公司	产品时间	门槛	资产池	收费模式	资产规模
独立创新公司	Wecth form	2008	5百	美股、新兴市场股票、债券等十一大类资产	<1万免费； >1万0.25% /	2016年6月，管理资产35亿
	Personal Capital	2009	2.5万	股票、债券型ETF和现金等资产	从2.5万到100万分五档递减 0.89~0.49%	2016年5月，管理资产34亿
	Betternent	2010	无	股票、债券型ETF和现金等资产	<1万 0.35%； 1~10万 0.25%； >10万 0.15%	2016年6月，管理资产50亿
传统金融机构	Vanguard	Personal Advisor Services 2013.3	5万	包括Vanguard自有EFT和mutualfund在内的资产	每年0.3%的管理费，0.14%~0.3%赎回费	2016年6月，管理资产310亿
	Chades Schwab	Schwab Intelligent Portfollos 2015.3	5千	包括股票、固定收益产品、房地产20个大类资产的53只EFT	每年0.08%~0.24%的赎回费，不收管理费	2016年5月，管理资产66亿
	Black Rock	Future Advisor 2015.8	3千	股票、债券型ETF和现金等资产	每年0.5%的管理费，加ETF管理费	2016年6月，管理资产8亿
	Deutsche Bank	Ariage Finder 2016.1	2.5万	主动管理型基金和被动的ETF	每年0.49%~0.89%的管理费	2016年3月，管理资产20亿
	Gaidman Sochs	Honest Dollar 2016.3	无	Vanguard股票和债券EFT	每名雇员每个月5美元，附加投资产品费	n.a.
	Fidenty	Fldellty Go 2016.7	5千	Fidelity的指数基金和ishares的ETF	每年0.35%~0.4%的管理费，不收赎回费	n.a.
	Bankot Amenca& Memtynch	Gulded Investing 2016.10	2万	主动管理型基金和被动的ETF	每年1%的管理费，不收赎回费	n.a.
	TD Ametitrade	Essential Portiolios 2016.11	5千	每种组合包含5个ETF和现金	每年0.3%的管理费，0.06%~0.08%赎回费	n.a.

（2）国内智能投顾状况

我国智能投顾行业从 2014 年开始发展，根据鲸准研究机构发布的数据，我国智能投顾企业在 2014—2016 年分别增加 19 家、31 家、21 家。2015 年资产管理规模达到 129 亿元，个人可投资资产规模在 30 万 ~ 300 万之间的群体有 3000 万人，个人可投资资产规模在 300 万以上的群体有 160 万人；大众富裕层（个人可投资资产在 60 万 ~ 600 万元）中，40 岁以下群体处于主导的地位，占比达 54.5%，30 岁以下的群体占到 19%。根据波士顿咨询公司（BCG）预测数据，2020 年我国资管市场规模将达到 174 万亿元左右，参考美国智能投顾市场渗透率 5.6%，并考虑到我国资本市场和投资者理念成熟度较低，预计2020年我国智能投顾市场渗透率约为3%，那么2020年我国智能投顾市场规模预计将达到5.22万亿元，如果按照0.2%的平均管理费用估算，则智能投顾行业整体收入规模将突破百亿元。（以上数据来源：HCR中国智能投顾市场发展趋势研究报告）。整体来看，我国智能投顾行业处于初期阶段，智能投顾市场发展态势迅猛，行业整体市场规模相对有限，且该行业目前处于混战时期，没有一个产品能占据较大市场份额。

国内智能投顾的发展虽然跟随美国，但是由于用户特征、金融市场发展程度、税收体制以及监管差异等因素（见表10-5），也存在一定程度的区别。

表10–5　中美智能投顾发展环境比较

	美国	中国
用户习惯	机构为主，中长期投资	散户为主，投机性强
金融市场成熟度	产品丰富，市场有效性强	产品较少，市场波动大
税收制度	多账户体系、多税收体系	无税收规划基础
政策监管	资管、投顾一体化监管	资管、投顾分离监管

从参与主体和进入时间的角度来看，国内的智能投顾公司可以分为独立创新平台、互联网强者和传统金融机构三类（见表10-6）。

表10–6　国内智能投顾平台比较

	公司	产品时间	资产池	投资策略	特点优势
独立创新平台	弥财	2015.4	ETF基金、现金	分散被动管理	优秀的创始团队和顾问团队
	蓝海智投	2015.10	QDI基金、海外ETF基金、现金	分散被动管理，“耶鲁模式”	资深团队和高端客户服务经验
	财鲸	2015.8	美股、海外ETF和现金等资产	分散被动管理，主题策略	研发出财鲸人工智能认知计算模型
	财鱼管家	2014.11	银行存款、信用卡、股票、基金、P2P、公积金等21类资产	跟踪资产、推荐可投产品	首创的“余额记账法”，全资产同步跟踪、分析与诊断，跟踪资产240亿元
	雪球	蛋定投 2016.5	指数基金、海外ETF基金	分散被动管理，主题策略	雪球平台的垂直流量和个性化、多样化的产品线
	聚爱财	资产管家 2015.8	ETF基金、P2P、股票、大宗商品	分散被动管理，主题策略	产品线灵活多样，满足不同客户需求
互联网强者	宜信	投米RA 2016.6	全球300支ETF选出10支跨类别、弱相关组合	分散被动管理	拥有大量的年轻用户群体和良好的品牌形象
	同花顺	iFinD 2015	A股、基金	通过算法构建知识图谱，筛选高胜率投资机会	客户资源、完善的舆情监控系统和强大的量化交易平台
	百度	百度股市通 2015.8	A股、港股	股市知识图谱、事件驱动策略	大数据分析、建模能力和流量优势
	京东	京东智投 2016.1	主动管理型基金和被动的ETF	推荐适合预期的理财产品，不提供后续调仓服务	强大的互联网流量

续表

	公司	产品时间	资产池	投资策略	特点优势
传统金融机构	平安集团	平安一账通 2015.4	平安旗下产品、其他50家机构账户、产品	综合型资产跟踪、理财平台	安全、便捷的实现跨机构账户管理
	嘉实基金	金贝塔 2015.1	A股、港股	主动策略、社区跟投模式	依靠嘉实基金的背景聚集了大量新财富分析师和“达人”
传统金融机构	华泰证券	Assetmark 2016	A股、基金	资产管理、投顾咨询平台	券商经纪业务龙头、投资管理、财务顾问等方面的经验优势和技术优势
	广发证券	贝塔牛 2016.6	A股、ETF基金、固定收益产品	主动策略	自身投研、产品设计等证券专业领域的能力和客户优势
	招商银行	摩羯智投 2016.12	股票、债券型ETF、另类资产、现金等11项资产	分散被动管理	海量的客户中高端群里，理财资产管理规模达2.3万亿元

（3）我国智能投顾存在的问题

通过中美智能投顾发展状况对比分析可知，我国智能投顾行业和产品都尚未成熟，还处于发展初期，智能投顾主要存在投资理念模糊、智能化水平低和法规体系不够健全等问题。

4. 我国智能投顾未来发展前景与趋势

受益于居民财富规模不断增长、资本市场持续深化与广化、人工智能技术不断进化等向好因素，我国智能投顾行业有望迎来壮阔的发展前景：智能投顾将依托其低成本、高效率以及多元化场景、便捷化服务成为财富管理业务发展的重要手段，且随着智能化程度不断提高，科技赋能程度不断加深，智能投顾将通过“人＋机器”模式为投资者提供有温度的全生命周期的财富管理服务，通过全智能模式逐渐覆盖更多长尾客户，从而更加有效地提高我国居民财富管理水平。与此同时，智能投顾市场也将形成少数大型综合智能投顾平台、大量差异化精品投顾平台以及全智能投顾平台共同发展的格局。

我国智能投顾有如下几个发展趋势。

（1）智能投顾的核心是模型和算法，它们需要长时间序列的数据进行学习和修正，也需要较长的时间周期经由市场检验，而这些条件在国内市场短时间难以满足，同时，在人民币贬值的大背景下，国内投资者具有很强的海外资产配资需求。

（2）从投资者角度来看，一方面，国内股票市场散户占比较高，他们更倾向于以市场风向为主导，关注市场短期波动，依赖于追涨杀跌的短期策略，更倾向于个股的简单化操作，较少采取分散投资组合投资。另一方面，智能投顾提供的预期收益率与隐含刚性兑付的 P2P 等资产相比并无明显优势，用户教育还有很长的路要走。但是，拥有强大的用户运营能力和用户行为数据分析能力，能够帮助用户管理、分析理财账户并提供资产配置建议的智能投顾，类似财鱼管家等，更容易赢得用户的认可。

（3）对大多数独立创新型 2C 智能投顾，其最可行的模式是为传统机构以及独立第三方财务顾问提供智能投顾解决方案，从直接2C调整到以2B为主的模式，这样看来，其盈利模式不再直接面向客户，将极大降低它们的营销成本，让它们在激烈的竞争中存活下来。另外，对于传统金融机构而言，通过与智能投顾平台合作实现对自身服务种类的补充，是阶段性实现双方利益最大化的有效路径。

（4）智能投顾在高净值客户财富管理市场，更多扮演着工具的角色。智能投顾将后台功能简化、财富管理数字化、资产建议智能化，帮助财务顾问更好、更有效地服务其客户。

对于之前缺乏理财顾问服务的长尾市场而言，智能投顾更大程度满足P2P市场洗礼出来的客户对被动投资的需求，对于现有财富管理市场起到更好的补充作用。

（5）在不久的将来，中国智能投顾格局会与美国行业格局相仿，占据客户资源和渠道资源，具有成本、规模优势的综合性平台将占有较大的市场份额。在基金销售端占据优势以及拥有庞大客户资源的互联网系京东、同花顺等具有较大潜力，而拥有广泛的零售客户、庞大的投顾团队、众多的线下网点以及强有力的基金销售渠道的券商系、银行系传统金融机构也会在智能投顾领域具备强势地位。

10.2.8 征信

随着征信体系建设加速、计算机网络技术的不断提升和金融领域的信贷需求扩张，征信业的发展也需要适应大数据时代发展所带来的技术变革，被征信群体规模扩大较快。伴随着政策的放开，我国征信市场发展迅速，初步形成政府背景下信用信息机构、社会征信机构、评级公司等机构的相互补充的多元化征信市场。征信机构收集、积累征信数据的同时，也需要提升自身的数据存储能力，丰富所积累数据的维度，提升数据分析挖掘、处理速度等各方面能力，从而促进征信业向一个崭新的数字化时代迈进——大数据征信时代。数据积累是征信机构一项重要的商业资本，大数据征信是征信机构的技术发展方向。征信机构需要不断地开拓数据渠道、发展数据挖掘技术、创新产品和服务，并不断将大数据征信应用到经济、金融、电子商务等各个领域。征信是指由具有专业征信能力并且独立的第三方机构，通过对信息的依法采集、客观记录其信用信息，为个人或企业建立信用档案，并依法对外提供信用信息服务的一种活动，它为专业化授信机构提供了一个信用信息共享的平台。征信是金融发展的基础环节，它发达的程度会直接影响着金融稳定运行和金融发展水平。数字征信是指信用机构通过互联网渠道对个体信用信息进行采集与加工，并依法向合规的信息查询人提供个体信用的历史记录。

1. 征信的发展历程

美国征信行业的兴起源于消费的盛行，经历了发展期、完善期、整合期以及拓展期四个发展阶段，逐步壮大并已经形成了较完整的征信体系，在社会经济生活中发挥着重要的作用。

（1）发展期（20世纪20年代至60年代）

20世纪20年代，大众消费文化开始盛行并催生出广泛的信贷需求，而经济大萧条的出现则造成了个人违约率的上升，整个社会开始关注征信。在这样的背景下，征信市场开始快速发展。而信用卡的诞生更是使信用的应用场景得到了极大的拓展。

（2）完善期（20 世纪 60 年代至 80 年代）

20 世纪 60 年代至 80 年代，17 部法律相继出台，奠定了征信市场的法律基础。在这一阶段，VISA、MasterCard 等卡组织诞生，信用卡的应用进入快速发展通道，与之相伴的是个人征信市场的蓬勃生长。

（3）整合期（20 世纪 80 年代至 21 世纪初）

20 世纪 80 年代至 21 世纪初，银行开始跨区经营并进行大举并购整合，全国性的征信需求诞生。而信息技术的发展使征信机构全国性经营成为可能。于是征信市场也进入了整合期，机构数量从 2000 家减至 500 家。

（4）拓展期（2000 年至今）

2000 年至今，美国征信市场逐步进入成熟稳定期，主要机构开始拓展海外市场，并致力于开发出更多的征信应用。征信市场逐渐呈现出专业化和全球化的态势。

我国征信业发展的四个阶段：

（1）探索阶段（20 世纪 80 年代后期至 90 年代初期）

第一家信用评级公司——上海远东资信评级有限公司成立；对外经济贸易部计算中心和邓白氏公司合作，相互提供中外企业的信用报告；1993 年后，断华信国际信息咨询有限公司等第一批专业信用调查中介机构相继出现。

（2）起步阶段（1996 年到 2002 年）

1996 年，中国人民银行在全国推行企业资格证制度；1997 年，上海资信有限公司成立，经中国人民银行批准上海市进行个人征信试点；1999—2002 年，银行信资登记咨询系统上网运行，并建成地、省、总行三级数据库，实现全日联网。

（3）发展阶段（2003 年至 2013 年）

2003 年，国务院批准中国人民银行设立征信管理和地方性征信机构，中国人民行为征信业监督管理部门；2004 年，中国人民银行建立全国集中统一的个人信用信息基础数据库，标志这一年正式开始启动个人信用体系建设。2005 年中国人民银行制定并颁布了《个人信用信息基础数据库管理暂行办法》，采取授权查询、限定用途、保障安全、查询记录、违规处罚等措施，进而保护个人隐私和信息安全，保障个人信用数据库的规范运行。征信概念这才走进百姓生活，也就是从这个时候开始，越来越多的人开始了解征信。2006 年 1 月该数据库建成并正式全国联网运行。2012 年 12 月 26 日年国务院颁发《征信业管理条例》，旨在规范征信活动，保护当事人的合法权益，引导、促进征信业健康发展，推进社会信用体系建设。

（4）扩张阶段（2013 年至今）

2013 年 3 月 1 日起由国务院发布的《征信业管理条例》正式实施。

2013 年 6 月 28 日中国人民银行征信中心控股的上海资信有限公司推出全国首个基于互联网的专业化征信系统——上海资信互联网金融征信系统（NFCS）。

2013 年 11 月 15 日中国人民银行制定了《征信机构管理办法》，履行对征信机构的监督管理职责，督促各类征信机构严格规范自身经营行为，切实保护信息主体合法权益，实现我国征信业的快速、健康稳定发展。

2014 年 6 月 14 日，国务院印发《社会信用体系建设规划纲要（2014—2020 年）》，全面推动社会信用体系建设。

2015 年 1 月 5 日中国人民银行印发《关于做好个人征信业务准备工作的通知》，要求八家机构做好个人征信业务的准备工作，准备时间为六个月。

2018 年，21 家全国性银行机构应用征信系统，在贷前审查环节拒绝高风险客户申请款额 9117 亿元，在贷后预警高风险存量贷款 13028 亿元，清收不良贷款 1594 亿元。

2018 年 5 月 23 日，百行征信有限公司在深圳正式揭牌，标志着我国的个人征信业务进入一个里程碑阶段。百行征信具有一定的社会公信力，有央行背景，这一点对于开展个人征信这样具有公共属性的服务来说是得天独厚的优势，也是民营征信机构无法比拟的。互联网企业的加入，让征信业真正焕发了市场化和大数据的活力。

2019 年 4 月底，我国征信系统收录自然人 9.93 亿，有信贷记录的自然人为 5.4 亿人，中国已建立起全球规模最大的征信系统。

2021 年 9 月 17 日中国人民银行发布《征信业务管理办法》，标志我国征信行业市场发展逐步走向成熟和完善。

2. 征信产业链的架构与典型案例

征信产业链包括征信数据生产者、征信机构和征信信息使用者。征信大数据框架（如图 10-10）所示。

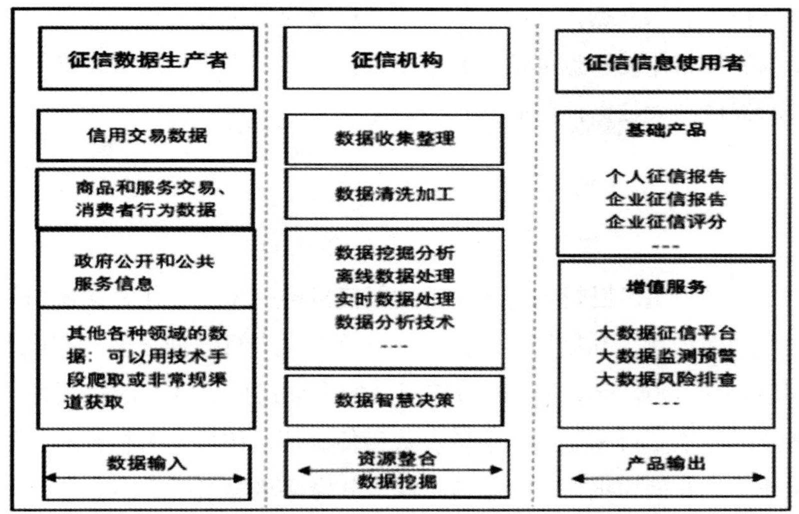

图10-10　征信产业链架构

大数据征信并没有颠覆传统征信的基本职能，从数据的来源渠道看，大数据征信比传统征信数据来源更加广泛，除了来自金融机构和政府部门，还有基于互联网的交易和社交信息等。从征信数据的渠道来源来说，有来自政府公开的信息，也有从市场采集的信息；从征信数据的数据种类来说，有金融交易数据、市场交易数据，也有不少社交行为数据；从征信数据的数据结构来说，有结构化的数据，如数据库里的行数据，也有非结构化的数据，如视频、图像、文本等。

从征信行业大数据应用实施的演变过程来看，可以分为四个阶段：第一个阶段是征信数据的积累，即对通过各种采集渠道获得的各类型的征信数据进行收集和存储；第二个阶段是信息检索过滤，是将积累的数据进行分类检察和过滤筛选之后，变成有价值的信息的过程；第三个阶段是信息深度挖掘，从信息中发现知识；第四个阶段是大数据的至高境界——智慧决策，即对未来的事件进行风险预测，从而采取相应的决策来防范风险。由此可见，征信大数据应用实施的演变过程就是把没有关联关系的大量数据通过一些分析和处理的技术手段最终转变成有用的信息，从而有效地防范风险。

从数据征信产品的应用领域来看，金融领域常用的数据征信产品有银行评级及其他评级报告、专项评价报告、信用咨询类服务、企业征信、金融机构服务等。该领域的产品主要为从事金融活动的相关方提供担保等，收集被调查对象的真实、有效数据信息，经过征信机构判断、评价、分析后，甄别与防范在从事金融活动的过程中各种可能发生的风险。政府领域常用的数据征信产品有评级或评价报告、筹建咨询报告、征信调查服务、信用体系建设咨询等。该领域的产品主要服务于政府部门、行业协会等，不同产品对应于政府相关部门的不同需求。商业或商务领域常用的数据征信产品有评级或评价报告、投融资咨询报告、征信评价报告、供应链管理服务、系统开发等。该类产品是针对商业发展或商务合作开展的大数据征信服务。公共领域常用的数据征信产品有PPP咨询、社会信用产品应用咨询、社会责任报告、大数据排名等，该类产品广泛应用于针对社会公众所提供的大数据征信服务。个人领域常用的数据征信产品有个人征信、个人贷款风险预测等，该类产品应用于针对个人所提供的大数据征信服务。

典型案例

案例一：芝麻信用征信

芝麻信用征信是阿里巴巴蚂蚁金服旗下的征信机构，2015 年 1 月芝麻信用正式上线，通过采集大量互联网信息，并运用大数据及云计算技术进行数据处理，客观表现个人信用记录状况，同时还为 3000 万没有传统借贷记录的人群提供了直观的信用评价，在一年多时间内，依托技术体现了普惠金融的价值，成为传统征信体系的有机补充，提供芝麻信用评分、芝麻认证、芝麻信用报告、风险名单库、芝麻评级等信用产品。

（1）数据来源

芝麻信用的数据来源主要有五个渠道：网购数据、金融数据、公安数据、公共服务数据、合作伙伴数据，目前超过 90% 的数据来自阿里体系之外。

（2）个人信用评分模式

芝麻信用通过借鉴国际上通用的 FICO 信用评分模式，推出国内首个个人“芝麻信用分”评分服务。经用户授权，芝麻信用对五个维度数据进行综合处理和评估，得出客观的个人信用状况评分——芝麻评分，分值范围为 350 ~ 950。持续的数据跟踪表明，分值越高代表信用越好，违约率相对较低。

（3）应用场景

目前在与芝麻信用开展合作的商户以及部分个人消费金融领域中应用，比如住宿、租房、出行、购物、婚恋、签证等。未来芝麻分将根据市场的需要，拓展更加丰富的场景，为高信用的人提供更为丰富的便利服务。

案例二：考拉征信

考拉征信由拉卡拉联合蓝标、拓尔思、前程无忧等上市公司共同成立，是独立、开放的第三方信用评估及信用管理机构，其依托多元的海量数据、领先的大数据处理技术，推出面向政务、商务、社会、法务、个人的全方位信用服务体系，考拉征信的核心竞争力源于其多年的支付行业经历所积累的个人、商户、企业数据以及股东多维度的数据补齐。考拉征信的产品更注重信用场景多元化，包括：考拉个人信用分，主要依托于大数据资源和信用评分模型，构建立体化用户画像，精准量化信用风险；小微商户信用分，这是国内首款解决小微商户的信贷征信领域难题的产品；职场征信产品，这是国内首个为企业提供人才的从招聘到离职的全程雇佣征信服务；互联网金融解决方案，旨在基于考拉的多维度数据和风控模型，保障合作伙伴交易安全，降低风险系数。

案例三：91 征信

91 征信是一种分布式技术服务，为 P2P 公司、小额贷款公司、典当行等民间金融服务机构提供分布式征信技术服务。各机构通过标准化接口可以实现信息互通，进而解决多重负债问题，实现信息互通、联防联控，在贷前避免借款人同时多处借贷，贷中进行管理，贷后全网催收。2015 年 9 月，北京小崔时代信息服务有限公司推出了多重负债技术解决方案的 91 征信平台，91 征信采用会员制分布式的查询方案，通过行业信息的免费、实时对接，着力解决信贷行业因借款人一人多贷、无力偿还所带来的坏账风险，同时对接人人催平台，一旦出现坏账，利用行业内征信可为联盟成员提供高效的催收服务。着重解决五个问题：①一人多贷，为会员企业提供借贷信息互查通道；②平台数据泄露，其只负责数据对接，不抓取数据，数据对接只需要 1 小时即可完成；③解决联盟成员利益问题，强调查询信息或被查询主体的信息脱敏；④向会员企业提供人人催黑名单辅助数据；⑤查询过程针对性强、成本低，具有 1 分钟极速查询功能，实现了查询高效率。

数字征信利用云计算、人工智能和机器学习等数字技术，在采集互联网情境下大数据的基础上，从多维度上进行分析，准确识别和描绘征信对象。与传统征信相比，数字征信能够对被征信对象“全息”画像，且覆盖更多人群。

案例四：FICO 评分

Fair，Isaac and Co.（2009 年时改为 FICO）成立于 1956 年。在初期，市场对信用分析并不了解。1958 年当公司与 50 家美国最大的信用提供商寻求合作时，仅有 1 家愿意会面。1972 年，美国国税局开始应用 FICO 的数据分析软件来判断偷税漏税者并取得很好的效果。再加上信用卡的使用和计算机技术的逐渐推广，FICO 的业务开始得到突破。1975 年公司为富国银行建立了第一个根据消费者行为打造的信用风险评分系统。公司在 1987 年上市，并在 1989 年通过 Equifax 征信公司推出 FICO 信用风险评分。以前，个人信用的审核还主要是面谈形式，在 FICO 推出信用风险评分后，个人信用审核开始自动化和高效化。1991 年三大征信局都开始采用 FICO 风险评分技术。但是 1995 年美国最大的按揭提供商开始推荐 FICO 在按揭贷款评估中的应用对 FICO 的业务具有极其重要的意义。1995 年 FICO 还推出了小企业评分系统。FICO 目前业务已经远远超过了消费者的信用评分。它的其他业务包括决策管理、债务管理、数据分析咨询、中小企业评分系统等。

FICO 是信用评分的先驱，拥有的是对原始数据的深度分析技术，在美国征信体系中起着非常重要的作用。在个人信用评估方面，FICO 利用个人信用历史资料和其他借款人信用行为相比较，从而得出个人违约概率。随着电子计算机的应用，FICO 的推广使得信用审核自动化，进而加快了个人和商业信用的普及。

FICO 评分模型的内容：①数据来源，FICO 是个分析技术提供商，它对三大政信所和其他客户使用其评分模型产品收取特许使用费，而其本身并没有消费者信用数据；②评分区间设置为 300 ~ 850 分；③五个评分维度，包括信用偿还历史、信用账户数，信用使用年限、正在使用的信用类型和新开立的信用账户；④评分等级，不具体划分等级，一般情况下，680 分以上代表信用状况卓著，620 分以下代表信用状况极差，620 ~ 680 之间，信用状况还需要做进一步核实；⑤应用领域，评分结果被美国三大个人征信机构采用，广泛应用于金融、通信、公共服务、日常生活等领域。

案例五：汽车金融

美国斯坦福大学 LiranEinav 等对一个专门为低收入高风险客户提供汽车贷款的公司展开研究。由于这家公司的客户违约性高而回收残值低，因此商业利润的高低完全取决于对客户风险的认知。研究中使用的数据显示，这家客户的家庭平均年收入为两万八千元，仅列于当年全国水平的末端，其中三分之一的贷款申请者无银行账户，86% 是租房户。而且超过一半的申请者在贷款前 6 个月至少逾期了 25% 的债务。如果没有对数据充分进行挖掘，根据这些条件来看，这些客户的违约风险极高，得到信用贷款的可能性极小。传统的针对风险的信用贷方法是增加首付。但是，研究发现对于首付费用的增加，申请贷款的可能性就降低 2% ~ 3%。逆向选择问题将使得车贷申请者的资质更次。

客户汽车贷款公司采用二为变量：客户购车时拥有的现金量和还款期间现金增量，通过数据挖掘的方法，对两个维度数据进行综合处理和评估，使得首付对一些借款者降低，而对另一些借款者增加，一些风险小的客户可以得到更高的贷款，其结果是总体违约率下降。在基于数据处理后，不同风险客户群在首付额调整后，为公司带来的商业利润也较平均值有较大提高。

3. 我国征信市场的规模与特点

（1）征信市场规模

近些年来，随着中国金融市场去杠杆，回归实体经济发展的推进，社会融资规模增量处于持续稳定增长状态。在社会信贷规模增长的同时，信用市场规模也在同步稳定增长（如图 10-11）所示。

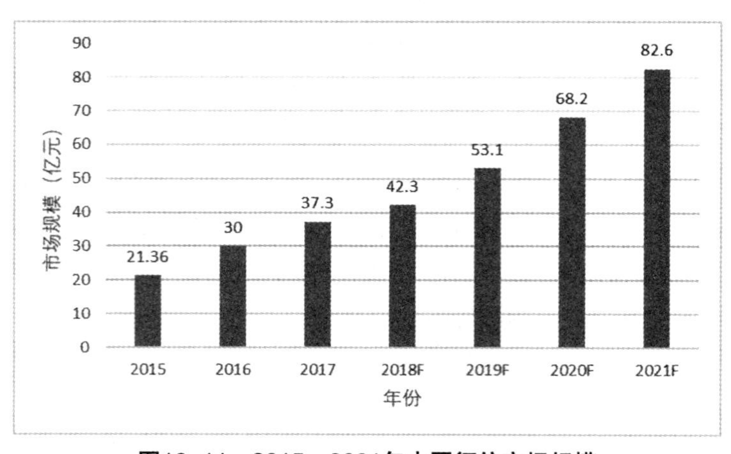

图10–11　2015—2021年中国征信市场规模

（2）与美国征信市场的比较

中国征信市场以政府为主导，而美国征信市场则完全市场化，由于中美两国历史经济发展水平的差距，中国征信行业刚刚起步，与美国成熟的征信市场存在反差，具有社会需求度低、市场集中度低等特点。从另一个角度看，有差距也预示着市场机遇（如表 10-7）所示。

表10-7　中美征信市场比较

	中国	美国
征信机制	政府主导制，强调个人信息保护，但在征信衍生业务方面创新不足	完全市场化，政府充当小政府角色，在业务应用、更新速度等方面具有优势
社会需求度	社会需求度低；中国征信主要集中在个人银行贷款业务，其他应用场景较少，社会信用意识较为薄弱	社会需求度高；美国征信市场应用领域广泛，涵盖银行、零售、保险等多个领域，为用户提供决策分析、市场营销、信用服务等衍生业务
市场离散度	市场集中度低；中国征信市场化刚刚开始，行业处于起步期。从业机构众多，尚未形成市场竞争	市场集中度高；经过几百年的发展，美国个人征信市场、企业征信市场、资本评估市场均已形成寡头垄断的市场格局

（3）我国数字征信市场特点

我国数字征信与传统征信市场相比，拥有以下特点。

①数据来源广泛。数字征信数据来源：线上行为数据和线上交易数据、社交数据如运营商数据，生活 APPS 数据和其他数据，实时的系列行为数据（反映人的心理和本质）。而传统征信数据来源于借贷数据和历史履约数据、信用记录指标或数据、缴费和罚款数据。

②目标客户多。数字征信目标客户包括历史信用记录较差的群体，过去没有发生过信用记录的群体；而传统征信获客目标是已有历史信用记录的群体。

③覆盖人群范围大。数字征信覆盖人群：目前据权威估计 6.5 亿网民，50% 的人口在互联网留下行为轨迹的人群数目巨大；而传统征信则 20% ~ 25% 的人口，且有一定的信用记录。

④数据采集成本低。数字征信数据采集成本相对较低，数据种类丰富多样、多变；而传统征信数据采集成本高，数据源比较单一。

⑤应用广泛。数字征信应用更广泛：从借贷到生活中履约场景，金融属性相对较为薄弱；而传统征信应用仅限于借贷，金融属性相对较强。

4. 征信未来的发展与应用方向

总体发展趋势为信用类 App 用户规模持续增长，信用服务向数字化迁移；政务部门信息共享力度加大，信用奖惩效力提高；信用服务向垂直领域发展，场景服务是持续发展力。

（1）互联网行业发展催生征信需求发展旺盛

以互联网金融为代表的新型互联网服务行业的快速发展将带来大量新的征信需求，包括 P2P 网络借贷、电商金融等互联网金融行业、以淘宝为代表的电子商务行业和以滴滴打车为代表的O2O服务行业等新型行业。对于P2P网络借贷等互联网金融行业而言，需要借助信用信息共享来防范信用风险、降低交易成本，这就需要大数据征信的实时分析技术来随时甄别和防范有可能会发生的风险。对于电子商务行业而言，电商消费者的精细化营销、个性化服务和批量化处理将成为主要的运营模式，这对于大数据征信技术而言，要求更加准确地把握消费者的消费习惯、风险偏好和信用状况。

（2）深层次的信息加工推动征信产品创新升级

云计算、数据挖掘等信息技术的发展和应用，为征信产品的创新和升级奠定了技术基础。一方面，征信机构能够凭借互联网的各种渠道拓展信息来源，降低信息采集的难度和成本，并且利用电子邮件等网络通信技术的新型交流方式，快速、便捷地提供实时、全面的征信服务。另一方面，数据处理能力的提升，使得征信机构能够对其掌握的数据资源进行更充分挖掘和分析，开发出蕴含更高技术含量的产品和服务，满足社会多层次、全方位、专业化的征信需求。

（3）信息安全和信息主体权益保护技术全面加强

随着征信机构采集和存储数据的不断增多，信息安全问题也亟待加强，征信机构通过数据库存储数据和互联网传输信息等技术手段提供征信服务，容易受到黑客有意入侵和病毒攻击的威胁，一旦数据遭到窃取、泄露、篡改，将对个人隐私和客户权益造成侵害。另外，互联网环境下，个人信用信息的采集、共享和使用与信息主体权益保护间也存在一定的冲突，如何落实《征信业管理条例》的相关规定，还需要进一步调查和研究。

10.3 国内外金融科技业态模式探究

当前我国互联网＋信息技术迅猛发展，数字金融也随之蓬勃发展，呈现出多样化的态势：国内拥有银行类模式、电商类模式、运营商模式、社交类模式和搜索类模式等五种数字金融典型模式（见表10-8），而国外产生征信服务和借贷服务两类主要数字金融模式（见表10-9）。尽管国内外数字金融模式存在较为明显的特征差异，但是二者也有着共同特点——数据积累。国外数据共享，国内数据垄断成为数据孤岛。

表10-8 国内金融科技业态模式

模式类型	典型代表	主要内容
银行类模式	工商银行	以三平台为载体，开展线上三大产品线布局，重构在线金融服务、电子商务以及社交生活的数字金融总体架构，推广“融e购”“融e联”“融e行”平台产品和“融e借”人信用消费信贷产品、“AI投”智能投顾产品。尤其是“融e借”数字金融产品，备受客户青睐。数据来源于金融服务交易

电商类模式	蚂蚁金服	蚂蚁金服解决买卖双方的信息不对称问题，并为之提供支付、小贷、征信、理财等服务，推广“芝麻信用”“蚂蚁花呗”“蚂蚁借呗”数字金融产品，在衣、食、住、行等场景，开展消费金融业务。数据为消费数据
运营商模式	中国电信	天翼电子商务有限公司，以电信网路平台为主体，创立第三方“翼支付”品牌，推广“甜橙信用”“橙分期”“甜橙白条”产品，数据来源电信运营商内部和外部银行、商户等合作伙伴数据即通信数据，应用场景涉及购物、生活、金融等领域
社交类模式	腾讯	互联网巨头腾讯，以在线财付通平台为支撑，陆续推出微信红包、QQ红包和理财通产品，其中核心产品是“腾讯信用”和“微粒贷”，数据来源于社交、支付和理财，采用机器学习算法，对五个维度数据进行分析和客观评分
搜索类模式	百度	百度金融数据源于长期实践的积累，创立百度钱包、百度有钱花、百度信用分、百信银行等平台，发布理财产品和消费金融产品，应用场景广泛，业务种类多样，在核心竞争力方面具有优势

表10-9 国外金融科技业态模式

模式类型	典型代表	主要内容
征信服务	Credit Karma	Credit Karma传统核心理念：提供免费个性服务，市场精准定位，实施开放发展模式。数据来源：传统征信机构及平台用户；发布免费征信产品和信用评分产品；方法上采用数据挖掘和算法分析；盈利模式为推送广告收取费用
征信服务	Zest Finance	以Zest Cash平台为载体，提供信用评估和放贷服务；树立大数据征信理念，注重“弱相关”数据；亮点是运用“大数据+机器学习”方法构建新的模型评分体系；数据和模型持续更新，提高风控水平
借贷服务	Kreditech公司	德国著名公司，业务涉及多个国家，数据源于社交及消费，推广Kredito24、K24、Flexinero以及Zaimo平台产品，通过数据分析和科技手段，瞄准借款客户，降低信贷违约风险，提高各种支付服务效率
	Affirm公司	Affirm消费金融公司为电商和教育这两类场景开发消费金融产品和Buy with Affirm的产品，将消费金融与移动支付相结合，为年轻群体提供代替信用卡的在线支付服务。其创新是结合FICO评分和社交数据记录，借助大数据评分系统来评估个人信用
	Upstart信贷公司	Upstart是为年轻群体服务的美国P2P信贷公司，应用大数据技术和智能管理对六个维度进行挖掘，确定不同信用评级方法，构建差异化信贷模型
	Visual DNA公司	英国Visual DNA公司，运用心理学和行为学的方法，获得用户行为数据，通过数据分析挖掘得出个人信用分数。业务在多个国家运营，涉及信用卡及个人贷款等场景

1. 数据累积过程呈现差异化

中国的征信起源短暂（20余年），而美国征信起源较长（200多年前）。中国最早消费信贷群体是信用卡持有者，而与之不同的是，美国最早的消费信贷是赊销模式，以大型商场为从业主体。中国信用数据来源于金融机构，相比而言，美国信用数据来自实体商户，征信数据累积过程中，中国以政府主导模式或机制为主，美国则采取市场化主导模式，与政府主导模式相比，市场主导模式更加趋于灵活、效率更高，更有利于数据规整。

2. 数据交互程度不同

国外征信数据交互贯通，国内征信数据陷入孤岛状态，不能共享，引致数字金融垄断格局滋生。只有征信机构冲破数据孤岛的牢笼，大数据征信效果才能大幅度提升。

①消费文化差异使得国内外的信贷主体类型相差较大。②国内互联网巨头使得数据孤岛问题更为凸显。③法律、技术和人才等多种因素相互交织，数据孤岛成为制约国内数字金融发展的瓶颈。在数据不共享的情况下，当前各类模式应用受到限制，只能在特定场景下服务特定人群。与此同时，尽管不同模式能够为同类人服务，孤岛问题也可能造成严重的“同人不同分”现象。例如，对比收入稳定且房贷车贷还款正常的中年人与刚毕业且没有信贷记录的大学生，在银行模式下，前者的信用分显然好于后者。然而与此相反，在电商模式下，后者的信用评分可能高于前者，这是因为后者网购频繁，而前者网购很少。因此，如果个人征信试点机构不能积极打破数据孤岛，则大数据征信效果将大打折扣。

3. 建模方法迥然不同

在金融模型设计上，国外已经运用机器学习算法对大数据进行处理及建模，国内大多仍采用逻辑回归方法。比如国内多家平台宣称采用大数据征信，但即使是获得牌照的从业机构，依然处于技术应用的探索阶段。就信用评分方法而言，京东金融尽管推出评分模型，但是从未提供具体的分析方法。其他从业机构多数都采用逻辑回归方法对数字金融产品进行推测和评分。

逻辑回归方法强调个人信用评分方法与数据类型的关系，征信数据是逻辑回归方法的应用前提。如果数据与个人信用状况存在“强相关”关系，则逻辑回归方法适用传统的FICO个人信用评分方法。反之，这些数据与个人信用状况并不存在“强相关”关系，则使用Zest Finance公司的机器学习算法，信用评分效果较好。

与国外征信相比，中国征信数据质量低于国外，因为个人征信系统获得数据不完整，数据缺失严重，与此同时，大量数据与个人信用的关系并非线性。由此可知，在中国现有征信数据质量不高的前提下，采纳机器学习算法，走数字金融建模之路，放大个人信用评分效应。

总而言之，中美两国是推动全球金融科技发展的引领者，由于两国国情目前还存在较大差距，因此在金融科技的发展上具有不同的风格和特征，进而形成了各自发展中的优势和劣势。首先，美国在金融科技技术创新方面处于世界领先地位，而中国在应用落地的效率上更加具有优势；其次，美国在金融科技底层技术方面的积累较多，科研能力相对来说高于中国；最后，美国的劣势在于没有中国庞大的用户基数，导致很多由美国创造的商业模式，在其国内发展却没有中国快，例如美国的亚马逊和中国的阿里巴巴，美国的 Skype 和中国的 QQ。中国拥有数量庞大的客户群体，可以产生大量的消费场景来扶持相关产业的发展，所以与美国相比，中国的优势在于拥有足够的市场来推动金融科技的落地。

第11章　金融科技风险及动因分析

金融科技风险是指金融科技企业（包括非金融企业以及金融机构）在经营发展过程中，由于制度因素和非制度因素从而导致资金、财产和信誉遭受预期、非预期或灾难性损失的可能性。金融科技具备金融与科技的双重属性，因此具有传统金融所面临的风险和金融科技特有的风险。

11.1　金融科技业态风险

11.1.1　P2P 风险及防控

1. 数字 P2P 网贷风险产生的因素

（1）P2P 网贷的虚拟性。

（2）P2P 网贷的跨地域性。

（3）平台经营压力。

（4）监管制度和措施滞后于 P2P 网贷的发展。

2. 数字 P2P 投资的主要风险

投资者在进行数字 P2P 投资时，基于政府监管、网贷平台、借款人三个纬度，考量可遇到的各种风险及与数字 P2P 投资关系，归纳为三类，共计十种风险。

（1）制度风险

①法律风险。P2P 投资面临的最大的法律风险就是有可能会被卷入非法集资案件，特别是投资者在投资时通常很难区分是正常的网络借贷活动还是涉嫌非法吸收公众存款。

②监管风险。根据十部委联合发布的《关于促进互联网金融健康发展的指导意见》可知，P2P 网络借贷业务由银监会负责监管，但当前对 P2P 的监管还存在不少“真空地带”，监管仍落后于 P2P 创新实践，有效性亟待提高。

（2）网贷平台风险

①信息安全风险。信息安全风险是 P2P 网贷平台面临的一项重要风险隐患，信息和隐私安全也是客户选择 P2P 平台时主要的考虑因素之一。

②道德风险。P2P 平台作为信息中介，不得接触客户资金，不得提供增信服务。由于目前 P2P 从业人员准入门槛低，部分 P2P 平台人员会突破道德底线挪用客户资金，甚至

发布虚假标的来骗取客户资金，然后达到卷款跑路的目的。一旦爆发严重的道德风险事件，投资者往往血本无归。

③利率风险。当前，我国的宏观金融环境正处于利率下行周期，市场利率不断下行也给 P2P 行业发展带来挑战，首先是 P2P 理财的平均年化收益率也相应下降，对投资者的吸引力减弱，可能影响平台的规模扩张和现金流。其次，低利率时代还可能引发“资产荒”，对 P2P 平台而言，其资产端可供选择的“高收益优质资产”减少，同时贷款对象小微企业生产销售利润率下降，又会加剧平台面临的风险隐患，增加运营成本，影响可持续性。最后，市场利率波动也会影响小微企业通过 P2P 平台融资的意愿。

④平台运营风险。P2P 网贷的盈利模式决定了要先“烧钱”达到一定规模才能盈利，盈利模式设计不合理也会给平台公司带来很大的潜在风险。

⑤欺诈风险。陆金所董事长兼 CEO 计葵生（Gregory D Gibb）指出，在同一行业美国市场的经营风险是信用风险，而在中国却是欺诈风险。行业竞争、监管缺位、企业内控漏洞等诸多因素，导致中国 P2P 行业综合风险持续升高。大部分跑路的 P2P 平台公司，其建立平台的出发点甚至就是圈钱走人；同时监管意见的出台也使得不少平台选择了加速跑路。

（3）借款人风险

①洗钱风险。因为 P2P 网络借贷平台原则上属于信息中介而非信用中介，很难掌握出借人的资金来源和借款人的资金使用情况，这样给洗钱违法活动提供了广泛的空间。

②信用风险。P2P 行业门槛较低，借款客户资信不高，面临较突出的信用风险。根据相关统计，小微企业贷款不良率高于全部贷款平均不良率约 2%，而 P2P 的借款对象主要就是小微企业，因此借款客户逾期违约的可能性较大。除此之外，我国信用评价体系的不健全，P2P 平台目前还无法像银行一样登陆征信系统了解借款人的资信情况，并进行有效的贷后管理，这也在一定程度上增加了 P2P 投资的信用风险。

③流动性风险。P2P 平台的投资者希望投资期限较短，以提高资金流动性，而 P2P 的借款者往往借款期限较长，部分小微企业有望获得长达数年的资金支持，因此 P2P 面临期限错配的流动性风险。

3. 风险防控及规范

（1）完善法律法规和监管细则，促进 P2P 行业健康发展。

（2）P2P 平台要建立适合的风险控制体系，并完善相关内控制度。

（3）落实客户资金银行存管制度，强化各方风险防控协调。

（4）借款人要对自身负担能力及违约风险进行评估，确定适合的借款方式和额度。

（5）投资者需强化风险意识和自我权益保护意识。

（6）加强 P2P 行业信息共享，完善征信体系。

11.1.2 众筹投资风险

1. 股权众筹风险类型

（1）股权投资活动的固有风险

盈利能力风险；众筹资金监控问题；大股东利用控股地位侵害小股东权益；股东退出机制不畅。

（2）众筹操作模式的特定风险

有限合伙制限制投资者主张权利；领投“陷阱”。在融资需要发布后，融资方通常会寻找有投资经验的专业投资人士先行认购部分股权，然后由其担任领投人，待其他投资者认购满额后，领投人牵头成立有限合伙企业并成为普通合伙人，其他投资者为有限合伙人，领投人对外代表有限合伙执行事务。这样的操作思路与 P2P 借贷相类似，以领投人的信用（包括投资经验、工作经历、个人资产等等）为项目进行“信用增级”，以加强投资者信心，解决融资方资信不高的问题，推进融资顺利完成。领投人的角色也容易诱发道德风险。

（3）众筹融资信用风险

项目的信用风险和众筹平台的信用风险。项目的信用风险包括项目发起人信用风险和项目本身信用风险；众筹平台的信用风险包括平台信用风险和网络渠道风险。

（4）法律风险

目前，我国众筹融资的法律风险主要集中于涉嫌非法集资的风险和涉嫌非法发行证券的风险。

2. 众筹融资的风险分析

众筹融资不同于一般意义上的融资，作为一种新生的事物，其不确定性更大，蕴藏着更大的风险，主要有法律风险、技术风险、信用风险和管理风险。

（1）法律风险

对于预购行为的众筹行为在法律上是被允许的。但是作为投资的众筹行为存在法律风险。众筹网站通过向投资人提供目标公司的增资扩股、股权转让等商业信息，促成投资人与目标公司股东签订增资扩股协议、股权转让协议或者其他协议，最终使投资人成为目标公司的新股东，投资人从事的是股权投资行为。因为资金来源于大众，对象不特定。根据法律规定，股份有限公司向不特定公众发行，必须经过批准。众筹网站的行为有证券经纪的意味，根据中国法律规定，从事证券经纪业务需要得到中国证监会批准的特殊资质。

（2）技术风险

技术风险主要指产品技术的不成熟、寿命不确定或持续创新能力不足等带来的产品难以获得市场竞争优势的风险。①产品技术不成熟。众筹项目有一部分是技术处于开发阶段或技术试验阶段，如果研发生产出来的产品无法达到预期的功能，或者产品的瑕疵多，项目的支持者将会蒙受损失。一个创意项目跟一个过硬的产品有本质的区别，如果把两者弄混，将是非常危险的。② 技术标准缺乏。产品生产出来后，因为属于前沿性的高科技产品，缺乏鉴定的标准，支持者难以鉴定质量是否合格，会不会存在质量安全隐患。③技术寿命不确定。现代知识更新加速，科技发展日新月异，新技术的生命周期缩短，一项技术或产品被另一项更新的技术或产品所替代的时间是难以确定的。如果换代的时间提前出现，或者实力雄厚的企业率先研发生产出类似产品，发起人的项目价值将大为下降，支持者也有可能面临损失。

（3）信用风险

信息不对称与不确定性是在委托代理关系中产生道德风险的根源。项目支持者与项目发起人形成的委托代理关系是基于网络社区建立起来的。美国著名数字预言家埃瑟·戴森曾经对此做出过论断："数字化是一片崭新的疆土，可以释放出难以形容的生产能量，但是它也可能成为恐怖主义者和江湖巨骗的工具。 或是弥天大谎和恶意中伤的大本营。"由于网络社区真实与虚假并存，成员间人际关系脆弱，在利益的驱动下，网络水军、网络推手也可能介入项目推广中，项目发起人与支持者之间的信息不对称与不确定性更加严重。在难以有效鉴定信息真实性和可靠性的情况下，支持者把资金委托给发起人，中间缺乏担保和监管制度，易产生道德风险。除此之外，众筹的资金来源主要是大众，对大众网友而言，他们往往缺乏对投资风险的预估，难以鉴定发起人是否真正具备专业的知识和能力来实现项目，项目是否具有真实性和合法性等，这无疑增加了项目发起人违约的可能性。对那些居心叵测的人来说，这种模式是有机可乘的，欺诈事件的发生也就防不胜防了。一些狡猾的企业家有很大的空子可以钻，他们可以通过成立虚假公司诱导没有经验的投资者投钱给他们。

（4）管理风险

管理风险是指由于项目发起人因管理不当而给支持者造成损失的风险。①项目发起人的素质风险。作为项目的领头人，应具有敏锐的洞察力、高超的组织能力和果断的魄力。众筹项目很多发起人都是技术出身，具有技术专长，很少兼具领导才能。 ②组织风险。通过众筹网络社区，在短时间内可以获得大量订单，这需要迅速组建团队、建立内部管理制度来处理这些订单，并且与支持者保持良好的关系。一些项目发起人反应，通过众筹发布项目后，他们被许多额外的事情困扰，包括回复电子邮件，以及为资助者制作纪念T恤，这导致他们没有时间专心研发技术，最终导致项目失败。如果项目没有一个合理的组织结构，没有一个优秀的团队，没有一个有效的激励和约束机制，技术开发有可能受到阻碍，有可能导致项目的失败。

3. 众筹风险控制建议

虽然股权众筹投资具有众多优势，其市场具有巨大的发展潜力，但是对于大众投资人来说其中的投资风险很难辨别和把控。在此，我们站在金融专业人士的角度，给意欲进行股权众筹投资的大众投资人，提出几点投资建议：

（1）作为一名投资者，应树立投资风险意识理念——任何投资都有风险。

（2）投资者应选择资质好、风控体系好、管理完善的股权众筹平台。

（3）投资人应尽量选择有基本认知和了解的项目，比如项目方为餐饮店、教育、娱乐行业等接近大众消费层面，投资人作为消费者应有识别项目盈利模式的基本能力，进而对项目可行性作出相应的判断。

（4）投资人应仔细研究项目内容、投资协议和投后管理协议，包括项目商业模式、财务预测、管理团队、融资方案、利润分配、退出机制等内容，在自己风险承受范围内进行投资。

（5）在股权众筹领域，投资金额不应该超过家庭金融资产的 10%。

（6）尽量不要把资金都放在一个项目里，可以分散投资股权众筹平台上合适的项目，以此来降低投资风险，拓宽收益渠道。

11.1.3 支付的风险

1. 第三方支付的优势

在缺乏有效信用体系的网络交易环境中，第三方支付模式的推出，在一定程度上解决了网上银行支付方式不能对交易双方进行约束和监督，支付方式比较单一，以及在整个交易过程中，货物质量、交易诚信、退换要求等方面无法得到可靠的保证，交易欺诈广泛存在等问题。其优势体现在以下几方面：

第一，对商家而言，通过第三方支付平台可以避免无法收到客户货款的风险，同时能够为客户提供多样化的支付工具。尤其为无法与银行网关建立接口的中小企业提供便捷的支付平台。

第二，对客户而言，不但可以避免无法收到货物的风险，而且货物质量在一定程度上也有了保障，增强客户网上交易的信心。

第三，对银行而言，通过第三方平台银行可以扩展业务范畴，同时也节省了为大量中小企业提供网关接口的开发和维护费用。

可见，第三方支付模式有效地保障了交易各方的利益，为整个交易的顺利进行提供支持。

2. 第三方支付的威胁

（1）第三方支付公司之间竞争加剧

由于第三方支付的技术门槛低，市场潜力大，所以目前网上支付市场的淘金者大大小小约有 50 家之多。而这些第三方支付公司提供的支付工具在内容上几乎没有差别，只是名称不同罢了。例如，阿里巴巴的“支付宝”，首信的“易支付”，腾讯的“财付通”等。同质化的产品必然会导致激烈的市场争夺，争夺的结果是大打价格战，价格战大大地降低了企业的利润，有的甚至提供免费服务，这样一来只有一种局面—— 资金雄厚的生存，资金匮乏的走人。

（2）商业银行可能与第三方支付形成竞争

迅猛发展的第三方支付平台已经给同样作为支付平台的商业银行带来了很大压力和潜在威胁。2005 年各大第三方支付平台对大客户的争夺已经打破了原来“银行做大商户，支付公司做小商户”的潜规则。国内各大商业银行目前正纷纷向零售银行业务转型，而支付业务正是零售银行业务中的主要份额，在这种情况下，各家银行都加大了网上银行的投入，尤其在支付网关模式上，银行方面已经开始考虑淘汰第三方支付服务商，这一举动无疑加剧了两个合作者之间的竞争。

（3）用户的不信任和隐私安全问题

随着电子商务的推广，电子支付越来越被用户接受，但是仍有相当一部分的网络用户没有参与到电子支付的过程中去。这些用户最担心的依旧是网络安全和隐私保护问题。鉴于此我国也将陆续出台各种相关法律文件来规范电子支付市场，保护用户的安全和隐私问题。

3. 第三方支付的风险

（1）主体资格和经营范围的风险

第三方支付从事的业务介于网络运营和金融服务之间，其法律地位尚不明确。虽然多数第三方支付试图确立自己是为用户提供网络代收代付的中介地位，但是从所有这些第三方支付实际业务运行来看，支付中介服务实质上类似于结算业务。除此之外，在为买方和卖方提供第三方担保的同时平台上积聚了大量在途资金，表现出类似银行吸收存款的功能。按照我国《商业银行法》规定，吸收存款，发放贷款，办理结算是银行的专有业务。第三方支付平台经营的业务已突破了现有的一些特许经营的限制，究竟应当如何定位，是我们应该深思的问题。

（2）在途资金和虚拟账户资金沉淀的风险

在支付过程中，无论是第三方支付平台模式还是内部交易模式，都有一种资金吸存行为，当吸收的资金达到相当的规模以后，就产生了资金安全问题和支付风险问题。

在第三方支付平台模式中，积沉下来的在途资金往往放在第三方在银行开立的账户中，一般商家的资金会滞留两天至数周不等，这部分在途资金，可能发生的风险有：

第一，在途资金的不断加大，使得第三方支付平台本身信用风险指数加大。第三方支付平台为网上交易双方提供担保，那么谁来为第三方提供担保？

第二，第三方支付平台中有大量资金沉淀，如果缺乏有效的流动性管理，则可能引发支付风险。

（3）在内部交易模式下，涉及虚拟货币的发行和使用风险

目前虚拟货币尚未纳入央行的监管范围，且游离于银行系统之外，难以跟踪平台内部的资金流向，它将对现实社会产生什么样的影响还尚未明确。但目前虚拟货币的发行是完全不受控制的，当越来越多的人认可和使用虚拟货币后，一旦虚拟货币与现实货币对接出现问题，那将是一个巨大的灾难。没有人愿意为这种风险买单，也买不起。

（4）《反洗钱法》带来的洗钱风险

央行在发布的《反洗钱报告》中称，网上银行在银行业务中占据的比重上升迅速，而且交易大都通过电话、计算机网络进行，银行和客户减少了见面次数，这给银行了解客户带来了很大的难度，也成为洗钱风险的易发、高发领域。

4. 厘清第三方支付存在的问题

在行业发展期间，第三方支付逐渐暴露出以下的问题，引起监管部门的注意：

（1）风险问题。

在电子支付流程中，资金都会在第三方支付服务商处滞留，即出现所谓的资金沉淀，如缺乏有效的流动性管理，则可能存在资金安全和支付的风险。与此同时，第三方支付机构开立支付结算账户，先代收买家的款项，然后付款给卖家，这实际已突破了现有的诸多特许经营的限制，它们可能为非法转移资金和套现提供便利，因此形成潜在的金融风险。

（2）电子支付经营资格的认知、保护和发展问题

第三方支付结算属于支付清算组织提供的非银行类金融业务，银行将以牌照的形式提高门槛。因此，对于那些从事金融业务的第三方支付公司来说，面临的挑战不仅是如何赢利，更重要的是能否拿到将要发出的第三方支付业务牌照。

（3）业务创新问题

因为支付服务客观上提供了金融业务扩展和金融增值服务，其业务范围必须明确并且要大胆推行革新。迄今为止，全球拥有手机的人多于拥有电脑的人，相对于单纯的网上支付，移动支付领域将有更大的作为。所以第三方支付能否趁此机遇改进自己的业务模式，将决定第三方支付最终能否走出困境，获得发展。

（4）恶性竞争问题

电子支付行业存在损害支付服务甚至给电子商务行业发展带来负面冲击的恶意竞争的问题。目前，国内的专业电子支付公司已经超过40家，而且多数支付公司与银行之间采用纯技术网关接入服务，这种支付网关模式容易造成市场严重同质化，也挑起了支付公司之间激烈的价格战。由此直接导致了这一行业“利润削减快过市场增长”，在中国，惯用的价格营销策略让电子支付行业吞下了利润被摊薄的苦果。

（5）法律、法规支持问题

在保护电子商务交易的同时，从支付认证、支付标准和交易公开性的角度看，政府必须考虑建立一些标准，为工商管理、税收管理和政府的行业管理作技术上和政策上的准备。如何规范电子支付业务、防范支付风险、保证资金安全、维护广大商户和用户在电子支付活动中的合法权益，已成为影响我国电子支付产业健康发展的关键性问题。

11.1.4　理财风险

1. 理财的风险形式

（1）理财的市场风险。首先是利率风险，数字理财产品的高收益得益于市场资金偏紧、利率较高的外部环境，随着利率市场化，数字金融理财将难以获得这种高利差收益。其次是数字理财流动性风险。数字理财产品一般都与货币基金连接，实行“T+1”赎回方案，货币基金通常以期限错配的方式投资期限较长的协议存款，一旦出现了利空因素或突发事件，就会引起用户大量恐慌性赎回，基金机构短期内无法变现兑付用户的赎回需求，从而造成流动性风险。

（2）理财的法律风险。①理财产品的风险提示不足，销售时过多强调安全性和收益率。②违规超范围经营。有些平台公司并没有获得证监会的基金销售资质，存在打政策“擦边球”的行为，随着规模加大，受到金融监管的政策风险可能很大。

（3）理财技术风险。数字理财依赖于信息技术和IT技术网络平台，技术上的漏洞很容易引起信息泄露、账户资金被盗等技术风险，技术故障也会导致服务中断，引发消费者心理恐慌，由此产生对账户资金的安全担忧。

2. 理财存在问题

目前数字理财已经有了比较完善的监管体系。数字理财风险监管问题凸显：数字理财突破了各个业态边界，出现跨界经营和融合发展情况，目前的分业监管很难适应数字理财跨界监管的趋势，监管盲区和监管过严都会出现，监管的不适应性必然会制约数字理财的发展。

11.1.5　银行风险

1. 银行风险形式

数字银行本身是商业银行，具有商业银行的风险特征，但是在诱发动因、表现形式、危害程度等方面有所不同。

（1）银行的市场风险。数字银行通常比实体银行所付出的存款利息和收取的贷款利率更高一些，故利率变动很容易给数字银行带来风险。

（2）数字银行流动性风险。数字银行的支付结算和现金管理手续不需要提交纸质文件，面临的流动性风险会比传统银行更为突然，集中支付、网络谣言都会引起数字银行的挤兑现象，数字银行如果无法迅速变现投资的资产，那么将无法应对挤兑问题，迅速产生的流动性风险也将难以控制。

（3）银行的信用风险。大数据在解决信息不对称和降低信用成本方面具有重要作用，但是信用数据缺失严重，大数据分析的结果就不可靠，银行无法识别客户所隐瞒的信息，无法实地考察和调研借款人，这种纯网络信用很容易造成信用风险隐患。

（4）银行的技术风险。一切网络交易过程都就很容易受到网络病毒攻击，所有的数字证书、数字签名等电子证据并没有法律依据，对客户来说具有较高的技术风险。

（5）银行的声誉风险。数字银行具有互联网和民营银行的双重特点，其声誉风险取决于互联网的虚拟性和民营投资举措的安全性。

2. 银行风险存在的问题

数字银行风险存在以下突出问题：①监管体制不适应。数字银行没有物理网点。按属地原则对分支机构进行监管，将风险隔离在相对独立的区域，这些传统银行的监管办法可能也行不通。②监管方式不适应。数字银行的电子交易所带来的运行机制和风险来源不同于传统银行，所以传银行的监管办法无法实现对数字银行风险的监管。③监管指标不当。数字银行集中兑付的风险传播速度更快，传统银行的风险监管指标无法适应数字银行的风险监管方案。

11.2 金融科技业态风险动因分析

11.2.1 金融科技业态风险动因分析

科技金融融合互联网和金融各自特性，既面临着传统金融体系的风险，又面临着互联网特有的信息技术安全风险和数字金融领域的法律法规不够健全而引发的法律风险。其形成原因有：信息不对称，市场跨界要素方面的原因，金融风险的外溢效应加大，金融科技创新本身存在脆弱性，金融大数据带来新的风险隐患，相关监管法规不完善带来风险隐患。

风险成因分析：①金融科技缺乏科学、规范的技术标准。尽管数字金融获得迅猛发展，但是目前还没有完全相匹配的科学的规范的技术标准，客户的操作安全系数大大减小，为数字金融风险漏洞提供了滋生的土壤，从而衍生出科技金融风险。②金融监管制度供求错位。数字金融由于数字金融模式创新能力强，无法适应传统金融分业监管制度。统一平台上提供不同的数字金融服务，若分业监管，则导致监管缺失，导致行业内风险加剧。③金融科技行业法规不健全。金融科技发展时间较短，传统金融的法律还不能完全照搬过来施加于数字金融行业，许多金融科技企业为了一己私利频繁采取跨越红线的过激行为，从而增加了行业的风险性。

11.2.2　金融科技业态异质性风险的动因分析

1. 借贷借款主体，抵御风险能力低下

数字借贷主体大多是工薪族、私营业主、大学生、小微企业或农民，对比企业而言，由于他们的收入低下，经济状况不佳，事件发生的不确定性大，存在不能按时还本付息的风险，因此一些数字 P2P 平台就转化为 P2B 形式。

2. 征信体系不完善，存在数字孤岛，导致线上资信审核偏离目标客户

和国外征信体系相比，我国目前个人信用评价体系滞后，尽管央行初步建立起数字信息库，但是征信记录也不对非银行金融机构开放，数字借贷平台建立了自己的信用审核系统，自己对用户的信用资质进行评级，从目前来看，单纯线上审核不能对客户资信进行精准评价，隐藏很大的欺诈风险，所以大量平台引入线下模式对借款对象进行评估。

3. 网络虚拟性太强，客户缺乏信贷理念

数字互联网技术具有高效便捷的特点，使得借贷双方通过网络提交自己的资料，难以保证其真实性，加上一人可以在多个平台开设多个虚拟账户，借贷在不同平台频繁出现，用户信用真假难辨，从而使数字金融市场难以健康稳定地发展。由于数字金融知识尚未普及，居民无法全面理解和认识数字借贷，投资者拒绝向陌生人提供融资，同时我国数字贷群体 9% 是小企业主，许多平台转为线下模式经营，为了吸引投资者，大力美化并宣传本金保障和担保措施。

4. 互联网金融平台行为不合规范，门槛低，法律监管主体错位

行为不合乎要求主要表现在：发布虚假信息，自建融资平台，风控能力弱小，巧设“利率机关”，潜在隐形道德风险与平台关联。互联网金融平台监管创新步伐滞后，监管主体缺位，数字金融市场上模式创新层出不穷。

5. 行业发展格局不定，数字金融交易效率有待提升

根据《中国互联网金融年报（2019）》数据显示，2016 年，我国数字金融借贷平台已经有 3000 多家，2018 年减少到 1726 家，119 家 P2P 平台公开接入中互金信披露系统，97 家披露数据完整，继续正常运营。与欧美发达国家的数字借贷平台相比，国内的数字借贷平台质量低且发展格局混乱。由于借贷双方信息非对称性，平台信用评分效果不佳，多数平台采取逻辑回归方法，以第三方机构作为放贷平台，失去信息中介本质初心。

6. 资金第三方托管增加了平台运营成本

科技金融借贷平台本质上是信息中介平台，运营资金和客户借贷资金应当分离，但是大多数字金融借贷平台都宣布与第三方支付平台合作，实际上这些第三方平台只进行简单的划拨与支付。

11.3 金融科技业态潜在风险分析

金融科技借助掌握的海量客户数据和大数据的处理技术，以较低的成本快速地掌握大量客户的行为特征，包括信用等级和风险评估等咨询，有效地降低了市场信息的不对称。数字金融利用从事风险定价、期限匹配等复杂交易的技术优势，还可以降低关于资金期限、风险分担等成本，有效解决小微企业融资成本昂贵的问题，有望成为金融支持小微企业的新生力量。数字金融的发展对满足经济社会多层次、多样化金融需求提供了有益补充，对促进金融深化改革，服务实体经济发挥了积极作用。与此同时，科技金融也是一把“双刃剑”。

11.3.1 对传统金融业产生冲击

①对银行业的冲击。网络社区中蕴含巨大客户群，既有投资需求（资金供给），也有资金需求。P2P 模式通过搜索引擎对资金供给和需求进行有序排列，通过大数据和云计算进行信用评级，依据风险确定资金价格，将在很大程度上取代传统商业银行的存贷中介功能。②对证券业的冲击。众筹融资模式通过集中分散的资金、能力和渠道，为小企业或个人的某个项目提供必要资金援助。项目成功实施后，投资者可以从项目发起人那里获得 T 恤衫、明信片、CD 等相关产品回报。实质上众筹融资类似于微型股权投资。2012 年 4 月，美国通过 JOBS 法案，允许小企业通过众筹融资获得股权资本，这使得众筹融资替代部分传统证券业务成为可能。③对保险业的冲击。据 Cyber Dialogue 一项调查表明，目前美国在互联网上购买的保险中，仅有 20% 在保险公司的专属网站进行，而 80% 在非保险公司网站上进行，数字金融发展已经严重冲击到传统保险业务格局。

11.3.2 货币当局的宏观调控难度加大

随着金融科技业务的发展，一方面会加快货币流动速度，提高货币乘数，另一方面数字金融业务未纳入正规数据采集的范围，会提高银行贷款在社会融资规模中的比重，使广义货币信贷总量的数据向下偏离实际，扭曲货币政策中介指标，影响货币政策的针对性、有效性和科学性。与此同时，数字金融依托大数据和云计算进行提供金融服务的决策。而数据信息与宏观经济密切联系，这意味着数字金融模式融资与银行贷款等传统融资模式一样，融资活动呈 “顺经济周期性” 特点。更为重要的是，目前能够对数字金融发挥影响的宏观调控工具和市场化手段还不多，将增加逆周期宏观调控的难度。

11.3.3 加速混业经营发展，现行分业监管体制难以应对

从国际经验上来看，数字金融是未来发展趋势，行业竞争和整合会愈演愈烈。互联网数字金融的开放性大大降低了金融产品和金融机构进入金融产业的壁垒，将严重冲击目前分业经营模式，大大加速混业经营的发展，加强金融行业融合程度，提高金融运行效率。

但是数字金融具有高效性、一体化的特点，一旦出现金融风险，其风险传递不受时空限制，迅速传播，使传统金融风险作用范围和蔓延速度加倍放大，金融体系的脆弱性加大。而当前数字金融监管还处于银行、证券、保险分业监管状态，如阿里金融，涵盖支付、信贷、担保、保险等领域，部分业务存在监管真空。同时网络借贷、众筹融资、网络货币等数字金融新兴业态和新型工具没有明确监管主体。顶层设计滞后形成的监管不足，无法有效地防范金融风险。

11.3.4 金融消费权益保护制度缺位

金融科技更加民主、普惠的特性使更广泛的金融消费者受益，特别是有利于缓解中小企业融资难问题，但是也为金融消费者保护迎来新的挑战。一方面，互联网金融涉及的交易都是通过互联网进行的，这给个人金融信息安全以及资金安全带来挑战。另一方面，互联网金融的消费者权益维护存在法律漏洞。由于立法的不完善，互联网金融业务一旦发生经济纠纷，投资者将缺乏相应的法律依据维护自身权益。

11.4 金融科技风险传导机制

金融科技行业欣欣向荣的同时，风险及安全性问题也同样凸显。金融科技是在传统金融基础上借助互联网、大数据等技术发展起来的，对于数字金融的研究必离不开传统金融。下面首先介绍金融科技风险传导的因素、载体及架构，然后对传统金融与互联网金融的风险传导机制进行比较分析。

11.4.1 金融科技风险传导的因素、载体及架构

风险传导是指由于不确定性环境中的风险因子在相关事件的诱导下形成动态风险流，风险流依托特定的载体冲破传导节点风险阈值，并沿着其价值链的形成路径进行传导。以此为基础，金融科技风险传导是指互联网金融机构在经营过程中由于不确定因素影响，形成数字金融动态风险流，风险流根据相关载体沿着数字金融业务路线进行传导的过程。

1. 金融科技风险传导因素

金融科技属于金融范畴，互联网技术和信息通信技术的运用极大地提高了金融覆盖率，同时也加剧了金融的风险不确定性。

（1）信息高速流动。由数字金融自身的特质所决定，传播速度快且影响范围广，这为数字金融风险的传导提供了传导基础。互联网的应用、电子信息技术的运用使得信息比以往更多、更快的信息暴露在市场参与者面前，市场参与者即时将信息消化吸收并做出回应，势必为数字金融风险的传导起到推波助澜的作用。

（2）金融体系不健全。数字金融作为一种新兴产业，给风险管控与行业监管提出了

新的要求，不可否认，监管部门已不断做出努力，金融体系仍然存在不少缺陷。监管的缺位给一些投资者提供不良投资动机的机会，不健全的金融体系不可避免地成为金融风险传导的一大重要影响因素。

（3）达到传导临界值。金融不断壮大的过程伴随着一定的风险消化能力。风险并不是在出现之初就会被传导，而是在不断积累、不断被消化，又如此往复中被逐渐传导的。当金融风险达到无法控制的程度，就会超过传导临界值。

2. 金融科技风险传导载体

金融风险的传导需要依赖一定的载体，数字金融的风险传导亦是如此。数字金融风险影响因子附着于传导载体中，沿着一定的轨迹进行风险传导。数字金融风险传导载体主要包括数据信息载体、业务载体和预期载体。

（1）数据信息载体。数据信息是数字金融企业风险管理最核心、最本质的内容。与传统金融机构相比，数字金融利用大数据、云计算，大幅降低了信息的收集、处理和交割成本。由于数据信息传播具有速度快、范围广的特点，直接导致数字金融风险的传导速度远远高于传统金融。

（2）业务载体。科技金融业务载体是指科技金融业务本身以及业务流程管理过程中潜在的各种风险（如信用风险、技术风险等）。具体来说，很多金融产品与传统金融直接挂钩（如第三方支付与商业银行的竞合模式）。在科技金融环境中，借款人掌握了自身资信的主动权，由于平台借贷在线审核不像传统借贷需要实体资产来担保抵押，平台的业务流程设计直接关系到平台的安全。科技金融业务流程设计如果出现纰漏不仅会影响互联网金融平台自身的运营效率，而且会滋生借款者的信用风险、操作风险等，这些风险会沿着数字金融业务路线传导给其他业务环节。

（3）预期载体。预期载体是指数字融平台和客户的心理都会受到来自周围个体或环境的影响。由于互联网信息传播速度快，预期传导载体的作用可能更大。因此，相较于传统金融市场，从众心理、羊群效应在数字金融市场同样十分常见。

3. 金融科技风险传导架构

在金融科技风险形成原因中存在很多隐藏的风险因子，例如监管宽松、数字金融的虚拟性和脆弱性等。这些风险因子集聚成静态风险，当这些静态风险突破了风险传导的临界值时，便会向外扩散，最终形成动态风险流，动态风险流会随着互联网金融业务路线传递给其他传导对象。如果风险没有超越临界值，则会在相应节点处被遏制或规避，不再向下传导。这里值得注意的一点是在风险传导的过程中，因为外界因素的不断干扰，风险的体量和性质都将会不断地发生变化，这也就是说数字金融风险会带来非常严重的后果。金融科技风险传导架构（如图 11-1）所示。

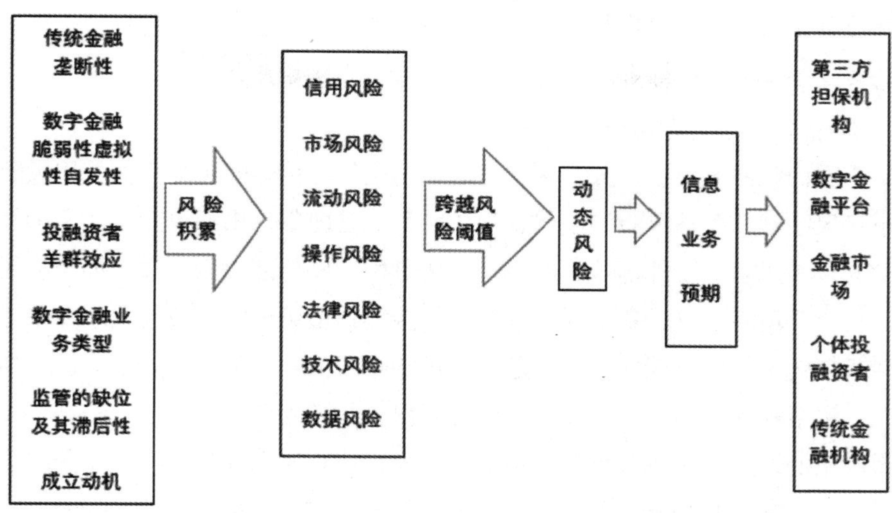

图11-1　金融科技风险传导架构

传导过程可以参照图 11-1。其中风险因子是指数字金融自身或宏观层面造成的数字金融风险形成的原因，这些风险因子集聚成金融机构自身的静态风险，大致可以分为金融机构自身的操作风险、信息泄露风险、第三方担保机构的退出风险、借款人的信用风险、投资者的流动性风险等。数字金融无疑成为静态风险的催化剂，当静态风险突破临界值时会依靠数字金融平台极速传导并被不断放大。

金融科技风险除去依靠业务路线传导，还有另一个有趣的预期理论，预期传导值不可忽视。尤其是在悲观情形下，传导是催化剂，会加速金融风险对金融市场的影响。

11.4.2　传统金融与金融科技的风险传导机制比较

1. 传统金融风险传导机制

风险传导机制是风险扩散、扩大的一种机制形式，它可以描述一种或几种风险是怎样从源头产生，怎样在机构间或者机构内部传播，最终会引起怎样的后果。风险传导首先聚焦在资金的流动上，因为金融最主要的功能就是资金融通，资金的流量与流向的变化，最能反映风险的产生和变化。这种风险通过资金的流动加以传导的机制，在此可以称为资本互动机制。

（1）传统金融的资金流向与流量

传统金融的资金流向图是在对传统金融各个市场部门业务活动特点、业务流程和经营管理进行全面研究基础上构建的。

银行在整个传统金融系统中起着资金媒介、信用媒介的作用，提供金融服务和支付结算业务。企业与个人均直接与银行存在着借贷业务，资金供给者可以把钱存入银行，或是通过银行进行理财，也可以向银行贷款。银行吸收存款后，把其中一部分存入央行，其他可以用来服务于实体经济或进行再投资。其他金融机构通过银行进行资金的支付、结算及资金的划转。基金、保险等吸收资金后，可以用于证券等投资。

（2）传统金融的潜在风险及传导

传统金融面临的风险主要分为两个方面：一是外部传入的风险，如信用风险、流动性风险、市场风险、政策性风险、法律合规风险；二是内部传出的风险，如金融结构风险、操作风险、技术风险等。外部传入的风险主要是由一些外部因素导致，如经济周期处于衰退时期，投资环境不景气，资金需求减弱，将会导致市场风险。市场风险如果继续累积，并在金融市场传导，将可能导致经济危机。传导路径为：经济周期处于衰退时期，投资环境不景气，资金需求减弱—市场风险—持续累积—经济危机。

货币政策的调整会影响整个金融系统，如央行调高存款准备金率，将同时影响银行、证券等市场，若银行等金融机构不及时调整资产结构，就会导致流动性风险和政策性风险，如果风险继续累积，将导致市场风险。传导路径为：存款准备金率提高—影响银行、证券资产结构—流动性风险、政策性风险—市场风险。

内部传出的风险中，风险在内部产生，在各部门之间传导，如果机构未能通过内部自身调控机制吸收风险，当风险积聚到一定程度后，会从机构中传出，传导至机构业务往来的其他金融机构、企业及个人。风险继续传导扩大会导致市场风险、流动性风险的产生。传导路径为：金融结构风险、操作风险、技术风险—部门间传导—机构间传导—市场风险、流动性风险。

通过资金流向可知，各金融机构之间存在着复杂的联系和业务、资金往来，这使得金融风险的传导几乎无法避免。银行在整个金融市场中的作用至关重要，银行同业支付清算系统把所有银行和其他金融联系在一起，支付清算系统面临着任何问题都会影响整个系统的资金流动。股票市场中的价格大幅度下跌通常会造成银行系统的不稳定，严重的股票市场风险会过渡到银行及基金等金融机构，进而引起风险的传导。银行等机构投资者的过多参与加剧了股票市场的波动，无论是哪一方存在金融风险，都会给其他关联机构带来一定影响。

2. 金融科技风险传导机制

（1）金融科技的资金流向与流量

在以往的金融市场中，机构和居民的资金只能流入传统金融市场，而数字金融出现后，其中的一部分资金则流入数字金融平台。

资金的供给者和需求者虽然均为机构和居民，但是在容量和范围上有别于前面的传统金融的部分。这里资金供给的机构，不仅包括商业银行、证券、保险、基金等传统金融机构，同时也包括互联网企业，如阿里巴巴、京东、腾讯等。资金供给中的居民，也在范围和容量上相对于传统金融部分有所扩大。互联网金融使得被排挤在传统金融机构门槛之外的、相对弱势的需求者，有了一个更加便捷和高效的资金获取渠道，以前信用级别达不到传统金融标准的资金需求者可以方便地在互联网金融平台上进行融资，因此资金的需求在范围和数量上也较传统金融有所扩大。

金融科技模式（比如 P2P 网贷、众筹及其他模式）的出现，使资金供给者和资金需求者通过平台直接对接。而第三方支付平台则扮演了较特殊的角色，不仅充当资金结算的平台，更是对资金供需的上下游环节进行多方位的整合，在满足资金支付的同时，起到资金配置的作用，扮演了类似中介的角色。很多平台只开通了第三方支付渠道，例如京东众筹，只能通过京东钱包划转资金。

根据艾瑞咨询的数据显示，2015 年第三方支付既包括移动支付也包括互联网支付的交易额为 140691.7 亿元。根据网贷之家的数据显示，2015 年全年流向 P2P 网贷的成交量为 9823.04 亿元，流向众筹的资金为 114.24 亿元，流向其他网络信贷，如网络保险，为 164. 6 亿元。网上银行和手机银行的使用，主要集中在传统渠道的支付过程中。艾瑞咨询数据显示，通过网上银行的资金流量是 1292.5 万亿元，通过手机银行的资金流量是 32.4 万亿元。

通过各流量数据显示，互联网金融已经对传统金融的资金融通产生了强大的的分流作用，互联网金融正处于起步阶段，随着其逐渐发展这一分流作用必将会持续扩大。

（2）金融科技的潜在风险及传导路径

①风险转移。凭借着数字金融的巨大优势，会有越来越多资金从传统金融分流出来。在资金积聚方面，数字金融优势十分明显，如果资金大量转移，必将使风险发生大量转移，这部分转移的风险，包括传统金融的系统性风险、信用风险、流动性风险、操作风险、声誉风险和法律合规风险，但是具体内容存在区别。如果大量风险从原来的传统金融渠道转移到数字金融渠道传导，数字金融现有的监管体系可能无法有效管控激增的风险。另外，作为一种金融创新，数字金融具有互联网、金融以及二者合成之后的三重风险，特别是其基于大数据和云计算，可能导致新的金融风险，如信息科技风险、长尾风险等。

②系统性风险。如果资金大量流入数字金融业态，则传统金融的作用和影响力将极大地下降。 相对于传统金融业，互联网金融的核心功能并没有变化，正是这种一定程度上的替代作用，导致其与传统金融业存在某种竞争关系。随着数字金融的壮大，其能否有强大的基础完成资源配置和风险管理，存在争议。就目前来看，数字金融并不具备传统金融如此强大的政策、经济基础，如果其基础不随其规模一起发展，将导致严重的系统性风险。传导路径为：数字金融吸收资金—传统金融支配力下降—数字金融政策、经济基础匮乏—系统性风险。

③信息不对称风险。 通过资金流向可知，数字金融存在着去中介化的特征，实现了资金供给者和资金需求者的直接对接，人们可以通过网络更清晰地了解交易产品和交易对象。这在一定程度上减弱了传统金融信息不对称的风险。但正是由于数字金融的虚拟性，

也产生了有别于传统金融的信息不对称风险，对于客户信息的审核，并不能做到像传统金融那么严谨，对于客户的交易身份、信用评价等方面信息存在很大的不确定性。并且由于对资金来源的无法核实，也存在着洗钱的风险。传导路径为：去中介化—互联网虚拟性—信息审核困难—信息不对称风险—洗钱风险。

④流动性风险。用户向第三方支付平台虚拟账户充值后，资金从买方账户划至第三方支付平台的虚拟账户，通常会滞留一段时间，该段时间内资金实际由第三方支付平台控制，存在资金被挪用的风险。如果平台将大量的资金挪用，而由于某些特殊情况客户需要大量撤出资金，如购物节或促销的出现客户需要大量资金购物，或是由于负面新闻的爆出使客户失去信心等情况，此时平台无法及时提供足够资金，则将导致整个资金链的断裂。此时，如果其他平台有业务需要时则无法完成最基本的金融服务，风险则会传导到这些平台进而形成流动性风险。传导路径为：资金挪用或滞留—某种模式资金不足—其他模式业务无法继续—流动性风险。

⑤信用风险。对于主体身份识别、信用违约记录、交易目的核查等信用风险评价要素并未设立系统的验证方案，更加大了互联网金融交易的信用风险。如果存在欠钱不还的行为很多，大量违约汇聚起来，会引起平台的信誉风险，从而导致平台无法正常经营，并会将风险传导至投资人。P2P 网贷平台风险准备金不足的违规性问题无系统核查，也没有资本约束设置，目前已发生过多起卷款潜逃事件，卷款跑路将直接导致各借款人的损失，并将风险传导到上下游合作企业。传导路径为：信用核查薄弱—违约可能性加大—信用风险—声誉风险—投资人损失、衔接企业损失。

⑥信息技术风险。数字金融对互联网具有高度依赖性，软件系统、电脑程序对互联网金融的安全性有重要影响，因此其具有了互联网特点的风险。例如，病毒易扩散、互联网传速故障、黑客攻击等，会使数字金融计算机系统面临瘫痪，导致用户数据泄漏，给用户带来不可挽回的损失。技术风险可能导致整个金融系统出现系统性风险，进而导致体系的崩溃。另外，由于数字金融企业竞争激烈，很多企业为了提高收益率、控制成本，在互联网技术的把关上相对放松，致使技术上可能存在漏洞。另有些企业由于规模较小，将技术外包，或是购买外国的技术，由于不能掌握企业的核心技术，一旦数字金融其他环节发生问题，将风险传导至该企业时，不能及时修正，则将会把更大的风险传导下去。传导路径为：互联网技术故障、黑客病毒攻击、技术漏洞、技术外包—系统瘫痪—信息技术风险—挤兑风险—系统性风险。

⑦货币政策风险。传统经济下，中央银行运用再贴现、存款准备金率和公开市场业务实现经济政策目标。随着数字金融的快速发展，金融企业不受法定存款准备金体系的约束，使得货币流通速度的变化空间变大，影响了货币政策取向。与此同时，金融的融资额游离于社会融资总量之外，使得社会融资总量不能准确反映金融与经济关系，以及金融对实体经济支持程度。这种货币政策风险会从数字金融部分传导到传统金融渠道，进而影响这个

金融系统。传导路径为：游离于传统政策体系外—货币政策风险—影响传统金融—影响金融体系。

11.4.3　传统金融与金融科技风险传导机制分析

1. 资金流向

首先，通过观察传统金融与金融科技的资金流向可知，无论是传统金融还是金融科技，都可以为资金供求者服务，这体现了金融最主要的功能——资金融通，这是二者的共性之一。另外，通过比较可知，对于传统金融，银行扮演了极其重要的角色，成为衔接各金融机构和客户的重要媒介；同样，对于数字金融业态而言，第三方支付扮演了类似的角色，为各数字金融模式提供支付、资金划转服务，因此处在了和传统商业银行相似的位置，这是共性之二。这说明，第三方支付能够完成传统商业银行部分的功能和服务，在部分业务层面产生了竞争的关系。另外，数字金融企业与传统商业银行的借贷业务存在竞争关系。

当然，经比较发现，二者同样存在异质性。第一，虽然第三方支付产生了结算与支付的功能，但是第三方支付绑定了银行账户，也就是说第三方支付的支付与结算并不能完全脱离商业银行。另外，数字金融服务对象绝大多数是传统金融服务不到的信用水平较低的客户群，虽然在业务功能上类似，但是在服务人群上不同，也就是说在服务对象上是互补的关系。

2. 金融脱媒

金融科技的产生和发展，实现了客户之间的直接对接，借款人与投资人通过平台提供的信息可以直接沟通，不同于以往传统金融，凸显金融脱媒的特征。

另外，基于互联网的数字金融更便捷、覆盖面广、用户基础强大、传染性强等特点，金融科技的风险及传导特征产生了很大的变化。再加之金融科技监管不到位，准入门槛低，各金融科技平台数量巨大，更加剧了金融系统的复杂化。

对于风险的传导，金融科技的用户数量更多，基于互联网的羊群溢出效应，一旦金融科技发生风险，将会比传统金融更加快速地传播，很快就会扩展到网络中的各个环节，这也就是为什么每天都会存在平台倒闭和暴雷的原因。一个对于传统金融很小的风险，在金融科技里，通过社交网络的传播，极可能引起更大的风险。

11.4.4　建议

金融科技对传统金融产生了强烈的冲击，在多方面存在竞争关系。但是，传统金融基础雄厚，政策意义强大，仍承担了金融服务大部分的责任。金融科技企业作为新的业态模式，基于网络的安全性和服务人群的特征而言，金融科技难以撼动传统金融的地位，但是对于金融科技的发展意义重大。

金融科技风险及传导增加了互联网因素，传统金融的监管办法难以适用于金融科技。

如果说传统金融属于分业经营，那么金融科技则属于混业经营，因此监管主体和监管手段也应做出改变。金融科技风险传导机制更加复杂，传导速度更快，扩大程度更强烈。因此，对于金融风险的管控，应该更加灵活。

第12章　金融科技风险预警

金融科技是技术与金融相结合的产物，不仅促进金融服务范围扩大，而且促进金融发展水平的提升，尤其是在金融市场份额上，金融业务凸显了绝对的优势。然而由于金融科技的起源和发展时间短暂，金融风险评估模型和金融业务的法律规范不够健全，金融科技的发展难免存在一些风险，识别和控制金融风险则成为重中之重。

12.1　金融科技风险识别及类型

12.1.1　金融科技风险的识别

金融风险的识别：风险管理人员在调查研究后，运用科学系统的方法对经济主体所面临的各种潜在风险形态进行了全面识别和系统分类。

主要识别内容：①识别风险来源，是指找出经济主体的各项交易等业务活动中有哪些部分暴露在金融风险中，暴露在何种金融风险中。②分析风险因子，是指进一步分析引发潜在风险的原因，通过把具体的风险分解，归并为几类风险因子，可以更好地认识和把握经济主体面临的风险情况。③分析风险效应，是指充分评估金融风险最终可能带来的不良影响，为后续的决策提供依据。

12.1.2　操作风险

1. 含义

巴塞尔银行监管委员会对操作风险含义的界定是：操作风险是指由于不完善或有问题的内部操作过程、人员、系统或外部事件进而导致的直接或间接损失的风险，这一定义包含了法律风险，但是不包含策略性风险和声誉风险。具体包括：数字支付风险、数字业务关联风险和主体数字操作风险。

2. 操作风险的特征

操作风险中的风险因素很大比例来源于银行的业务操作，属于银行可控范围内的内生风险。单个操作风险因素与操作损失之间并不存在清晰的、可以界定的数量关系。

（1）从覆盖范围看，操作风险管理几乎覆盖了银行经营管理所有方面的不同风险。既包括发生频率高但是损失相对较低的日常业务流程处理上的小纰漏，也包括发生频率低，一旦发生就会造成极大的损失，严重者甚至危及银行存亡的自然灾害、大规模舞弊等。因此，试图用一种方法来覆盖操作风险的所有领域几乎是不可能的。

（2）对于信用风险和市场风险而言，风险与报酬存在一一映射关系，但是这种关系并不一定适用于操作风险。

（3）业务规模大、交易量大、结构变化迅速的业务领域，受操作风险冲击的可能性最大。

（4）操作风险是一个涉及面非常广的范畴，操作风险管理几乎涉及银行内部的所有部门。因此，操作风险管理不仅仅是风险管理部门和内部审计部门的事情。

12.1.3 信息安全风险

1. 含义与类型

信息安全风险是指在信息化建设中，各类应用系统及其赖以运行的基础网络、处理的数据和信息，由于其可能存在的软硬件缺陷、系统集成缺陷等，以及信息安全管理中潜在的薄弱环节，而导致的不同程度的安全风险。即信息资产遭受损失、伤害、不利或毁灭的可能性。其类型有：

（1）信息泄露风险

某些非法分子运用专业工具追踪漏洞，并通过邮件、微信等多种方式来泄露客户信息，尤其是诈骗者为客户的使用平台植入病毒，拦截信息，从而盗取资金。

（2）信息非完整性风险

数据被非授权的不法分子进行增删、修改或破坏而受到损失。

（3）拒绝服务风险

对信息或其他资源的合法访问被无条件地阻止。

（4）非法使用风险

某一资源被某个非授权的人，或以非授权的方式使用。

（5）特洛伊木马风险

由于软件中含有害的漏洞程序，当它被执行时，会严重威胁到用户的安全。当网络遭遇特洛伊木马病毒时，客户录入信息将会被窥视。随着数字支付方式的多样化，二维码支付也会变种带有病毒二维码，并将该图片放置于购物网站，以注册有礼发送红包的方式诱惑客户或用户下载。

（6）网络陷阱门诈骗风险

通常是以伪装虚假网站为掩护，在某个系统或某个部件中设置“机关”，使得在特定的客户数据输入时，允许违反安全策略，从而盗取用户资金。

2. 特征

（1）客观性和不确定性

信息安全风险客观存在于信息系统的各个层次和生命周期的各个阶段，并随着各种不

确定因素的不断变化而变化

（2）多层次性和多样性

信息安全风险作用层面包括物理层、链路层、网络层、传输层、系统层和应用层，具有多层次性；风险包括技术风险、管理风险和环境风险等，又具有多样性。

（3）可变性和动态性

信息安全风险在其生命期内动态变化，具有可变性；同时在信息系统生命周期的不同阶段呈现出不同的风险，具有动态性。

（4）可测性

信息安全风险虽然呈现出不确定性，但可用各种定性和定量的风险方法对风险进行预测和衡量。

12.1.4　技术风险

1. 含义

技术风险是指伴随着科学技术的发展、生产方式的改变而产生的风险。技术风险来源于技术创新，由于技术和设施、设备不够完善，影响到创新技术的适用性、先进性、完整性、可行性和可靠性，从而产生技术性风险。

2. 类型

技术风险的种类很多，但主要有技术选择风险和技术系统风险两类。

（1）技术选择风险

一方面，数字金融企业如果选择使用陈旧技术，那么将会导致其业务流程受阻，严重约束用户体验感，抑制用户参与的积极性。另一方面，如果旧的技术系统和客户端不能兼容，就会引起信息传输效率下降。由此可见，选择技术对于数字金融企业至关重要，选择不当就会导致客户流失，甚至企业将失去拓展市场业务的机遇和能力。

（2）技术系统风险。

金融科技交易不仅受到系统程序的影响，而且处于受软件支配的状态。金融科技的技术系统性风险主要表现在：①互联网 TCP/IP 协议和传输的安全性，如果加密信息被破解，会导致信息被窥探或被泄露，用户资金安全将受到威胁。②若系统程序遭遇病毒感染，相关联的主机也会被感染，殃及整个网络，从而导致引擎系统性风险和交易平台风险。③若加密技术、密钥技术错位，则系统和客户端就会陷入黑客攻击的困境。

12.1.5　信用风险

信用风险是银行贷款业务或投资债券业务中产生的一种风险，包括违约风险、信息滥用风险和欺诈风险。

1. 违约风险

违约风险是指在交易活动中，交易对方不愿意或者无法全部履行交易合同的内容和义务，进而导致金融资产的所有者发生资产损失的不确定性。与传统金融征信系统相比，数字金融个人征信系统有待完善，数字金融征信系统信息形成孤岛，贷款者和平台的违约都会给投资者带来巨大的资金损失，违约风险在数字金融交易中最为明显，而且目前没有设立借款者违约的有效管理机制。

2. 信息滥用风险

金融科技企业通过数据挖掘对用户进行金融业务的信用评估，那么对用户的信息使用是否得当就会造成信用风险，若想要降低信息被滥用的风险就要建立健全用户审核机制和完善风险评估指标体系。

3. 欺诈风险

在金融科技时代，许多金融机构和企业都想抓住契机，大力发展数字金融，以取得发展的先机，而行业竞争加剧了信用风险的集聚效应。欺诈风险的动因是：一方面来自企业内部，内部员工故意盗取用户资金，用未经授权的项目投资进行欺诈，企业的形象和声誉将会被扭曲；另一方面是数字金融平台通过发布虚假的高收益率信息，诱导用户投资，从而达到非法集资，欺诈并骗取用户资金的最终目的。

金融科技交易是以网络平台为载体，进行线上交易，由于信息孤岛问题存在，以及交易双方信息不对称问题，引致交易双方的身份、交易真实性无法甄别。由此可知，数字金融信用风险体现在：首先是数字金融企业的信用风险。数字金融从业者利用信息不对称漏洞，隐瞒并谎报信用风险评级和诱骗消费者投资，然后擅自变更资金用途，违反使用资金合同，最后形成“庞氏骗局”。比如，通过众筹平台筹集到的资金，由平台方自己单独管理，从不交给任何第三方机构托管，如果平台信用出现问题，那么其结果就是投资者“竹篮打水一场空”。其次是资金需求方的信用风险。网络贷款的特点是贷款额度小而且缺乏抵押物品，从而引起资金需求方信用风险的爆发，数字金融网络平台具有典型的虚拟性，无法评估资金需求方的还款能力和意愿，借款人不仅可以隐瞒自己的真实身份，而且会提供虚假财产和收入证明材料，从而伪造并提高自己的信用级别。最后，我国信用体系和评价机制尚未完善，信用不能共享，从而导致有违约记录的借款人依然可以获得其他平台提供的借款，信用风险集聚效应得以放大，同时还会带来数字金融行业交叉传染。

12.1.6 经营风险

金融科技企业在金融业务运营的过程中，会遇到利率、价格、平台、配对、支付和关联等因素影响，多种经营风险应运而生。

1. 市场选择风险

数字金融资产价格受市场价格波动而发生变化的风险就是市场风险，主要包括价格、利率、汇率等。一方面数字金融的用户会对自己的信息做一定的隐藏，平台又无法使用技术手段进行鉴别，另一方面用户如何选择平台也会导致用户的选择风险。

2. 期限错配风险

金融理财产品都用来投资创业，但是这些投资一般期限长、回报速度慢，金融科技平台往往会采取拆分标的处理方法，这会面临期限错配风险，从而影响到企业资金的流动性。

3. 资金安全风险

金融投资人的资金由平台集聚后，常常会出现资金沉淀一段时间的现象，随着平台沉淀资金的持续累积，缺少资金担保企业托管和资金流动管理机制不够健全，平台就会通过吸收存款方式筹集资金，支付投资者的红利，资金安全风险由此悄然而生。

4. 流动性风险

金融科技企业缺乏存款准备金、存款保险制度和风险资产拨备制度等，容易产生流动性风险。

5. 关联性风险

关联性风险是指由于信用主体之间的关联关系而引起的信用风险。关联风险源于金融机构与相关产业之间的相互依赖性。如担保贷款、互相投资便存在着重要的关联关系。数字经济不断深入和发展，尽管能提高金融资源的配置效率，但也会给金融机构带来无法预料的各种风险。相关产业的风险事件，通常可以通过种种传导机制，引起金融机构未来收益的不确定性变化，表现出典型的多米诺骨牌效应。数字金融企业一般会与担保企业、第三方支付企业、商业银行进行机构合作，只要链条上的任何一家企业遭受损失或出现问题，都会对数字金融企业带来“牵一发而动全身”的关联性风险，而目前的数字金融企业又都缺乏专业团队对合作机构进行跟踪管理。

6. 利率风险

由于央行不断根据经济情况的变化调控利率，银行存款利率也会随之变化，数字金融的发展就会受到约束，尤其会给数字金融理财产品带来显著的影响，数字货币基金的盈利主要赚取商业银行的利差，而市场利率的波动可能会给数字金融产品带来极大的风险。

12.1.7 法律风险

金融科技是全新的金融模式或业态，传统金融法律法规不能满足复杂多变的金融科技的模式需求。

1. 法律供给滞后风险

数字金融发展起步相对较晚，对应的法律更新速度缓慢，发展不健全且缺乏内能。就不合法规的平台而言，为了在激烈的市场竞争中站稳脚跟和提高在市场中的占有比率，吸引更多的客户，有些平台擅自推送虚假的高配额的红利分配信息，向客户承诺资金保值措施，故意欺骗，引发网络交易纠纷。

2. 监管主体错位风险

目前尽管数字金融业务与传统金融业务有交集，但是监管主体仍然是“一行二会”，简单颁布没有相关细则的一些政策、法规文件，导致监管职责模糊不清。

3. 金融科技企业牌照风险

现在还缺乏针对金融科技企业主体资格认证的法律，一些金融科技服务商在法律的“灰色”地带自由漫步，例如有些金融科技经营者并没有业务经营许可证，不受证监会监管部门认可，尚未拥有从事金融科技服务的资格和条件，也没有承担风险的能力，因此很多经营主体的合法性在法律层面上存在很大的争议。

4. 洗钱和套现风险

金融科技企业的金融服务都是在网络平台环境下进行的，具有一定的虚拟性，违法人员可以扮演交易双方的任何一方，购买或销售理财产品。平台如果没有建立客户身份识别和交易记录监控机制，就会引发网上的违法行为，例如洗钱、挪用公款套现等。

5. 非法集资风险

一是表现为资金池模式风险。网络借贷平台根据资金需求者的要求设计出不同的理财产品，投资者无法获得借款人和借款项目的真实情况，仅负责销售理财产品。另外，平台通过资金池模式在同一个平台集聚资金形成一定规模，转而寻找其他借款对象或合适的投资项目，这两种资金池模式都存在非法吸收公众存款的风险。二是信用不良的借款人利用借款平台非法集贷，一个人伪装成多个借款人，发布多条虚假借款信息来骗取多个投资者的资金，然后借款人擅自挪用借到的资金，转投股市或房市，甚至发放高利贷，赚取利差，这都构成了非法吸收公众存款罪。三是“庞氏骗局”。一些平台利用高利率吸引投资人、拆东墙补西墙、借新钱还旧债的方式形成庞大的“陷阱”，最终携带大量筹集资金逃之夭夭。

12.1.8 其他衍生风险

1. 溢出风险

金融科技对传统金融产生了不小冲击，大量理财产品分流了传统金融机构的客户，使得传统银行不断提高存款利率，数字金融对货币市场的风险外溢产生了负面影响、认知与识别风险。许多投资人对金融科技理财产品盲目投资，特别是只看到高收益的产品而不能识别其风险，因此金融科技用户需要提高自己的认知度。

2. 道德风险

金融科技的投资人只关注自身的收益，但是贷款者隐瞒自己的真实信息拿到贷款后跑路或违约，平台在获得大量融资后跑路，这些道德风险均在频繁地爆发。

3. 信誉风险

金融科技平台的信誉风险在于其机构自身经营不善，疏于对平台的监管，安全防范措施不到位，造成向客户传递虚假信息导致客户遭受经济损失的可能性。平台的负面评价有可能让平台失去信誉，系统故障或客户信息泄露会造成机构信誉受损，平台提供的服务一旦不能够满足客户的预期需求，客户对平台的不满就会在网络上传播扩散，金融科技的信誉风险一旦形成，对平台的消极影响将是长久的。

12.2　金融科技风险预警模型与技术

管理和控制金融风险，是技术时代的重任：构建以大数据、云计算和人工智能等科学技术为载体的金融风险预警平台，凸显科技驱动型的风险管理创新，实现全国相互贯通的数据共享和精准智能施策三大功能，从而达到“实时风险识别—动态风险预警—风险评估—智能决策”的管理和控制风险的目的。

12.2.1　金融科技风险预警现状与困境

随着金融和科技的不断融合，数字金融行业突飞猛进，它预示我国数字经济时代的来临，标志着我国数字金融全面进入数字时代。与传统正规金融相比，数字金融兼容金融、科技和交易的属性，是传统金融服务与高科技融合的新的金融模式或业态，是一种传统金融服务功能的创新。尤其是在数据大爆炸时代，数字金融风险的涉及面更加广泛、传播速度迅猛、外溢效应渐渐放大，这些影响远远超出传统金融的管理环境。

近几年爆发的金融科技风险“跑路”事件和平台“暴雷”事件，如E租宝和P2P平台、假借“金融创新”“数字金融”之名，做非法集资之实事，诈骗金额巨大，覆盖面积之广，使得广大民众的资金和利益遭受损失，干扰金融秩序的正常运行。为了防范数字金融风险和化解潜在的风险隐患，需提高金融风险管理和控制的水平，构建大数据驱动的数字金融风险预警系统，树立“技术驱动型的风险管理创新”理念，在现阶段尤其迫在眉睫。

就风险管理整体而言，国际合作数字金融风险管控机制尚在雏形，我国的数字金融法律法规尚未完善，监管立法滞后缺失，尚未形成跨行业、部门的协同机制，数字信息成为孤岛，数字金融行业监管滞后发展要求，在上述背景下，管理与创新的异步意味着数字金融发展与其风险的共存。

由于金融科技分布地域广泛、快速传播的特性，因此金融科技风险管理相比传统金融行业更难。目前，我国数字金融风险管理困境主要表现在：风险识别难、动态预警难、评估难、决策难和处置难。随着数字金融企业平台的注册和交易双方数量的增加，为了减少和避免“跑路”事件的频繁出现，迫切需要我国采取数字技术加强对数字金融企业进行风险预警监测和控制。

12.2.2 金融科技风险的模型、原理与技术

任何金融科技企业或行业开展经营活动都会面临各种风险，金融科技运营的本质是获得风险报酬。就金融机构而言，风险管理是金融企业运营中的总抓手，而量度风险则是风险管理中的枢纽。数据不仅是风险测量的基础，也是风险管理体系中重要因素之一。若拥有完整、精准、时效的信用信息数据，构建风控模型，则风险管理体系就会奔向阳光大道。在传统金融风险中，有效应用大数据分析并进行管理的信用风险，是金融机构面临的最主要风险。下面主要介绍国内外流行的信用评分系统和模型。

1. 典型的信用评分系统与原理

（1）FICO 系统

FICO 评分系统由 Fair Isaac 公司推出，普遍应用于美国个人信用评估，目的在于运用数学模型量化分析客户的信用信息，其核心内容是以数据库为载体，对比借款人信用习惯与信用历史资料，通过客户信贷信息的五维指标，分析该借款人未来的还款能力和意愿，得到信用等级报告，依据该报告审核是否为借款人发放贷款。FICO 评分采用传统的 Logisitc 回归方法，为金融机构信用风险管理提供支撑，而指标信息维度较为单一，不能有效应用大数据分析进行信用风险管理。

FICO 评分原理：①数据获取与描述。使用要素分析、列联表分析和相关性检验等技术描述评估数据，提高数据质量。②确定客户信用评分目标数据与参数，选择与建模有关的预测变量。③构建体系性和量化评分模型。④撰写信用报告，确定客户风险等级。⑤模型的验证。

（2）ZestFinance

ZestFinance 是一家以大数据为载体，基于先进机器学习和集成学习模型，进行信用风险评估的美国公司，其信用理念是一切数据皆信用，用户数据来源渠道全面，运用大数据技术充分挖掘用户信息，评价用户信用风险等级。和传统征信体系相比，其数据来源广泛，指标信息维度多个。ZestFinance 摆脱传统的 Logisitc 回归方法，从多种指标角度对借款人的不同侧面进行量化信用评估，最终得到个人客户的综合信用评分分数。

ZestFinance 评分原理：①在系统中输入来源广泛的原始数据。②描述数据相关统计性，

并对数据进行量化处理或转换。③分析变量关联性，整合变量获得更大维度指标，构建出不同的数据分析模型，进行特定风险特征的分析。④利用复杂算法将子模型集成总模型，并对用户进行风险评估，获得信用风险评估分数。

（3）芝麻评分

芝麻评分是蚂蚁金服旗下个人征信机构在国内率先推出的个人信用评分。芝麻信用通过收集网数据，采用五个维度指标（个人的身份特征、人脉关系、信用记录历史、行为方面的偏好和个人履约能力）评估不同的客户并得出综合信用评分。数据源自阿里巴巴生态系统数据、政府公共部门数据以及合作机构数据等渠道。该评分模型以线性回归和逻辑回归为主，部分模型也涉及决策树、神经网络等现金机器学习技术和云计算技术。芝麻信用云计算信用模型系统体系，由自动用户评估系统、用户画像信息、关系识别与评价、个人评分系统等四个子系统构成，有着广泛的应用场景：比如社交活动和生活理念。

芝麻评分原理：①数据获取与描述。②为客户信用画像，选择与建模有关的预测变量。③构建云计算体系和量化评分模型。④评估客户风险等级，得出综合信用分数。其原理与FICO评分相似。

2. 风险计量模型

由于传统信用风险评估模型采用逻辑回归方法进行量化分析，用户数据稀疏，导致统计模型呈现弱稳定性。而决策树具有稳定性和鲁棒性，对稀疏数据进行充分挖掘和分析，易于研判变量风险区分能力的非线性结构关系。因此，决策树模型和逻辑回归模型耦合即可得到综合性的统计模型，亦即在逻辑回归模型中增添决策树模型的多元变量，构建统计模型，从而确定风险因子的权重。

构建计量模型的前提条件：有效收集信息数据刻画用户形象和挖掘与业务应用相关属性。

（1）用户画像

用户画像是指企业通过收集与分析消费者相关的各种大数据信息，完美地抽象出一个用户的商业信息全貌，并针对特定业务场景进行用户特征不同维度的重新组合，用标签的集合，精准刻画用户的商业特征。对用户稳定的静态信息数据，直接建立标签；对用户的动态信息数据，采用事件模型构建标签及对应的时效权重。

（2）大数据属性的挖掘

①数据收集。②数据核对。③数据清洗，经过数据核对发现的问题数据，将通过数据清洗处理步骤进行处理。对于问题数据，尽量调整后使用，如果调整后仍然无法使用的数据，对其做删除处理。④单变量分析，主要包括变量区分能力分析、经济学含义分析和变量量化转换。⑤多变量分析，降低变量间相关性，使模型具有稳定的高区分能力，包含变量的相关性矩阵和聚类分析、区分能力稳定性分析和信息类型分析。⑥衍生变量侧重于商

品消费信息。

（3）典型的风险计量模型

①决策树模型

决策树是一个属性结构的预测模型，代表对象属性和对象值之间的一种映射关系。它由节点和有向边组成，其节点有两种类型：内节点和叶节点，内部节点表示一个特征或属性，叶节点表示一个类。

决策树模型是基于贝叶斯定理建立起来的。该定理被英国人托马斯·贝叶斯于1761年发现，然后经法国数学家拉普拉斯对理论做丰富和完善。它是基础的数学定律，决定逻辑推理的过程，并且在现有信息的基础上，决定各种可能的替代选项的置信度。

在决策树各种算法中，CHAID既适用于离散型的二维变量，也适用于连续型变量。针对每一节点分枝，CHAID产生一系列二维向量，计算所生成二维表的卡方统计量或F检验。如果几个备选变量分类均显著，则比较P值大小，然后根据P值大小选择最显著的分类变量以及划分作为子节点。

决策树模型以数据挖掘算法和机器学习理论较为基础，容易理解，实现方便，对数据噪声具有较好的过滤能力，再加上其预测能力较好，故而广泛应用于各种金融和经济活动场景。

②随机森林模型

随机森林（random forest）是一种机器学习模型的集成学习方法，是集群分类模型中的一种。2001年美国科学家Breiman把分类树组合成随机森林，该森林由多个由Bagging集成学习技术训练得到的决策树组成，且每一棵决策树之间不存在关联性。新样本进入随机森林模型时，最终的分类结果由单棵决策树的输出结果投票决定。随机森林克服了决策树过拟合问题，对噪声和异常值有较好的容忍性，对高维数据分类问题具有良好的可扩展性和并行性。随机森林主要应用于回归和分类，随机森林进行bootstrap抽样，随机选出并生成每棵树时每个节点变量中的少数变量，具有样本随机性和节点变量的随机性。

其原理是：随机森林通过自助法（bootstrap）重采样技术，从原始训练样本集N中有放回地重复随机抽取k个样本（k一般和N相同）生成新的训练样本集，然后根据自助样本集生成n个分类树组成随机森林。其实质是对决策树算法的一种改进：将多个决策树合并在一起，每棵树的建立依赖于一个独立抽取的样本集。

③逻辑回归模型

逻辑回归（logistic regression，LR）模型在线性回归的基础上，套用了一个逻辑函数，这个逻辑函数使得逻辑回归模型成为机器学习领域一颗耀眼的明星。该模型因变量服从二项分布，且自变量的线性预测与因变量的logit变换相连接的一种广义线性模型。如果样本分布服从多元正态分布，那么该样本正好符合对数回归的假设，对数模型的误差项服从二项分布，在拟合时采用最大似然估计法进行参数估计。

该模型不需要它没有任何概率分布的假设，在数据分析的基础上，利用 Logistic 函数建立模型，预测借款人发生违约的概率，金融机构根据用户风险概率，设置信贷条件和风险界限，确定贷款发放标准。该模型用来做分类任务，分类任务的目标是找一个函数，把观测值匹配到相关的类和标签上。学习算法必须用成对的特征向量和对应的标签来估计匹配函数的参数，进而实现更好的分类效果。其优势是解释性强，稳定性好。

④ FAHP 模型

FAHP 法（fuzzy analytic hierarchy process，即模糊层次分析法）是将模糊理论与层次分析法 AHP 结合起来在此基础上构造的一种新方法，由美国 T.L. Saaty 教授最早提出。FAHP 法将复杂问题的各影响因素从中分解出来，建立递阶层次结构，通过分析各因素之间的相互关系以及对该问题影响程度的大小赋予重要性分值，从而构造判断矩阵，引入模糊理论，利用模糊一致判断矩阵的性质对判断矩阵进行一致性检验，在通过判断矩阵一致性检验的基础上最终确定各因素对决策的不同影响权重，做出最终决策。FAHP 法常被运用于多目标、多准则、多要素、多层次的非结构化的复杂决策问题，特别是战略决策问题，具有十分广泛的实用性。

采用模糊层析分析法构造模型时有四个步骤：一是根据问题建立模糊层次结构模型，确定目标层、准则层和指标层；二是将同一层次的因素进行两两比较，根据构造的层次结构模型建立判断矩阵；三是对层次进行单排序并进行一致性检验；四是进行层次总排序并一致性检验。模糊层析分析法在构造模糊判断矩阵时，采用正互补判断矩阵。

⑤ VaR 模型

VaR（Value at Risk，VAR）模型即在险价值模型，基本思想是在一定置信水平（指给定概率）和一定持有期内，某种金融工具或投资组合在未来资产价格波动下所面临的最大损失额。就数字金融业信用风险而言，是指在一定的期限内，其资产组合的 VaR 为某一数值，就是该资产组合以给定概率，保证其潜在损失在 VaR 以内。VaR 基本模型为 $VaR=\omega 0[E(R)-R^*]$，即为该资产组合的 VaR 值，其中 $\omega 0$ 为持有期初资产组合价值，R 为设定持有期内资产组合的收益率，R^* 为资产组合在置信水平 α 下的最低收益率。

在一般情况下，为了计算某一投资组合的 VaR，如果能求出置信水平 α 下的 R^*，即可求出该资产组合的 VaR 值。通常来说，利用 VaR 数学模型定量分析社会经济现象，都必须遵循其假设条件，特别是对于我国金融业来说，由于市场尚需规范，不能完全满足强有效性和市场波动的随机性，在利用 VaR 模型时，只能近似地正态处理。

VaR 模型在金融风险管理中的应用越来越广泛，特别是随着 VaR 模型的不断改进，不但可应用于金融机构的市场风险、信用风险的定量研究，而且 VaR 模型可与线性规划模型（LPM）和非线性规划模型（ULPM）等规划模型论有机地结合起来，确定金融机构市场风险，有利于金融机构对于潜在风险控制进行最优决策。

3. 金融科技风险控制技术

（1）冒烟指数[1]

冒烟指数作为数字金融风险监测指标体系，源于“森林着火要冒烟警示”，利用大数据挖掘技术和外源数据，对数字金融平台的信息数据进行清洗，精炼运营风险、非法特征、舆情负面性、危害性、资金交易风险、利诱性 6 个维度，综合分析计算监控对象非法集资风险相关度，后经加权最终测算的数字，即是企业的“冒烟指数”（反映风险程度）。指数越高，预示企业的风险越大。

冒烟指数风险控制技术由数字信息技术、量化风险技术和指标准则技术构成。数字信息技术包括互联网、大数据、人工智能、机器学习、知识图谱、自然语言处理等技术；量化风险技术包括金融企业运营风险量化、合规性量化、舆情负面性量化、资金交易风险量化和利诱性（即收益性）量化；指标准则技术包括指标的全面性、时效性、精准性。

冒烟指数指标体系的构成：非法性指数、收益率偏高指数、投诉举报指数、传播力指数、特征词命中指数。冒烟指数建模流程：数据收集与清洗—精炼指标—构建机器学习模型和专家研判模型—通过赋权预测金融风险—划分 5 个呈现不同特征的风险等级。

根据金融科技业态的风险特征来构建完备的金融科技风险指标体系，是量化评测、监测预警金融风险的关键环节。

总而言之，冒烟指数技术在金融风险预测监管中运用了大数据、人工智能、机器学习、知识图谱、自然语言处理等技术，针对数字金融业态的特征特点，突破传统治理思维，以互联网思维应对数字金融风险的预测监管需要，其应用逻辑路径是输入大量相关数据，利用机器学习形成知识图谱或者建立模型，通过不同算法和神经网络应用挖掘类金融企业风险并预测其风险，以达到识别风险、量化风险和把控风险的目的，进而实现平台预测监管能力的动态提升。

（2）CAMELS

CAMELS 是美国联邦金融机构检查委员会提出的金融风险评级预警技术，它是国际上最常用的分析单个金融企业部门稳定性的工具，通过六个维度指标来评判金融企业部门的非稳定性。CAMELS 采取单项评分与整体评分相结合、定性分析与定量分析相结合的方法，量化金融企业的风险，划分 1 ~ 5 不同风险等级，再考虑各方面的权重得出其综合性评级，综合性评级也分为 1 ~ 5 级，评级为“4”或“5”的金融企业则存在巨大的风险。因此，CAMELS 系统被认为是效果最显著、最可信赖的风险评估工具。

（3）风险大脑

风险大脑以 AI 作为核心，类似于人类大脑行为的风险防控体系，以技术驱动的智能风控规避了传统风控基于人工经验的盲区，让风控不再需要通过人工识别黑产的作弊类型，

[1] 李崇纲，许会泉 . 冒烟指数：大数据监测互联网金融风险 . 大数据 [J]，2018，（4）：76-84.

减少人工干预，最终达到自动防御的理想状态，它涵盖行业的监管平台和风控平台。

风险大脑的基础能力架构：计算力、数据和算法。计算力是数据风控体系的底盘，它支撑着每天处理亿万用户的交易数据，并进行风险识别。数据是风险大脑的能量和血液，结合着算法流动起来，构建风控防控的闭环。算法是基于用户、环境和网络的数据信息之上，做出精准的判断和决策。总而言之，数据是风险大脑的燃料，算法是风险大脑的引擎和灵魂，计算力是风险大脑的骨架。

风险大脑的核心板块：风险检测预警、风险识别决策、风险智能优化和风险分析洞察决策。这四个板块相互协同，紧密协作，并且构建起来了全方位、立体化的风控平台体系。

风险监测预警是风控平台的“眼睛”，用于感知和预测风险。面对未知风险的挑战，需要基于算法监测识别个体异常和群体异常。通过风险异常识别发现风险群体，通过图形化、可视化方式展现出来，并通过风险专家来判断风险和异常。发现风险异常，实时调整模型或策略，形成风控系统的闭环优化，同时对风险大盘进行整体风险监测，快速定位问题并分析其原因，保证风控系统自身的安全运行。

风险识别决策构建了全方位和立体化风控引擎，是风险精准防控的判断依据。对于全方位而言，需要构建基于人、环境、网络、设备、黑名单、突变和冲突的全方位风险扫描体系。传统专家风控体系是一个网状平面，风险防控最担心的就是一层被击穿，而立体化风控是层层深入下去的防控，如果某一层被击穿，还会有下一层，其比平面风险防控体系要更加安全可靠。

风险智能优化就是风险防控中构建的自学习和自优化的能力，应对风险攻防的及时性和有效性。风险智能优化有三种方式：一是基于单个案例分析用户标签，通过时间、空间、行为的过程连接在一起还原出案件发生的整个过程，定位出风控体系中疏漏点和风险点。二是基于知识图谱进行分析，发现欺诈团伙及其特性。三是策略智能推荐，可以将智能算法和专家经验快速结合，应用到风险防控体系的调整中。

风险分析洞察是专家和机器智能在人机协同过程中的基于多维度进行的分析洞察，为风险决策奠定基础。在风险识别的背后其实是安全策略模型，如果识别出某个客户可能存在风险，最终判断就需要从多个维度进行智能化分析，比如会考虑实际使用环境的可用性和适用性以及风险偏好，在风险防控和用户体验上做智能化的个性化决策。

12.3　金融科技风险预警体系构建

12.3.1　风险预警系统层次及设计原则

1. 以数据为中心的预警系统层级

（1）数据管理层。数据作为系统中的核心部分，是整个体系中的中心环节。数据中心的职责包括数据的收集、整理、加工、存储，提供方便、可靠的数据操纵接口，以便于其他层级用户的使用。数据中心管理数据时，应确保数据的完整性、准确性以及安全性，并兼顾可靠性，保证数据中心正常运营，为风险的预警提供数据支持平台。

（2）数据整合层。要从互联网金融的大数据海洋中实现金融风险的预警，必须对金融风险有透彻的定义和认识。从金融风险的定义出发，确定分析需求，对数据进行重新整合，提取与之对应的分析数据。数据整合是保证分析结果可靠性、准确性必不可少的环节。如果说数据是预警体系的基础，那么需求则是预警体系的灵魂。数据提取层的任务包括风险的定义、分析需求的确定、数据的整合与提取。

（3）数据分析层。数据分析是互联网金融风险管理控制的实施手段。全面的数据分析系统应包括现行的指标体系、统计模型，及人工智能方法；同时兼顾与企业相适应的相关指标体系、统计模型等方法。数据分析层的功能应包括：风险识别、判断，风险预警，风险监控，自动上报、信号系统，风险预测，风险评级等功能。

（4）数据解释层。来自数据分析层中的每一次预警、每一个报告，都必须结合金融企业的经营管理状况，外部经济运行环境、背景来进行解读，目的在于可以更系统地评估风险，评价风险的可靠性，风险的危害程度，产生的根源，可采取的控制手段，弥补数据分析层的不足，为决策管理者提供更完整的决策依据，从而规避风险所产生的损益。数据解释层应健全风险响应机制，建立风险应急小组，为及时处理风险提供依据。

结合以“数据”为中心的层次体系，从系统性、时效性、可操作性、科学性和弹性来看，预警体系涵盖了以数据为中心的数字金融风险分析的各个环节，即数据的收集、数据提取、数据分析和数据解释；各层级紧紧相扣，又相互独立，为数字金融企业风险控制管理提供有力支撑；通过数据中心的建设，有利于加快其信息化，提供企业管理水平，降低因数字金融业管理缺陷导致的内部风险；统筹兼顾、持续改进，降低管理成本。

2. 风险预警系统的设计原则

建立数字金融业态风险预警系统的目的是识别和监测风险，提供预警机制和控制对策。在构建其风险预警系统时应坚持以下原则。

（1）必要性和代表性。金融活动与风险相伴，数字金融各种业态或模式也同样存在。创建数字金融风险预警系统的目的是监测和防范风险，该预警系统既要反映金融业运行、经营活动过程和景气波动态势的实际情况，又要体现宏观经济运行情况、经济指标、行业发展情况等。

（2）实用性和时效性。预警系统既要与国际化接轨，又要考量国内数字金融业态风险形成的特征，使风险监测与预警凸显实用性。金融数据具有传递的高速性和隐私性，要想保证数据的精准性和隐私的安全性，势必搭建具有时效性的风险预警平台，进而达到实时预测监控风险、研判金融风险的类型，降低风险带来损失的目的。

（3）指标科学性和操作性。设计预警系统时既要确定量化指标，也要设置定性指标，将定性与定量指标结合，保证评价结果的精准性，发现金融风险的源头。系统可操作性，是指可靠易行的辨别和预测风险，数据分析的判断指标、标准和统计方法，进而快速地识别、判断、预测风险，做出预警，以便建立风险约束机制，有效地防范、监测和转化风险。

（4）全面性和可行性。预警系统布局全面，要体现层次性要求，内外部构成相互独立。同时要蕴含较大信息量，符合量化指标，且具有获取资料的现实可行性。

（5）系统更新性。风险预警系统为了满足金融系统管理需要，应与时俱进更新系统，保证系统内部构件独立运转，弥补其构件之间的缺陷，避免出现冗余状况。也就是说，在保证系统在预警监测金融风险同时，又要维持金融企业正常有序地运转。

12.3.2　金融科技风险预警系统构架与风险处理策略

1. 金融科技风险预警系统总体构架

金融风险预警系统是由多个部分或子系统所组成的综合体。根据风险预警的内容和数字金融业态风险特征状况，数字金融风险预警系统主要由以下子系统构成：预警信息系统、预警分析系统、预警信号系统、预警对策系统、决策结果、豫警知识库和处理方案，如（图12-1）所示。

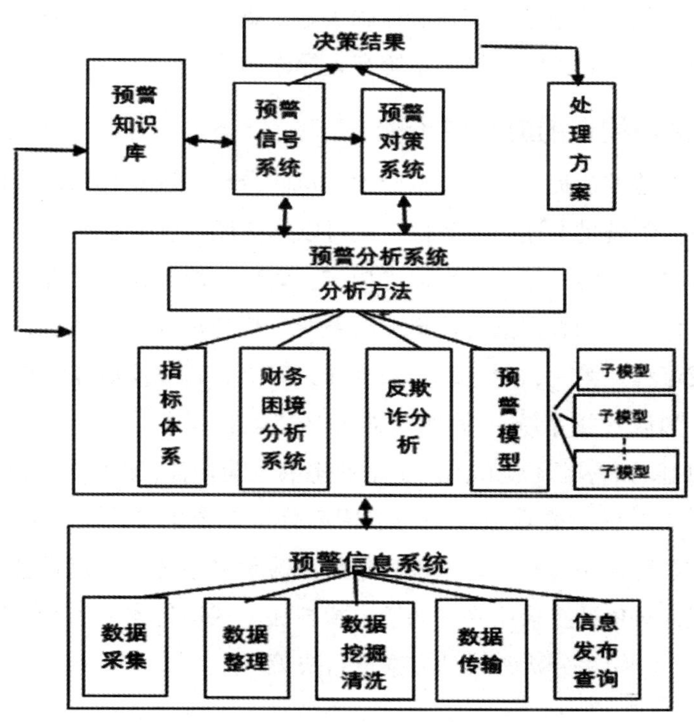

图12-1　金融科技风险预警系统构架

预警信息子系统是数字金融风险预警系统中其他子系统运行的前提和基础，它负责信息数据的采集与整理、数据的挖掘清洗、数据传输、信息发布查询。由此可见，它既是金融风险预警系统的子系统，又是风险预警系统的“载体”。

预警分析子系统是金融风险预警系统的核心部分，它在很大程度上决定金融风险预警系统的效果。预警分析子系统的功能是以预警方法为指针，选择和建立能够准确反映风险状况的指标，构成指标体系，然后利用适当的预警模型进行分析，对风险状况和未来发展趋势做出精准度量，确定风险等级。其中财务困境分析系统和反欺诈分析是预警分析系统的枢纽。反欺诈系统，是指选择分行业数据，运用会计基本原理、结合审计经验判断，确定行业财务指标标准值，再输入客户财务信息，综合比较财务指标并作出判断，由此可以部分清除虚假报表对银行的欺诈。通过客户财务困境分析系统发放贷款决策时，首要排除陷入财务困境客户的需求。对于已经发放贷款的客户，通过客户财务困境分析系统可以尽早发现企业经营状态的变化，避免企业陷入财务困境给银行带来信用风险甚至损失。

预警信号子系统功能是将指标数据处理的结果与阈值警报进行对比，当指标处理结果处于不同的区间时，发出对应的警报信号。这样可观测风险来源及其变化，同时也可以初步判断金融企业所承受的风险状态，据此采取相应措施。

预警对策子系统的功能是事先准备好在各种风险条件下的应急对策或对策思路，一旦预警信号子系统发出风险警报，则根据预警信息的类型、性质和警报的程度调用相应的对策。实施预控管理的过程是：警因分析—选择预控对策—实施预控对策—评估和反馈。

预警知识库是存放预警数据、知识、逻辑关系规则，以及各种权值和量值的数据库。它是预警信息的载体，也对预警信号子系统有先导作用。

2. 风险预警系统构造的流程或步骤[1]

风险预警系统构造的前提，首先要构建财务风险分析系统和反欺诈分析系统，其次是考虑宏观经济指标。若满足上述两个条件，就可以构造风险预警系统。

①模型功能的界定。尝试建立金融风险模型，为风险决策提供数理分析和技术支持；通过客户信息反欺诈系统和客户财务困境分析系统，构造风险预警系统，提高风险管控水平。②确定程序或流程。第一，建立基础数据库；第二，建立反欺诈系统与财务困境预警系统；第三，建立风险预警系统； 第四，进入 VaR 运算程序；第五，进行结果分析方案设计。③结合国外风险预警的经验和国内金融业态的风险特征，确定主要指标、参数、权重。④确定方法主要计算方法。企业或客户财务困境分析系统主要采用费歇判别法和修正的 Zeta 模型；反欺诈系统采用现有审计软件；信用风险预警系统结合信贷管理信息系统数据库，采用新的系统；VaR 计算采用修正的历史模拟法。⑤进行模型校验、修正参数。⑥模型运算并输出结果。⑦结果分析并设计方案进行决策。

[1] 宋效军 . 构造商业银行信用风险预警系统的思考 [J]. 投资研究 . 2001，（07）：6-12.

3. 风险处理策略

金融风险处理有很多种策略，具体方法有八种：一是通过采用资产选择法和 VaR 方法，规避风险。二是通过某种合法的转让交易方式和保险业务方式，转移风险。三是通过多样化的资产投资组合，分散风险。四是任何活动均存在风险，金融活动也不例外，金融企业必将采取风险补偿措施——建立风险准备金即通过 VaR 计算风险资产价值，进而确定相应的资本金。五是抑制风险，指在承担风险之后，关注风险因素，捕捉风险变化信息，在风险爆发之际，采取保护收益的控制风险措施，尽量降低风险带来的本金损失。六是金融企业为了减少风险损失，不断创新金融业务产品，采用金融产品多样化组合措施，当一种金融产品发生风险损失时，便可以从其他未发生风险损失的产品利润中得到补偿。七是金融企业以自己的财力来承担未来可能的风险损失即风险自留，包括承担风险和自保风险。八是使用 VaR 可以得到较为客观的资产现值，促进风险折价变现。

4. 金融科技风险预警案例

民生银行聚焦供应链核心企业与供应链中小企业之间的交易场景，围绕采供销各交易环节的金融服务需求，搭建了公司网络金融“E 融平台”，构建“贷前—贷中—贷后”智能风控体系，树立“以客户为中心”的理念，通过互联网与各类企业进行连接和互动，可以更加方便地获取银行金融服务，解决服务的“最后一公里”问题，取得良好的操作体验。

①贷前运用大数据 +AI 智能开展授信业务（见图 12-2）；②贷中运用区块链技术展开核查业务（见图 12-3）；③贷后智能管理和风险预警（见图 12-4）。

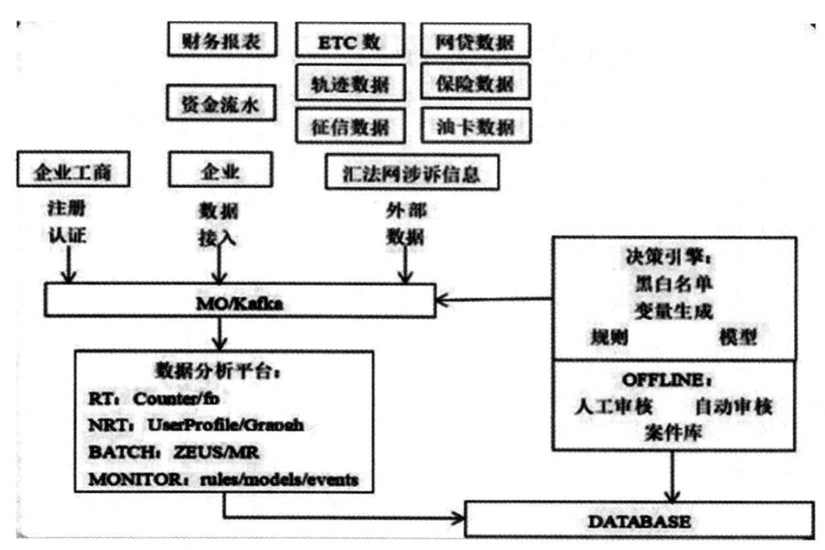

图12-2　大数据+AI智能贷前授信

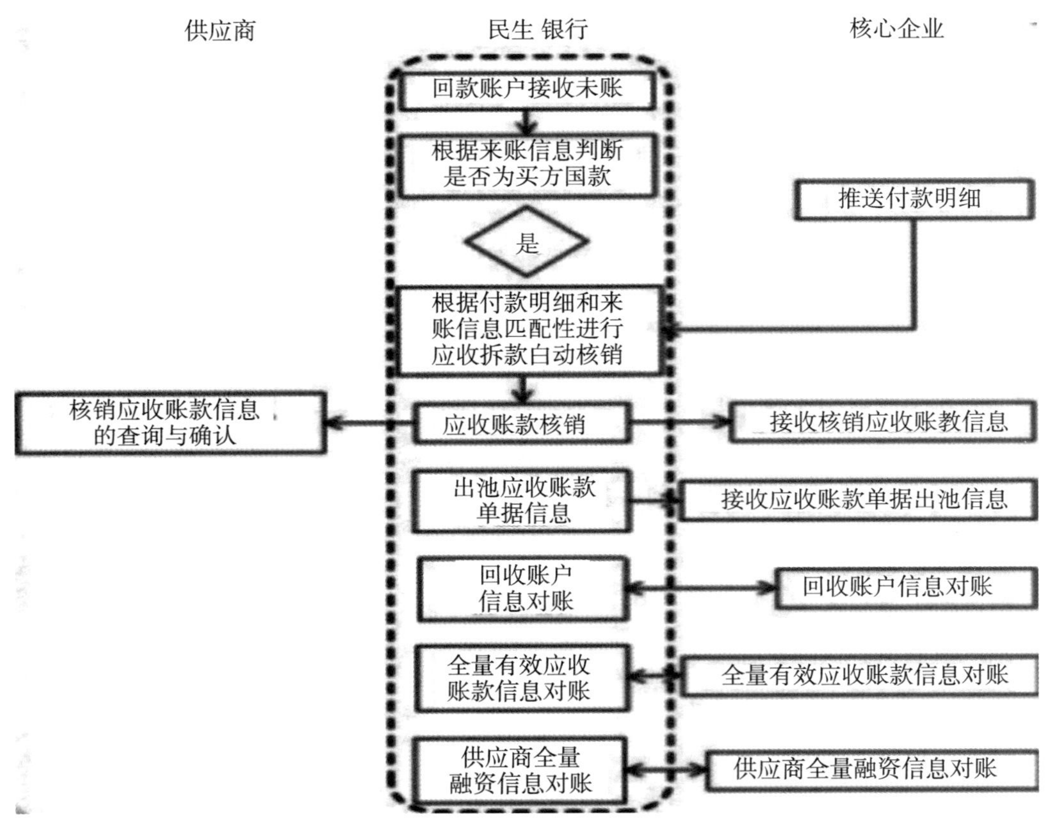

图12-3　区块链技术贷中核查

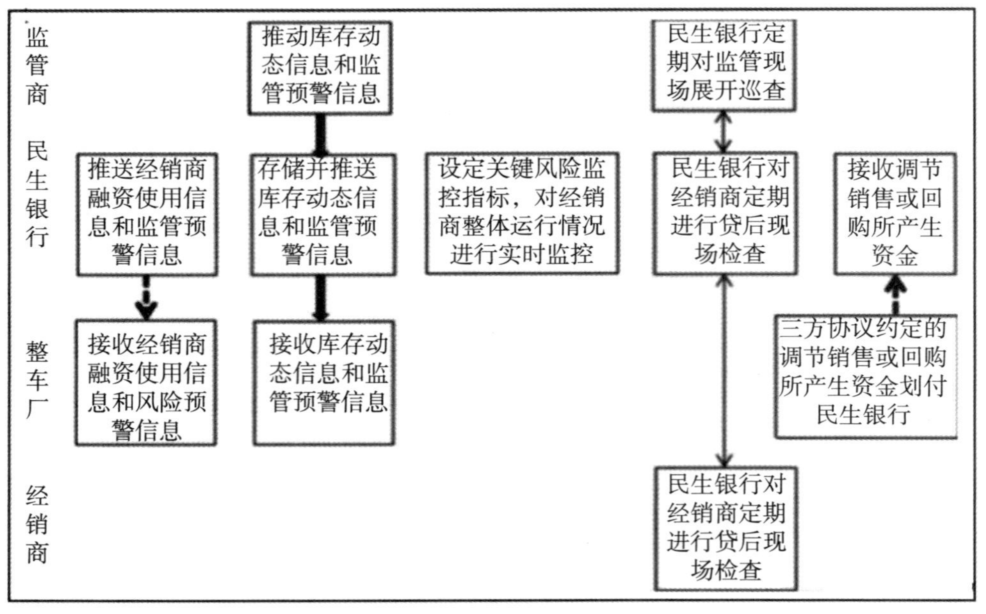

图12-4　智能贷后管理和风险预警

12.4　金融科技的风险防范对策

1. 完善金融风险预警系统

（1）完善宏观、中观和微观层次的金融风险预警系统。根据金融风险的层次标准划分宏观、中观和微观三个层次：即系统性风险、区域性风险和单个金融企业风险。宏观金融风险，即系统性风险，揭示金融业风险的形态；中观金融风险，即区域性风险，彰显金融业内部某一区域面临风险的迹象；微观金融风险，也即是个别金融机构或企业风险，精炼个别金融机构或企业资本运营中其收益损失的不确定性。因此，在构建多层次的预警体系时，依据不同层次风险的形成特征，结合并借鉴IMF和各国指标体系，选择可行性的微观审慎指标与金融体系稳健性相关的宏观经济变量等类型指标、赋予指标相应的权重，依据分析方法，构建不同的预警模型和输出多样性标识的预警信号系统。

（2）突破信息孤岛瓶颈，健全金融风险预警信息共享机制。金融脆弱性的根源在于信息不对称，从而引致逆向选择和道德风险的发生。为此，要及时做到上报财务报表和分析资料，以保证上报资料的准确性、完整性和一致性。与此同时，政府要搭建金融业综合预警信息平台，实现各监管机构信息相互贯通，建立预警信息共享机制。

（3）加强智能风控体系建设，凸显风险监控与预警精确化。

风险识别是智能风控的核心，数据的维度和密度是智能风控的基础，数据分析与建模能力是智能风控的关键。运用人工智能技术构建智能风控体系，以业务场景应用智能模型为载体，提升全流程的风控水平，挖掘并清洗客户的交易行为、个人资产、身份特征画像、履约历史、行为偏好、关系网络等多个维度的数据，增加有效数据的密度，在业务的前、中、后三个阶段进行综合分析和识别，开展全方位的风险预测和管控。

风险监控与预警精确化，要求依托各类信息来源或渠道，通过对数据与信息进行整合与分析，运用定量和定性分析相结合的方法来发现客户及业务的早期风险征兆，准确识别风险的原因，分析其可能的发展趋势，并及时采取有针对性的处理措施，控制和化解授信风险的一系列管理过程。

（4）反馈并修正预警结果，精准实施金融科技风险预警结果。由于我国金融业呈现混业经营态势，机构众多，监管信息资源有限。因此，要以分类预警原则为准绳，针对不同的金融业态风险，采取异同的预警方法。同时，要合理配置有限的预警资源，瞄准重点风险目标，可将反馈并修正的预警结果评级，针对不同分级结果，分而治之。

（5）完善有效的制度运行机制。首先，要确保风险预警系统的健康运行并发挥全面的预警作用，制定科学规范的操作流程和规则。其次，在预警系统过程中，保护数据安全，实施重点风险场景先预警。同时要制定风险分析、上报、反馈和监测机制，保证风险信息的上传下达。

2. 注重风险管理人员的技术培训，完善人才储配机制

数字金融时代的风险管理转型，枢纽是储备技术、数据和人才，提升风险管理水平是

抓手。因此要做到：一是提升风险管理人员的数字技术水平。金融机构或金融企业加大管理人员的风险管理 IT、云计算、分布式技术的培训，探索风险管理转型，自建或共建金融云，整合风险管理系统，提高系统使用效能；二是完善数据储备。开拓广泛的数据采集渠道，提升大数据存储能力；三是完善人才储配机制，造就金融科技专业队伍。通过丰富培养渠道、提供平台支持和完善制度保障，加强对各渠道的金融科技人才培养、补充和储配。

3. 构建金融风险处理策略体系

（1）建立健全信息安全风险防范体系。金融科技业态风险防范需要互联网信息技术、云计算、人工智能技术来支撑，而传统信息安全防范体系已经滞后，无法满足新的形式需要，重新构建黑客不易攻击防御系统则是迫在眉睫。为此要做到：一是多方共建安全防范联盟。以大数据技术为平台，通过数据挖掘，识别并标识网络黑名单，实现风险信息共享机制，做好防范预警；二是加强各个参与主体的风险防范经验交流，共享信息安全保密技术，着力提高信息安全风险防范能力。

（2）规范平台主体操作风险。首先要树立主体风险防范理念，使用合规平台进行网络支付。比如官方网站下载网银和支付 App 产品，严防诈骗邮件和钓鱼网站，避免使用具有欺骗性的二维码图片，不要轻信链接短信进行网络转账。

（3）完善信息征信体系，共享信用风险信息。由于我国信用征信体系起步晚，且存在信息孤岛，尽管央行初步构建了信用征信体系，但是其他数字金融平台无法进行分享。因此健全完善我国征信体系，突破信用信息瓶颈，实现信息共享，势在必行。发放数字金融牌照，提高准入门槛，实现数字金融企业与央行的征信系统进行信息资源对接，降低平台和资金需求方的信用风险，梳理并整合借款人的违约记录信息。同时鼓励金融企业储备人才、完善基础设施、提高风险控制水平，政府监管部门以“冒烟指数”指标标准对数字金融业务运营实施动态科技监管，违规者进入监管黑名单，并公布于众。告知社会公众也需要审核企业的资质，限制金融牌照发放。

（4）创新金融科技产品，规避金融业态风险。借鉴美国联邦证券交易委员会控制数字平台沉淀资金流向——设置专门账户的经验，建立并完善风险保障基金机制，服务于我国数字金融平台，警示数字金融企业陷入资金无法流动的陷阱，预防流动性风险发生。与此同时，加大创新金融产品的设计力度，实现利率风险的有效管控。

（5）健全相关的金融科技法律法规。经历法律法规考验的金融科技才能够健康运营，有效规则制度才能监督管理投资者和参与者，结合我国金融科技业务范围，颁布详细且具体的法律法规，建立有效的准入和退出机制，明确网上交易行为，建立公平的合规的网络交易安全平台，提高金融投机行为的惩罚力度，保护消费者个人隐私信息，维护金融科技的信誉，关注舆情指标，弥补政府监管的不足之处。与此同时，鼓励金融企业公开披露相关数据，彰显第三方监管机构对数字金融业的监督优势，避免金融风险的发生。

参考文献

[1] 罗军舟，金嘉晖，宋爱波，等 . 云计算：体系架构与关键技术 [J]. 通信学报，2011（07）：3-2.

[2] 祝可星 . 中美金融科技风险与监管比较研究 [J]. 金融科技，2019（8）：64-69.

[3] 巴曙松，白海峰. 金融科技的发展历程与核心技术应用场景探索[J]. 清华金融评论，2016（11）：99-103.

[4] 皮天雷，刘垚森，吴鸿燕. 金融科技：内涵、逻辑与风险监管［ J ］. 财经科学，2018（9）：16-25.

[5] 房汉廷. 创新视角下的科技金融本质［ J ］. 高科技与产业化，2016（3）：40-45.

[6] 中国人民银行广州分行课题组 . 中美金融科技发展的比较与启示 [J]. 南方金融，2017（5）：3-7.

[7] 二十国集团（G20）可持续金融研究小组 .2018 年 G20 可持续金融研究小组综合报告 [R].2018.

[8] 熊诗忠 . 数字金融成长的基石、运行机制与风险预警问题研究 [M]. 北京：中国国际广播出版社，2022.

[9] （美）罗伯特 · 席勒 . 新金融秩序：如何应对不确定的金融风险 [M]. 北京：中信出版社，2014.

[10] 徐远，陈靖 . 数字金融的底层逻辑 [M]. 北京：中国人民大学出版社，2019.

[11] 黄卓，北京大学数字金融研究中心 . 数字金融的力量：为实体经济赋能 [M]. 北京：中国人民大学出版社，2018.

[12] 姚博 . 数字金融产业创新发展、传导效应与风险监管研究 [M]. 北京：经济管理出版社出版，2019.

[13] 陈志武，黄益平，巴曙松 . 中国金融改革，未来会怎样 [M]. 杭州：浙江大学出版社，2017.

[14] 董小君 . 金融风险：预警机制研究 [M]. 北京：经济管理出版社，2004.

[15] 欧阳日辉 . 数字金融蓝皮书：中国数字金融创新发展报告（2021）[M]. 北京：社会科学文献出版社，2021.

[16] 宋效军 . 构造商业银行信用风险预警系统的思考 [J]. 投资研究 . 2001（07）：6-12.

[17] 杨兵兵 . 金融科技与数字金融风险管理 [J]. 银行家 2020（11）：37.

[18] 吴国培，沈理明 . 金融风险预警系统的构建 [J]. 中国金融 2014（24）：69-71.

[19] 王璐 . 论大数据背景下互联网金融风险预警系统的建设 [J]. 经贸实践 .2016（4）：38-38+40.

[20] 陈剑，王艳，郭杰群 . 大数据金融及信用风险管理 [J]. 网络新媒体技术，2015（5）：8-12+18.

[21] 胡辉 . 我国金融风险预警机制研究 [D]. 江苏大学，2008.

[22] 姜增明，陈剑锋，张超 . 金融科技赋能商业银行风险管理转型 [J]. 当代经济管理，2019（01）：85-90.

[23] 杨松，张永亮 . 金融科技监管的路径转换与中国选择 [J]. 法学，2017（08）：3-14.

[24] 李崇纲，许会泉 . 冒烟指数：大数据监测互联网金融风险 [J]. 大数据，2018，（04）：76-84.

[25]. 林汉川，张万军，杨柳 . 基于大数据的个人信用风险评估关键技术研究 [J]. 管理现代化，2016（02）：95-97.

[26] “企业风险防范预警管理有关问题研究”课题组 . 基于大数据的企业风险防范预警路径探究 [J]. 中国市场监管研究，2017（7）：63-66.

[27] 朱太辉 . FinTech 的潜在风险与监管应对研究 [J]. 金融监管研究，2016（7）：18-32.

[28] 刘孟飞 . 金融科技的潜在风险与监管应对 [J]. 南方金融 . 2020（6）：45-55.

[29] 杨东 . 互联网金融治理新思维 [J]. 中国金融，2016（23）：43-45.

[30] 施水才，王丽 . 探索与发展：大数据驱动的互联网金融风险监测预警研究 [J]. 当代金融家，2017（06）：45-47.

[31] 唐松，伍旭川，祝佳 . 数字金融与企业技术创新 [J]. 高等学校文科学术文摘，2020（4）：39-40.

[32] 刘新海 . 基于企业关联关系的信用风险分析新思路 [J]. 征信，2016（03）：16-20.

[33] 黄益平，陶坤玉 . 中国的数字金融革命：发展、影响与监管启示 [J]. 国际经济评 .2019（06）：24-35.

[34] 黄益平 . 数字金融发展对金融监管的挑战 [J]. 清华金融评论，2017（08）：63-66.

[35] 罗新雨，张林 . 数字普惠金融的创业效应 [J]. 金融理论与实践 .2021（02）：17-26.

[36] 陈秀梅，程晗 . 众筹融资信用风险分析及管理体系构建 [J]. 财经问题研究，2014（12）：47-51.

[37] 梁涵书，张艺 . 数字金融发展、金融监管与我国商业银行风险 [J]. 金融与经济，2021（01）：30-39.

[38] 冯永昌，孙冬萌 . 智能投顾行业机遇与挑战并存（上）[J]. 金融科技时代 . 2017（06）：17-24.

[39] 冯永昌，孙冬萌 . 智能投顾行业机遇与挑战并存（下）[J]. 金融科技时代，2017，（07）：16-23.

[40] 杨扬，周一懋，周宗放 . 基于文本大数据的企业信用风险评估 [J]. 大数据，2017（06）：44-50.

[41] 尹海员，王盼盼 . 我国互联网金融监管现状及体系构建 [J]. 财经科学，2015（09）：12-24.

[42] CF40 数字普惠金融研究课题组，纪志宏 . 数字金融的普惠机制及可持续发展 [J]. 新金融评论，2019（01）：127-153.

[43] 崔雍浩，商聪，陈锶奇，等 . 人工智能综述：AI 的发展 [J]. 无线电通信技术 2019（03）：225-231.

[44] 田晓丽，李鹏燕，刘岱 . 大数据背景下数字金融信用风险评估与防范 [J]. 河北金融，2021（08）：20-22+33.

[45] 陈希凤，毛泽强 . 数字金融产品与服务的风险特征、监管挑战及目标工具 [J]. 西南金融 . 2020（09）：14-26.

[46] 黄益平，陶坤玉 . 中国的数字金融革命：发展、影响与监管启示 [J]. 国际经济评论，2019（06）：24-35+5.

[47] 张万军 . 基于大数据的个人信用风险评估模型研究 [D]. 对外经济贸易大学，2015.

[48] 中国电子技术标准化研究院 . 人工智能标准化白皮书（2018 版）[R].2018.

[49] 中国信息通信研究院 . 中国金融科技生态白皮书（2021）[R].2021.

[50] CF40 数字普惠金融研究课题组，纪志宏 . 数字金融的普惠机制及可持续发展 [J]. 新金融评论，2019（01）：127-153.

[51] 王兆琛 . 创业环境影响因素研究 [J]. 中国国情国力，2020（09）：44-47.

[52] 林强； 姜彦福； 张健 . 创业理论及其架构分析 [J]. 经济研究 . 2001（09）：85-94+96.

[53] 万佳彧，周勤，肖义 . 数字金融、融资约束与企业创新 [J]. 经济评论，2020（01）：71-83.

[54] 孟小峰，慈祥 . 大数据管理：概念、技术与挑战 [J]. 计算机研究与发展，2013，50（1）：146-169.

[55] 谢绚丽等 . 数字金融能促进创业吗？ [J]. 经济学（季刊）评论 .2018（07）：1557-1580.

[56]《大数据发展研究报告》编写组 . 综合分析冷静看待大数据标准化渐行渐近（下）[J]. 信息技术与标准化，2013（10）：17-20.

[57] 吕登龙，朱诗兵 . 大数据及其体系架构与关键技术综述 [J]. 装备学院学报，2017（01）：86-96.

[58] 刘新海，丁伟 . 大数据征信应用与启示：以美国互联网金融公司 Zest Finance 为例 [J]. 清华金融评论，2014（10）：93-98.

[59] 杨亚仙，庞文静 . 我国大数据征信行业的发展现状、问题与对策 [J]. 征信，2020（02）：49-52.

[60] 中国区块链技术和产业发展论坛 . 分布式应用账本白皮书 [R]. 2017.

[61] 亿欧智库 .2018 年区块链行业应用研究报告 [R]. 2018.

[62] 丁晓强 . 构建普惠金融的数字风险识别和管控体系 [J]. 金融电子化，2017（10）：81-83.

[63] 何飞 . 国内外数字金融模式研究 [J]. 农村金融研究，2019（06）：23-29.

[64] 刘新海，丁伟 . 美国 Zest Finance 公司大数据征信实践 [J]. 征信，2015（08）：27-32.

[65] 黄益平 . 数字普惠金融的机会与风险 [J]. 金融发展评论，2017（08）：14-19.

[66] 王晓峰 . 基于区块链的分布式账本技术在金融领域的应用及监管建议 [J]. 商业经济，2017（04）：136-138.

[[67] FCA.Call for input on supporting the development and adopters of RegTech[R]. 2016.

[68] Deloitte. RegTech is the new FinTech How agile regulatory technology is helping firms better understand and manage their risks[R]. 2016.

[69] YANG H，YI D H，XIAO H W .Study on large Internet financial risk early warning based on data analysis [J]. Modern Management Science，2014（4）：3-5.

[70]Monetary Authority of Singapore. MAS FinTech Regulatory Sandbox Introduction [EB/OL].（2017-08-14）.http：//www.mas.gov.sg/.

[71]CARNEY，M. The promise of FinTech-something new under the sun［R］. Speech Given by Governor of the Bank of England, Deutsche Bundesbank G20 Conference on “Digitising Finance，Financial Inclusion and Financial Literacy”，Wiesbaden，25 January 2017.